胜真有

探古求今说儒学

时代出版传媒股份有限公司
安徽文艺出版社

内容简介

儒家文化源远流长、根深叶茂，是中华传统文化的核心与精华。在历朝历代传承和弘扬的过程中，名家辈出，解说蜂起，分支众多，门派林立。本书作者以深稽博考、探本溯源的功夫，精细解读儒家经典，深入剖析儒学大师，周密梳理儒学要义，将儒学发展中具有代表性的问题抽丝剥茧，条分缕析；在细读原典的基础上，直指其来龙去脉和基本内涵，力求达到治乱反正、拨云见日之境界。

本书精选儒学文化中的杰出人物、经典原著及重要事件，透过现代学术的眼光，用通俗易懂的语言、简洁精当的阐释，向读者系统介绍儒家思想精华，其目的在于"让儒家经典能走进寻常百姓"，使博大精深的传统文化得到更加广泛的普及。为此，作者旁征博引，将国学经典中一些深奥义理，深入浅出地加以介绍，并把自己的所思所想、所感所悟和盘托出。说理浅显易懂，表述清晰通晓，多有去粗取精、去伪存真的精彩之论，使读者在了解儒学思想文化的同时，又享受到读书悦心明智的乐趣。

值得称道的是，作者研读儒学除致力辨析经典原意及其流变外，还多联系当代社会实际，注重阐发儒家思想对今人的启示和现实意义，使该书成为众多同类书中独树一帜、别开生面的儒学精解读物。

探古求今
说儒学

滕真甫 著

时代出版传媒股份有限公司
安徽文艺出版社

图书在版编目(CIP)数据

探古求今说儒学/滕贞甫著.—合肥:安徽文艺出版社,2015.1
(2016.7 重印)
ISBN 978-7-5396-5295-5

Ⅰ.①探… Ⅱ.①滕… Ⅲ.①儒学-研究 Ⅳ.B222.05

中国版本图书馆 CIP 数据核字(2014)第 306583 号

出 版 人:朱寒冬　　　　　策　　划:朱寒冬　温　溪
责任编辑:朱寒冬　宋潇婧　特约编辑:温　溪
内文插图:张义虎　　　　　装帧设计:徐　睿

出版发行:时代出版传媒股份有限公司　www.press-mart.com
　　　　　安徽文艺出版社　www.awpub.com
地　　址:合肥市翡翠路1118号　邮政编码:230071
营 销 部:(0551)63533889
印　　制:合肥中德印刷培训中心印刷厂　(0551)63813778

开本:710×1010　1/16　印张:22.25　字数:400千字
版次:2015年1月第1版　2016年7月第3次印刷
定价:49.00元

(如发现印装质量问题,影响阅读,请与出版社联系调换)
版权所有,侵权必究

滕贞甫　1963年生于山东即墨,中国作家协会会员、辽宁省作家协会主席团成员。1983年开始在报刊发表作品,有著述300余万字,出版长篇小说《樱花之旅》《鼓掌》《西施乳》《腊头驿),小说集《没有乌鸦的城市》《无雨辽西》《大水》《会殇》,文化随笔集《儒学笔记》等多部,曾获东北文学奖、辽宁文学奖。现任大连市委宣传部常务副部长、市文学艺术界联合会主席。

序　言

　　这本书早在七年前已有缘拜读。那是 2008 年 3 月在京参加全国人大会议间隙,前往人民出版社黄书元社长办公室聊天,老朋友相见,自是兴致盎然。临别时,他指着堆满书架的人民社出版的书说:看上哪本尽管拿。当时匆匆挑了几本书,其中就有这本《探古求今说儒学》(其时的书名为《儒学笔记》)。晚上返回住处,浏览该书开头几页,竟欲罢不能,难以释手。此后几日,床头的一摞枕边书,此书常常占据最上层位置,多半是它陪伴我渐入睡乡。

　　一个人喜爱一本书,通常是书里内容与其心中诉求或想法具有某种呼应关系。此书让我流连,也是其中充溢"于我心有戚戚焉"的认识和思绪。简略说来,这认识和思绪有以下几端:

其一，对儒家文化的认同维护。儒家文化是中华传统文化的核心和精华，数千年来一直是中国社会的正统思想和主流价值，潜移默化地影响了中国人的精神追求和行为方式。然而，伴随一百多年前西方坚船利炮轰开古老天朝的大门，中国人遭遇了亘古未有的屈辱和欺凌。痛定思痛之际，当时的文化精英们认定：以儒家思想为代表的传统文化，是中国积贫积弱的病根，是民族振兴的拦路虎和绊脚石。于是他们以壮士断腕的气概，挥舞起"打倒孔家店"的利斧，冲进历代硕儒殚精竭虑构造的儒学殿堂，把其中陈列和展示的种种思想珍品砸个稀巴烂。由此，以儒家思想为核心的中华传统文化，在持续百年不断的"破旧立新"运动中，一步步走向土崩瓦解。尤其是"文革"横扫"四旧"的彻底清算，以及改革开放后盲目崇洋媚外思潮的反复涤荡，中华传统文化一度濒临奄奄一息的危局。香港中文大学前校长、著名学者金耀基教授曾忧心忡忡地指出："20世纪20年代，中国人看不起中华文化；到了21世纪90年代，中国人已难以看见中华文化了。"

正是在这样的背景下，在儒家思想和传统文化的深山老林被许多人疏远、冷落乃至抛弃之时，我读到滕贞甫先生这本认同、阐释和张扬儒家思想的《儒学笔记》。它既有空谷闻足音的惊异,更有高山流水遇知音的欣喜。这在经过习近平总书记多次倡导、传统文化已开始被重新重视的今天,似乎乃顺天应时、顺理成章之事;但在传统文化颇受冷遇的十来年前,作者于每日繁忙政务之暇,潜入传统文化的深海,对儒学饱蕴的诸多奇珍异宝爬罗剔抉,刮垢磨光,就不能不说颇有几分先知、先行的文化自觉了。为此,当年初读这本书时,便对作者生出几分称许和敬意。

其二,对儒学思想的深思明辨。儒家文化源远流长,根深枝茂,在历朝历代传承和弘扬的过程中,名家辈出,解说蜂起,分支众多,门派林立,其中既有守正开新的阐发,也有断章取义的误读,还有填塞私货的曲解。我们承继儒学遗产,必须下一番深稽博考、探本溯源的工夫,才能达到治乱反正、拨云见日之境界。作者细读儒家经典,梳理儒学要义,时有去粗取精、去伪存真的精彩之论,如出自《论语·子张》里的"学而优则仕"这句话,曾在"文革"中被看作孔子宣扬"读书做官论"的证据而遭到口诛笔伐。作者指出:"用这样一句话来证明孔子的读书做官论无论如何是不能成立的"。这一方面是因为古汉语中的"优"虽含有优良、美好之意,但此处却是闲适从容,富有余力之意,正如《左传·襄公二十一年》中"优哉游哉,聊以卒岁"一语"优"之含义。另一方面,也是更重要的方面,《论语》中的原文是对仗的两句:"仕而优则学,学而优则仕",意为"做官有余力,可去学习;学习有余力,可去做官"。这句话并非出自孔子之口,而是孔子的学生子夏所言。他想说明的道理是:为官者如有余力,就应该学习,只有不断学习,才能更好地做官;为学者如有余力,则要出来做官,因为只有做官,才能更好地学以致用。这种观点,即便在今天看也完全是正确的。岂能砍去前半句,再加以错误的解释,张冠李戴到孔子头上并大加鞭笞!如此辨析,抽丝剥茧,语语中的,给人悦心明智之感受。书中类似这样开人眼界的论述不胜枚举,此不赘述。

其三,挖掘儒家思想的当今意义。这本《探古求今说儒学》与体系严谨的儒学教科书截然不同,也与众多谈论儒学的高头讲章判然有别。它很少类似学术规范的条条框框、很少叠床架屋的繁琐引证、很少故作高深的拿腔拿调、很少自以为是的颐指气使;它解读一部部儒家经典、剖析一位位儒学大师,多在细读原典的基础上,直指其来龙去脉和基本内涵,同时把自己的所思所想、所感所悟,原原本本地和盘托出。

值得称道的是,作者研读儒学,除致力辨析经典原意及其流变外,还常常联系当代社会实际,注重阐发儒家思想对今人的启示和意义。书中谈到儒家反对"暴殄天物",主张"节用""欲不可纵"等思想时,特别指出并论证了这与我们今天树立科学发展观的内在联系。谈到孔子强调"治国要'敬事而信'、交友要'言而有信'、为臣要'主忠信'",从而确立诚信为"立身之本"原则时,对当今市场经济大潮中因"上下交争利"而导致假药、假货、假币、假证、假合同、假广告等泛滥成灾的现象痛加针砭,呼吁诚信建设必须纳入议事日程了。谈到孟子的名言"有恒产有恒心,无恒产无恒心"时,对全国人大十届二次会议通过的修改宪法决定中,把"保护私有财产"写入国家根本大法称颂有加。因为当一个社会中产阶级成为主流时,这个社会是最稳定的社会,而中产阶级就是有"恒产"的阶级,恒产产生恒心,有"恒心"社会就不易发生动荡,同时确立"私有财产"的法律地位,也有助于解决多年来大量资本外流问题。如此等等论述,温故而知新,探古而求今,不仅表现出过人的见识和眼光,更显示了作者积极济世的炽热情怀。

我和滕贞甫先生以前只是神交,不久前与其相会,交谈甚欢,颇有相见恨晚之感。出乎意料的是,这部解读儒学的著作竟是他十余年前在辽西某市挂职副市长期间,于每日夜深人静之时挑灯鏖战、孜孜以求的成果。现在他作为大连市委宣传部常务副部长,繁忙公务之余,还在小说创作苑囿里辛勤耕耘,已出版三部长篇小说和多部中短篇小说集,作品曾多次被《小说月报》《中篇小说选刊》《中华文学选刊》等转载,文学圈里圈外颇获佳评。在当今传统文化越来越受关注之时,安徽文艺出版社慧眼识珠,将《儒学笔记》易名《探古求今说儒学》修订再版,为当下方兴未艾的"儒学热"献力助兴,相信会受到读者的青睐。

《探古求今说儒学》编校之际,贞甫先生嘱为序。自知不够资格,但却之不恭,只好写下学习阅读此书时的一些零星感受,权充一台大戏开场前只言片语的报幕。读者诸君欲知这台大戏的详情,请从下一页拉开幕布开始。

2014年11月26日于合肥书香苑

(钱念孙:全国人大代表、安徽省文联副主席、安徽省文艺评论家协会主席、安徽省社会科学院研究员)

目 录

序 言 ………………………………………………… 1

提纲挈领看儒学 ………………………………… 1
引子 ………………………………………………… 1
儒家思想的梗概 …………………………………… 7
儒家思想给我们的启示 …………………………… 38

管窥孔子 ………………………………………… 44
中庸不折中 ………………………………………… 44
爱美之心,圣人有之 ……………………………… 48

孔子缘何获麟垂泪 …………………………………… 52
饮食非小事 …………………………………………… 58
多能鄙事亦圣贤 ……………………………………… 62
学习的方法 …………………………………………… 66
圣人不吃眼前亏 ……………………………………… 71
圣人面前人人平等 …………………………………… 74
祭祀的目的 …………………………………………… 77
君子不为酒困 ………………………………………… 81
圣人非完人 …………………………………………… 83

打开《易》门的钥匙 …………………………………… 88
《易》之两扇门 ……………………………………… 89
事物是普遍联系的 …………………………………… 96
点墨析要义 …………………………………………… 100
文言中的人生哲学 …………………………………… 112
占卦的方法 …………………………………………… 116

《孝经》释义 …………………………………………… 122
孝之标准 ……………………………………………… 123
孝与治国 ……………………………………………… 137
孝的发挥 ……………………………………………… 150
孝的辨证 ……………………………………………… 153

少正卯之死 166
- 圣人并非无杀心 168
- 孔子之仁非妇人之仁 174
- 是可忍孰不可忍 176

孟轲与邹衍 179
- 思想比较 179
- 境遇比较 184
- 影响比较 190

千秋功过董仲舒 199
- "天人三策"成就武帝大业 200
- "灾异"说的合理因素 208
- "三纲""五常"不能全盘否定 216
- "性三品"之划分目的何在 224
- 人格魅力,儒家典范 227

今人当识古礼 230
- 官礼如炉 231
- 祭礼如法 236
- 亲礼如谱 241
- 学礼如诗 245
- 乐礼如风 248

儒礼如山 ……………………………………… 252

国风何年再流行 ……………………………… 256
　　民声成国风 ……………………………………… 257
　　文采尚简约 ……………………………………… 264
　　教化谈笑中 ……………………………………… 270
　　诗路不可绝 ……………………………………… 274

不要给神仙戴错了帽子 ………………………… 281
　　众神的出现 ……………………………………… 282
　　神仙的通病 ……………………………………… 302
　　三教的渗透 ……………………………………… 310

打假何须烧店 …………………………………… 316
　　千年"老字号"货真价实 ………………………… 316
　　历代大儒借坛沽酒 ……………………………… 325
　　始作俑者心态各异 ……………………………… 331
　　孔孟之道归去来兮 ……………………………… 337

后　记 …………………………………………… 342

提纲挈领看儒学

引 子

中华文化,源远流长。

在中华文化的长河里,儒家文化是主流,是旗帜,正因为有旗帜的飞扬和主流的激荡,中国才成为四大文明古国中文化传承唯一没有间断、文化基因保持独立完整的伟大国度,成为对人类的一大贡献。

研究中华文化,不能不研究儒家思想。

儒家思想的发展、演变,是两千多年来社会发展、演变的一种文化折射;儒家思想历久弥新,在浩浩典籍里依然光芒四射。

那么,为什么在进入了信息时代的今天,我们还要重新审视儒学思想、重新翻阅"四书五经"呢?

一、这是追本溯源的需要

水有源,树有根。一种文化或文化现象,也有其产生的根源,而想彻底搞清楚一种绵延数千年的文化存在,不顺藤摸瓜、不追本溯源,你就永远搞不清历史的长藤上都结了些什么果实,也弄不懂何处是黄河的巴颜喀拉。

二、这是古为今用的需要

"古为今用"是毛泽东同志所倡导的一种科学观点,这种观点对于保持我们中华文化的连续性是起了积极作用的,正因为有了这样一种科学的观点,我们虽然经历了极"左"时代所谓"文化革命"的冲击,但中华文化中核心的因素依然没有丧失。今天,我们重新研究儒学文化,其目的是"扬弃",是从中汲取精华的部分作为自己的精神营养。

三、这是拨乱反正的需要

儒学文化,影响深远,分支甚多,历朝历代儒家文化的研究者在研究或弘扬这一文化时,不可避免地对儒学思想掺进了一些自己的东西,使儒学思想体系越来越错综复杂,而原来主流的孔孟思想却披上了教条、僵化的外衣。因此,我们重新审读儒学,就要忠实于原著,就要拨开董仲舒、朱熹、王阳明等大师借儒学之名售自家之货的种种著述,还儒学、还孔孟之道以本来面目。

说到后人对孔孟之道的误解,我们不妨举例一二:

例一:"刑不上大夫"。

《礼记·曲礼上》

这句话是说大夫不按一般的刑法议罪,而是另有官刑制裁。

后来的反孔人士认为孔子不能一视同仁,不能做到法律面前人人平等,因而需要大批特批。其实,孔子和孟子都主张王子犯法与庶民同罪,孔子在任大司寇时所杀的少正卯就是鲁国的大夫,如果按照刑不上大夫的说法,孔子又怎么能杀掉少正卯?

针对先王制定的"使刑不上于大夫,礼不下于庶人"这种似乎与执法有矛盾的观点,一向谨慎认真的孔子不会不发现问题。但孔子看问题是透过现象看本质,而不是拘泥于文字的本意,他对《礼记》中的这一说法早就做过解释。据《孔子家语》记载,学生冉有曾问过孔子,说如果这么来规定,是不是大夫犯罪,就不可以加刑了?

孔子是这样回答的:

> 不然,凡治君子以礼御其心,所以属之以廉耻之节也,故古之大夫,其有坐不廉污秽而退放之者,不谓之不廉污秽而退放,则曰簠簋不饬;有坐淫乱男女无别者,不谓之淫乱男女无别,则曰帷幕不修也;有坐罔上不忠者,不谓之罔上不忠,则曰臣节未著;有坐罢软不胜任者,不谓之罢软不胜任,则曰下官不职;有坐干国之纪者,不谓之干国之纪,则曰行事不请。此五者,大夫既自定有罪名矣,而犹不忍斥,然正以呼之也,既而为之讳,所以愧耻之,是故大夫之罪,其在五刑之域者,闻而谴发,则白冠厘缨,盘水加剑,造乎阙而自请

罪,君不使有司执缚牵掣而加之也。其有大罪者,闻命则北面再拜,跪而自裁,君不使人捽引而刑杀。曰:"子大夫自取之耳,吾遇子有礼矣。"以刑不上大夫而大夫亦不失其罪者,教使然也。

从孔子的回答中我们可以看出,刑对于大夫来说,主要是促其自省,要用"礼御其心",而不是用刑来御其身。这并不是说大夫犯了罪就不能追究,真要犯了大罪,头还是要掉的,只不过让你自裁,无须五花大绑招摇过市罢了,这么做也算给大夫一个面子。这如同我们现在纪检监察部门对犯了错误的领导干部所搞的"双规"(即规定时间、规定地点)"两指"(即指定时间、指定地点),从本质上讲其目的还是为了教育干部,彰显党纪政纪的严肃性,而不是为了单纯地惩罚干部。

对于这句话中的"上""下"二字,按照先秦以前的释义,理解为"尊""卑",这种解释就更好理解了。

例二:"学而优则仕"。

《论语》

笔者亲历过轰轰烈烈的"批林批孔"运动,当时批判孔子一个十分"反动"的观点就是读书做官论,证据当然就是《论语》中所记载的"学而优则仕"一句话。不知是当时的学者们不明白还是故意望文生义做文章,生生把这句话解释成学习好了就可以做官。

提纲挈领看儒学

现在看来,用这样一句话来证明孔子的读书做官论无论如何是不能成立的。

古汉语中的"优",的确有优良之意,但在此处则不同。这里的"优"是闲适从容、有余力之意,正如《左传·襄公二十一年》中"优哉游哉,聊以卒岁"一语"优"之解释。这句话本来是对仗的两句:"仕而优则学,学而优则仕",意思是做官了,有余力就去学习;学好了,有余力便去做官。

这句话并不是孔子所言,而是孔子的学生子夏的话,后人出于某种政治目的,把这句话砍去前半句,再加以错误的解释用来责难孔子实在不应该。

子夏这句话说得很有道理,他要说明的道理是,做官的如果有余力,就该进行学习;因为只有不断地学习,才能更好地做官;人学习了,如果有余力就要出来做官,因为只有做官才能更好地学有所用。

古代不同于今天,今天有个科技人员的概念,而在古代所有的公职人员都叫官,都有俸禄有官服。子夏希望做官的人不断提高素质,希望读书人出来服务社会,这种观点就是在今天也是正确的。一个人做了高官就以为自己学识也高人一等,不需要再学习是愚蠢的;而一个满腹经纶之士,如果归隐山林消极避世,同样也是对学问的糟蹋。

例三:"唯女子与小人为难养也,近之则不逊,远之则怨"。

《论语》

这是被后来许多人用以攻击孔子,指责他歧视妇女的一大罪状。其实,孔子说的有没有道理,我们每个人揣摩一番后,都心知肚明,只是有些人不愿意承认罢了。

对孔子这一说法持反对意见的人其实对孔子这句话的含义在理解上出现了偏差。

这里有一个关键的词:"养。"

在孔子那个时代,"养",并不是现在养字的含义,它的本意是"纵容、姑息",是"长"的意思。

比如说"养虎为患",并不是说你家里养只老虎,这老虎会成为祸患,而是指纵敌必将成为祸患。

再如"姑息养奸",这里的"养"是扶植、助长的意思。

那么,孔子认为女子和小人不能纵容、助长,这话错了吗?这里的小人和女人都是特指,就是说在外面,对小人不能姑息迁就,在家中对女人不能助长溺爱。这话说得多么精辟!

成功男人栽倒在女色上的例子可谓比比皆是。吉林的一个县委书记,在当地是个有口皆碑的清官,调到北京国家体育总局任一个国有公司的总经理,是个厅级干部。到北京后,一个与他保持特殊关系的女人也跟了去,要开一个公司,他就挪用了 400 万公款借给了这个女人,结果自己进了监狱。如果这个书记能在女人面前留一分清醒,少一分纵容,他哪里会有囹圄之祸?

我们不能否认这样两点:其一,孔孟之道的确是好经,可惜被历朝历代一批歪嘴和尚给念坏了。正如马克思主义学说本来是充满灵性的,却被后来一些所谓的马克思主义者给修正得

僵化教条了一样,需要进行拨乱反正。

其二,在对儒家思想的理解上,可谓仁者见仁、智者见智,其中一些政治色彩浓厚的诠释误导了人们,尤其是20世纪70年代所发生的那场"批林批孔"运动,对孔孟之道的断章取义、歪曲丑化达到了登峰造极的程度,影响了相当一部分人对儒家思想的正确认识。

儒家思想的梗概

儒家思想可谓博大精深,其代表性原著有儒学十三经,经典著作是后人所说的"四书五经",也就是:

《大学》《中庸》《论语》《孟子》四书;

《诗》《书》《礼》《易》《春秋》五经。

这是儒学的基本教材,是封建社会科举考试的必读必考书目。

儒学经典之作的内容,可谓包罗万象、洋洋大观,但概括其要义,可以用舜帝创立的五个字来提纲挈领,这就是:

"仁、义、礼、智、信"五个字。

仁、义、礼、智、信五个字,字字珠玑,相互关联。据说它的发明者是我们的道德始祖舜帝,后来,经过董仲舒和朱熹的弘扬,广泛流传,无论在古代还是在今天,这五个字几乎到了家喻户晓的程度。但记住这五个字容易,真要搞清楚这其中每一个字的内涵,则不是一件简单的事情。

仁

仁是儒学中一个内涵极为丰富的字，它在不同的范畴里有不同的含义。

在《论语》12700个字中，"仁"字出现109次，可见仁之重要。

一、在政治上它有四个方面的内容

1. 为政以德

孔子有一个著名的论断，就是仁政。所谓仁政，就是要为政以德。"为政以德，譬如北辰，居其所而众星共之。"就是说，如果做到了为政以德，就好像北极星一样，定居在天的中枢，而群星围绕着它。

那么什么是德？说到德就离不开道，现在我们也往往把道德两字连用。所谓道，通俗地说，就是形而上的规律，是万物发展变化所遵循的规律。古人讲一阴一阳之谓道，道生一，一生二，二生三，三生万物，可见，道是根本性的东西。那么德，就是指符合道之规律的规范性的要求。

为政以德的意思就是要有道，要有一个能够使人与人、人与社会、人与自然之间相互协调发展的治国之道，要以德治国。换言之，有道，就是要有合理的治国大纲，就是要有一个符合规律的指导思想。这个思想必须深入人心，因为孔子说了，"道不远人，人之为道而远人，则不可以为道"。这说明，治国大纲和国人是息息相关的，不能脱离实际、脱离群众而存在。在这方面，古今没有例外，国运昌盛之日，必是政策深入民心之时。如

果不考虑治国方略的科学性,随便杜撰个理论就想宏图大展的臆想是行不通的。

有道的反面就是无道,孔子认为帮无道,就会成为"危帮""乱帮",孔子认为"危帮不入,乱帮不居",为什么?就是因无道之帮难逃灭亡的厄运。20世纪阿富汗曾经有过一个塔利班政权,这个极端的宗教政权不仅支持恐怖组织,而且在统治国民方面也无所不用其极。比如在塔利班统治时期,女性不能上学,不能工作,电视台不能播放除他们所信奉宗教之外的任何节目,连播放一首外国歌曲都属大逆不道。不知出于什么原因,这个政权竟然把大炮对准了世界文化遗产——存在了上千年的巴米扬大佛,在全世界一片愤怒谴责声里,他们还是冒天下之大不韪,把这不可再生的大佛给炸了。这样的无道之邦当然不会逃脱灭亡的命运了。

为政以德的一个重要标志就是重教化轻刑律,这是因为如果重刑律轻教化,所导致的结果很可能是暴政,要避免出现暴政,就必须走仁政之路,通过教育尽力避免犯罪,以德化刑。所以孔子说:"道之以政,齐之以刑,民免而无耻;道之以德,齐之以礼,有耻且格。"意思是说:用政法来诱导他们,使用刑法来整顿他们,人民只是暂时地免于罪过,却没有羞耻之心;如果用道德来诱导他们,使用礼教来整顿他们,人民不但有廉耻之心,而且人心归服。

为政以德的思想是十分正确的,可惜后人对其缺少秉承,总是陷入"重刑治乱,越治越乱"的怪圈儿。其实,靠刑律是解决不了根本问题的,老子早就说过:"民不畏死,奈何以死惧之"。当一个无产者活着不如死了的时候,他还会怕死吗?所以孔子认为刑律的最终目的是无刑,人们都有比较好的道德规范,都遵纪守法,刑律目的就达到了。

以德治国,这是孔子所倡导的一种治国方略,今天仍有其现实意义。

2. 以人为本

孔子说:"仁者,爱人。仁者,人也,亲亲为大。"

什么意思呢?是说仁的意思就是要爱众人,可以理解为关心人,理解人,帮助人。

所谓亲亲为大,前一个亲是动词,亲近的意思,后一个亲是亲人。就是说你爱众人,首先要爱亲人,连亲人都不爱的人,很难想象他会真心爱别人。

孔子在刚刚脱离奴隶制的社会背景下就主张以人为本,主张人权,这对我们今天已经不仅仅是个启示了。

以下两个例子就很说明问题:

例一:"厩焚。子退朝。曰:'伤人乎?'不问马。"孔子的马棚被烧了,孔子从朝堂回来,问道:"伤人了吗?"没有问马的情况。

这里有两个因素我们必须考虑,一是古代的马,就类似现在的车,好马,就如现在的奔驰、宝马、凯迪拉克。二是喂马的人在古代是下人,是奴仆,那么孔子不问马只问人,说明孔子对人的关心要胜过对马的关心。如果是现在,一个大老板的私家车库烧了,库里又是他耗资百万新买的大奔,他会像孔子那样问吗?

例二：宰我问："仁者，虽告之曰，'井有仁焉'。其从之也？"子曰："何为其然也？君子可逝也，不可陷也；可欺也，不可罔也。"

直译出来就是说：有个叫宰我的学生问孔子，一个仁人，有人告诉他，说井里掉进一个人，这个仁人会跟着跳下去吗？

这个提问很类似于现在一些刁钻的记者的提问，可孔子的回答却毫无搪塞之意，他说：为什么要这样做呢？君子可以去救他，但不能盲目的陷入井里；"君子可欺也，不可罔也"，就是说一个君子可能被欺骗，但不可被愚弄。

看看孔子的态度，再想想当今社会上一些人对先进人物、对劳模的冷嘲热讽甚至愚弄，的确令人深思。

3. 中庸之道

为政，要不偏不倚，要中和，这就是中庸。

在政治中强调中庸，主要有三个层面的含义，一是不能相信异端邪说。孔子认为"攻乎异端，斯害也已"，一心钻研异端邪说，是十分有害的。

二是路线要端正，应该不偏不倚，尤其是用人路线，要"举直错诸枉"，不能"举枉错诸直"。群众服不服你关键看你怎么用干部，提拔正直的人在邪恶的人之上，"则民服"，提拔邪恶的人在正直的人之上，"则民不服"。

三是要"敬鬼神而远之"。鬼神，其实是宗教的范畴，为政者要敬，但不能迷，像唐太宗那样，所有宗教都一视同仁，儒、释、道，三教九流来了个大融合。

唐太宗时期，连西方最老的基督教——景教，也传入中国，唐太宗还为之写了碑文,准它盖了教堂,这便是一个政治家奉行中庸的气魄。一个成功的政治家,对自己的政事充满自信是施政前提,唐太宗海纳百川,并没影响自己的统治,却成就了著名的"贞观之治"。如果唐太宗整日疑神疑鬼,对域外的文化草木皆兵,那么不但玄奘不可能游遍西域,连后来扶桑国的遣唐使也会被一阵军棍打回去,如此一来,也就不会有大唐盛世了。

4. 民贵君轻

这一思想是孟子对儒家学说的补充。孟子提出了"民为贵,社稷次之,君为轻"的思想,他把残暴的君主称为"独夫",人民可以推翻他。孟子说:"民事不可缓也",这与今天我们所提倡的群众利益无小事有什么区别?所以孟子的"行仁政"主张是具有积极意义的。

可惜的是孟子的这一思想在数千年的朝代更替中没能引起帝王们的重视,因此,这一思想也就仅仅是一种理想,直到清末,谭嗣同把"民贵君轻"作为他反对君主专制的思想武器,这一思想才对社会产生了强大的冲击力。

民贵君轻的思想是社会改革的一种动力,正是这种精神动力证明了儒家思想的生命力。

二、在社会上,仁具有三个方面的内容

1. 与人为善

在儒家学说中,善是德的一种表现,它的内涵十分丰富。可以理解为修行、宽容、慈悲、恩泽,等等。

与人为善一方面是善待自己,也就是"独善其身";另一方

面是善待别人,子欲立而立人,子欲达而达人,"君子成人之美,不成人之恶"。

这一思想是典型的自律思想,儒者是通过对自己的约束进而影响社会的,正如孟子所说:"老吾老以及人之老,幼吾幼以及人之幼",这是由己及他,由此及彼,潜移默化而不强人所难。

孟子认为"恻隐之心,仁之端也",就是说同情人的心,是仁的开端,这就是善的表现。

2. 见贤思齐

独善其身,怎么来独善?孔子的观点是学习,要"见贤思齐,见不贤而内省""三人行,必有我师焉。择其善者而从之,择其不善者而改之"。

见贤思齐其实是一种学习的态度和方法,具有积极的审美意义。我们在生活中,应该善于发现美,善于学习美,要择其善而从之。正如孔子所说:"十室之邑,必有忠信如丘者焉。"

比如我们在处理或对待一件事物时,能不能一分为二,能不能择其善而从,择不善而改,这反映了一种世界观。

3. 讷言敏行

讷言,就是慎言,轻易不表态。敏行就是勤于实践的意思。

孔子的这一名言也包含了几层含义:一是君子要少说多做;二是君子要勤于实践;三是君子交浅不言深。

孔子认为君子是不该乱说话的,他本人就有"四不语",即:怪、力、乱、神。怪是怪异,力是暴力,乱是叛乱,神是鬼神。因为怪异、暴力、叛乱和鬼神往往都是些奇谈怪论,用今天的话说无非是些小道消息或市井黄段子,对此,孔子是从来不谈论的。后来,道教也借鉴了儒家这一经验,提出三不言:即朝不言梦寐,午不言杀伐,晚不言鬼神。

在朝堂做官要"讷言",在乡为民也应该"讷言",因为孔子认为"不在其位,不谋其政",否则名不正,言不顺,会导致其他问题的出现。孔子到周的太庙参拜,在太庙看到有个三缄其口的铜人,铜人背上有铭文,云:"古之慎言人也,戒之哉!戒之哉!勿多言,多言多败;勿多事,多事多患。"崇尚周代文化的孔子对此印象极深,他的君子讷言思想应该由此生来。

说到敏行,孔子是有标准的。

孔子说:"能行五者于天下,为仁矣。"

哪五者呢?

孔子说:"庄重、宽厚、诚实、勤敏、慈惠。"——即"恭、宽、信、敏、惠"。

孔子认为:庄重就不会受到侮辱,宽厚就会得到群众的拥护,诚实就会得到别人的任用,勤敏工作就会有成绩,慈惠就会很好地凝聚众人。

毛泽东同志为其女儿取名李讷、李敏,不是随意而起,是有着慈爱与期望的。一方面,他希望女儿能讷于言而敏于行,能成为孔子所说的君子;另一方面他又充满一种父亲的隐隐担忧,因为他知道一个政治家的孩子如果整天口若悬河会带来什么样的灾难,因此才取名讷和敏。

实践证明毛泽东的担心是正确的,李讷,正因为讷言,才躲过了毛远新那样的囹圄之难;而李敏正因为能自己动手,用板车拉菜、拉蜂窝煤,才没有被生活所压倒,成为一个谦谦君子,

没有给父亲丢脸。

三、在家族、家庭中,仁的含义也是多层面的

1. 齐家

儒家学说认为"一家仁,一国兴仁"。家在儒学思想体系中的地位不可或缺。认为"修身、齐家、治国、平天下"是一条正大光明的道路。

如何齐家?孔子认为:"欲齐其家者,先修其身;欲正其身者,先正其心;欲修其心者,先诚其意;欲诚其意者,先致其知;致知在格物。"

说齐家最后落在了格物,什么是格物?格物就是探究事物的原理。格,是研究、推求的意思。

家是社会组成的基本单位,在封建社会,家族的势力十分了得,一个家族甚至抵得上一个国家,比较有名的孟尝君,他家的宾客就三千,可见这个家庭之大。那个时候,名门望族养家臣是很普遍的事,所以才有"一家仁,一国兴仁"的说法。

儒家学说对家的看重是和儒学的总体要求相一致的,这是后人批评儒家学说搞"家天下"的重要原因,其实,儒家学说所强调的是一种由小到大的发展过程,它要求"穷则独善其身,达则兼济天下",也就是说对君子在不同的境遇有不同的要求。

要说明的是,古之家与今之家是有区别的,不能说今天谁的家庭问题处理得不好,谁就不可能成就大事。当然,一些反面的例子也能说明齐家之说的重要性,因治家不力而倒霉栽跟头的大有人在。

2. 孝悌

孝悌作为儒学思想的重要组成部分被发扬光大了。孝,是子对父;悌,是弟对兄,两者不是一回事,但孝与悌都是仁的具体表现。那么,什么是孝?

儒家学说的解释有广义和狭义两部分,就狭义的孝而言,其内容主要有这么几点:

子承父志,不改父之道。孔子说:"三年无改于父之道,可谓孝矣。"就是说如果父亲死后,长期继承父亲好的思想不加以改变,可以说是尽孝了,这是很重要的一点。

在古代,社会劳动十分简单,子承父业是社会得以延续发展的重要因素,如果不这样做,后果是很可怕的,如医巫、百工、官吏,等等,这么做是当时唯一的正道。

侍父母,使父母愉悦,为父母养老送终,这一点不必多讲。就如孔子所说:"今之孝者,是谓能养。"

光宗耀祖,重祭祀。孔子对祭祀的事十分看重,这是为什么呢?主要有这么几个原因:

其一,为了一脉相承。一般来说,祭祀的时候要为祖先歌功颂德,这种做法本身就在弘扬祖先之道。

其二,为了使"民德归厚",换言之就是为了凝聚人心。对于国和家来说,祭祀是头等大事,它形式上是祭祖,实质上是教育后人。

其三,继承和弘扬前人之礼。祭祀不是随意性的,它很神圣,用什么祭品、器皿都是有规定的。身份不同,祭祀的规格也不同,这是一种尊卑之礼的演习和教化。

当然,孔子对祭祀问题绝不迷信,他的思想与今人有某些相似之处。如孔子认为:"敬鬼神而远之。"又说:"祭如在,祭神如神在。""吾不与祭,如不祭。"什么意思呢?就是说祭祀祖先的时候,好像祖先就在面前;祭神的时候,好像神就在面前。假如不参加祭祀,让人代祭,如同没祭一样。

这话说得很好,真情实意的祭祀,不是让人代烧几炷香就能解决的,这也是现在到寺庙里,不论身份高低都自己掏钱买香一样,别人买的香似乎烧不出自己的诚意。

孔子还非常瞧不起那些为了献媚去祭别人祖先的事情,他说:"非其鬼而祭之,谄也。"什么意思呢?就是说不是自己的祖先却跑去烧香磕头,这是献媚的举动。

以上是孝的解释,那么什么是悌呢?悌的本意是弟弟对兄长的尊重。儒家学说之所以发明这么个提法,主要是为了符合礼,不混淆伦理,因为子对父可为孝,弟对兄就不能称为孝。

"孝悌也者,其为仁之本也!"这是孔子的结论,意思是孝和悌是仁的根本。

3. 感恩

儒家思想中的仁在家的范畴里还有一个重要的内容——感恩。

这从孔子的主张中可以得到结论:比如,孔子为什么要求儿子要为亡故的父母戴孝三年?这是因为孔子认为:"子生三年,然后免于父母之怀。"就是说儿子生下三年才能脱离父母的怀抱,守孝这三年就是对父母养育之恩的回报。

曾经有个叫宰我的学生问孔子:"父母死亡,守孝三年,时间太长了,守一年了就可以了。"孔子就说:"你心安,你就去干吧!君子在服丧期间,食脂不甘,闻乐不乐,居处不安,所以才不去那么做,现在你感到心安了,就可以去吃肉喝酒唱歌了。"

可见,孔子并不固守教条,虽然他认为宰我这么做是"不仁"的行为,但他的态度是客观的,人应该实实在在地感恩,如果仅仅是为了做样子,那么还不如像宰我那样该干什么就去干什么。

感恩的思想是一种对人类社会十分有益的思想,它和我们今天所提倡的社会公德是相一致的。一个深怀感恩思想的人必定是个仁人志士,因为感恩,他就要去回报家人、回报组织、回报社会,他的道德也就会因此而变得高尚。试想一下,如果每一个政府工作人员都对纳税人有一种感恩情怀,真正把纳税人当成衣食父母,服务型政府何愁建设不好?

义

义和仁往往联用,孟子认为:"仁,人心也;义,人路也。"也就是说,仁是内在的,义是外在的。如果把仁说成是某种理论,那么义就是忠实地践行这种理论的要求。

关于义的理解,孔子认为,"义,宜也"。这里的宜就是适宜,那么适宜什么呢?就是适宜仁的思想,如果不适宜仁的思想,那么就谈不上义了。

义,根据不同的践行原则大致可以分为以下六类:即正义、仁义、忠义、孝义、礼义、信义。

一、正义

正义就是循道可行。什么是道呢?"道也者,不可须臾离也。"它是形而上的东西,就是因为这个道,竟能形成一个道教,一门玄学,可见道之神秘。今天我们理解道,就把它看作是规律性的东西,用新的名词来解释,道就是真理。

那么为了真理而奋斗的就是正义。

君子要正义,要如孟子所说的"富贵不能淫,贫贱不能移,威武不能屈",要有一种大义凛然的精神,这是一种至高的境界。

二、仁义

前面我们谈到了仁,在朝在野在家,仁有十个方面的内容,那么去践行这十个方面的内容的行为就是仁义。

仁义的主要特征是:"刚、毅、木、讷",孔子说:做到了刚强、果断、质朴、慎言,就是接近仁了。

孔子认为,只要是仁义之事,可以不受规矩的约束,比如:"当仁,不让于师",就是说面对仁德的事情,对老师也不谦让。说"志士仁人,无求生以害仁,有杀身以成仁"。什么意思呢?就是说:真正的志士仁人,没有贪生怕死去损害仁义的,却有牺牲自己来成全仁的。为此,孔子很瞧不起好好先生,他说:"乡愿,德之贼也",这里的乡愿,就是好好先生,德之贼就是败坏道德的人。

那么怎样才能做到仁义呢?

这个问题孔子已经做了回答:

子张(孔子的学生)问孔子,怎样才能算仁义,孔子回答说:"能行五者于天下,为仁矣。"

孔子所说的五者是:"恭、宽、信、敏、惠。"

恭,是庄重的意思,"恭则不侮",庄重就不会遭受侮辱。

宽,是宽厚的意思,"宽则得众",宽厚待人就会得到大众的拥护。

信,是诚实的意思,"信则人任焉",诚实就会得到别人的任用。

敏,是勤敏的意思,"敏则有功",勤敏工作就会有成绩。

惠,是慈惠的意思,"惠则足以使人",仗义疏财,给人恩惠,就能更好地凝聚民众、指挥民众。

弄懂了仁义的内涵,我们就明白了为什么"仁义之师"这杆大旗总是摇而不倒,哪怕是叛军流寇也喜欢拉大旗,作虎皮,因为无论何人,都没有理由去反仁义。

三、忠义

忠义这个词大家并不陌生,京剧《沙家浜》里的胡传魁就自称是忠义救国军司令。胡司令为什么要叫忠义救国军?我想他主要是想给自己戴一顶爱国的帽子。他本来是叛国,当日军的走狗,怕落个汉奸的骂名,就打出个"忠义救国"军的旗子。

胡司令虽然是个草包,但他对忠义的理解还是对的,忠义就是要对君、对国、对主人忠诚。

事君,事主,事国,忠贞不贰,尽心效力就是忠。

我们常常所说的爱国主义,在古代就是一种忠义。

我们知道《水浒传》里的宋江,为什么把水泊梁山的大厅的牌匾给换了,把个聚义厅改成了忠义堂?一字之差,含义大变,因为忠字一写,宋江的纲领变了,变得忠于国家、忠于皇帝了,所以后来便有了朝廷的招安。

我们今天研究重要的文件也不能马虎,不要小看加了个字还是变了个字,往往一字之差,路线就大相径庭,比如十三大的"中国特色"、十四大的"市场经济",正是这几个字,标志着我们的工作方针发生了巨大的转折。

四、孝义

孝是儒家学说的一个重要组成部分,专门有一部《孝经》。所谓孝义,就是指一切循孝之举。

儒家强调由己及人,由此及彼,主张"己所不欲,勿施于人",反之也是这样,一个不孝的人,难成忠臣义士,所以许多朝代都有"举孝廉"的做法。就是说,一个人如果在社会上以尽孝闻名,那么乡绅就可以推荐,朝廷就可以选拔他做官。

古代人们有一个重要的观念,就是忠臣必出自孝子。所以大臣不管国事多忙,只要是父母有疾,再霸道的皇帝都要准假省亲的,因为这里有个尽孝的问题,除此之外,再没有其他理由让皇帝恩准回归故里,除非告老还乡。

孔子对孝的主张并不是僵化的,具体问题要具体分析。当孝与仁和道发生矛盾的时候,是可以大义灭亲的。所以孔子的思想充满了辩证的色彩,孔子丝毫没有四种毛病,即《论语》中所讲的"子绝四:毋意,毋必,毋固,毋我"。

毋意,是不主观凭空揣测、臆断;

毋必,是不绝对肯定;

毋固,是不拘泥固执;

毋我,是不唯我独是。

后来,尤其到了明代,一些人把孝义教条化,搞起了愚孝,这不是孔子的本意,是后人根据需要发挥出来的。

五、礼义

礼,简单地说就是礼节、礼仪。它由维持朝廷、社会、家庭秩序的一系列制度构成。

礼的好坏代表社会的进步程度。

孔子之所以崇尚周朝,就是因为周朝的礼很完善。他说:"周监于二代,郁郁乎文哉!吾从周。"

这句话的意思就是说:"周朝的礼乐借鉴于夏、商两代,真是丰富多彩呀,我赞成它。"

按照先人规定的礼制去做事,就是讲礼义,否则就是失礼,为君子所不齿。

六、信义

曾子曾说过:"吾日三省吾身:为人谋而不忠乎?与朋友交而不信乎?传不习乎?"

曾子反省了三个问题,其中就有是不是讲信义的问题,这是因为儒家对信义问题十分看重,把它上升到了个人修养的一个很高的层次。

礼和信的问题后面还要论述,这里点到为止。

礼

礼,是儒家学说比较崇尚的一种思想,是治国的方略,孔子

说过:"上好礼,则民易使也。"礼的学问可谓博大精深,儒家经典著作中不可或缺的一部巨著就是《礼记》,而《大学》《中庸》都是从《礼记》中分离出来的,因此研究儒家文化,就不能不研究礼。

首先,我们来分析一下礼的内涵。

按照《礼记》中的解释:

"夫礼者,所以定亲疏,决嫌疑,别同异,明是非也。"

什么意思呢?

所谓礼,就是用来研究人际关系的亲疏,判断事情的嫌疑,辨别物类的异同,分辨事物的是非的。

定亲疏,是原则作用;决嫌疑,是法律作用;别同异,是归属作用;明是非,是标准作用。

我们再分析一下,儒家为什么如此重视礼?

原因之一:礼是维持等级制度的需要

国家是由等级制度构成的。国君、王侯、大夫、士,等级不同,礼节也就不同,如果没有礼的约束,一切都会没有遵循的依据,国家就会混乱。

比如,国君有国君的仪仗,大臣有大臣的规范,这种礼一直到今天仍有延续。国与国之间,接待元首,就鸣二十一响礼炮,而接待总理,则只能鸣十九响。否则,也是会出问题的。20世纪50年代,彭德怀元帅出访东欧,当时的社会主义国家给了这位指挥抗美援朝战争的将军以极高的接待规格,其中有的国家竟鸣了二十一响礼炮,这一接待上的问题后来成了彭德怀被批判的理由之一,连彭总自己都有口难辩。

礼对国家统治的维护是长久的,历史上周朝靠德治、靠礼治,历时八百载;而秦朝以刑法治国,只存二世。所以,从长远看,必须坚持德治与法治相结合,国家才能长治久安。

原因之二:礼是维持社会关系秩序的需要

人与人之间的关系构成了社会关系。人与人之间的关系在任何时代都是需要规范的,如果不加以规范,社会就很难实现文明,因为文明的主要标志就是作为社会的人在合理的规范中享有他的权利。在封建社会,为了更好地使社会关系保持连续和稳定,就需要对各种相对关系的人做出规定,这就是礼。

熟读《礼记》的人多会有这样一个感受,那就是书中不厌其烦地规定了一些生活中的礼节,这在今天看来是有些繁琐,但在社会建立之初,这种规定还是十分必要的,我们今天许多生活习惯都发源于此,只是在几千年的社会发展中得到了进化而已。

儒家对父子之间、夫妻之间、师生之间、亲戚之间以及朋友之间都有约束性的规范,这种规范在历史上是十分进步的,我们在世界上之所以有礼仪之邦的美誉,这是一个很重要的因素。

原因之三:礼是个人立身修养的需要

孔子一直崇尚礼,他认为不知礼,就无以立身。圣人以礼教人,使人有礼,从而有别于禽兽。他有句著名的话:"兴于诗,立于礼,成于乐。"把礼提高到立身、立家、立国的高度。要求君子应该"克己复礼"。不仅在立身方面要求礼,而且从个人安危的角度,儒家也强调了礼的重要性:"人有礼则安,无礼则危,

故曰:礼者不可不学也。"

我们不妨举一个例子说明这一点:

秦末农民起义领袖陈胜称王后,那些当年和他在一起"苟富贵,勿相忘"的雇农朋友闻讯而来,也想混个一官半职。但这些穷兄弟哪里懂得官场的礼数,他们就像电视连续剧《激情燃烧的岁月》里蘑菇屯的那些乡亲来找石光荣一样,朴实得可爱而无奈。这些穷兄弟不懂朝中礼数,酒足饭饱之后就到处吹牛胡侃,逢人就讲:别看你们陈王现在威风八面当大王,当年和我们穷哥们一样也是锄地的。

这样一来,陈胜就十分难为情,要知道,古代的君王都希望自己是真龙天子,没有谁愿意把自己不好的出身抖搂给别人,这些穷哥们一嚷嚷,自然让陈胜的威信大打折扣。

众所周知,陈胜当年在大泽乡揭竿而起时,靠的是让吴广在鱼肚子里塞进一块事先用朱砂写了字的白绸子来骗取众人的信任,又让吴广半夜在灌木丛里装作狐狸叫喊"大楚兴,陈胜王",因而,陈胜在部属面前多少是有些神秘感的。现在,这些穷兄弟把他的老底揭了出来,让陈胜很是难堪。

终于,陈胜身边的谋士看不下去了,他们向陈胜进言道:这些人整天喝酒吃肉没有关系,但总是四处乱揭大王您的老底这可不好,这些人不能留。此时的陈胜早已把"苟富贵,勿相忘"的誓言忘得精光,理由都没有找一个就把这几个人拖出去杀了。

这就是无礼则危的道理。

儒者的修养,就是丰富礼的知识,使自己彬彬有礼。

孔子认为:"恭而无礼则劳,慎而无礼则葸,勇而无礼则乱,直而无礼则绞。"

什么意思呢？恭而不知礼法就会辛劳；谨慎而不懂礼法就会胆小怕事；勇敢而不懂礼法就会作乱；直爽而不懂礼法就会误事。孔子认为应该"礼尚往来。往而不来，非礼也；来而不往，亦非礼也"。

这说明礼是为了交流而制，是促进人与人的交流的。

原因之四：就是怡情审美的需要

人除了物质的需求外，还有一个精神需求，精神需求是一种审美需求，那么礼的作用还为了满足人们的这一需要，使人们得到怡情娱乐。

礼的一个重要方面是音乐。

古代的音乐有着"宫、商、角、徵、羽"五音，五音代表不同的内容。

宫——代表君；

商——代表臣；

角——代表民；

徵——代表事；

羽——代表物。

五音不能乱，不能缺，否则就不和谐。音乐的目的就是为了协调一致。

现在，我们一些重要仪式要奏乐，这是从古代沿用下来的，其目的就是为了团结和谐。就像孔子所说的"礼之用，和为贵"。和就是中和，是儒者追求的一种境界。

接下来让我们再看一看礼的合理性。

孔 子

礼的规定很多,可以说包罗万象,我们这里仅举几个例子来分析一下礼的合理性问题:

例一:田猎的规定。

所谓田猎,是指旧时天子诸侯等例行的打猎活动。《礼记》规定:田猎不按照礼进行就是暴殄天物,暴殄天物就是灭绝残害天生之物。《礼记》中规定田猎要"天子不合围,诸侯不掩杀",就是不能对猎物一网打尽,不能成群地掩杀。

《礼记·王制》中规定:"獭祭鱼,然后虞人入泽梁;豺祭兽,然后田猎;鸠化为鹰,然后设罗;草木零落,然后入山林。昆虫未蛰,不以火田。不麛不卵,不杀胎,不殀,不覆巢。"突出强调了在昆虫还没有休眠时,不可以焚草肥田;不可以捕杀幼兽;不可以剖取禽卵;不可以杀取胎兽;不可以捕杀刚出生的鸟兽;不可以毁坏鸟兽的巢穴。

例二:关于市场的准入问题。

《礼记》中规定:"戎器不粥于市,用器不中度,不粥于市。""布帛精粗不中数,幅广狭不中量,不粥于市。""五谷不实,果实未熟,不粥于市。木不中伐,不粥于市。禽兽鱼龟不中杀,不粥于市。"

可见,在周代和春秋时期,器皿不合规格的就不能上市,布帛质量不过关的不能上市,五谷不熟的不能上市,树木不成材的不能上市,禽兽鱼龟没长大的不能上市,兵器不可以上市,等等。这些规定与现在的可持续发展要求十分相似,如果我们能够很好地继承并发展古之礼制,我们的社会发展会少走很多弯路。

对礼做出诸多规定的《礼记》，是一本影响了中国社会秩序长达数千年的不朽著作。其中许多观点至今仍有积极意义。如：

傲不可长，欲不可纵，志不可满，乐不可极。

这是根据中庸思想得出的一种人生箴言。做任何事情都要把握好一个"度"，应适可而止，恰到好处。傲慢之心滋长，必然会逾规逾礼；欲望得以放纵，就会得陇望蜀，铤而走险；志满必然止步，乐极便会生悲。揣摩这些名言的内涵，必须承认它们是符合辩证法的。今天，有许多人把这些话用来作为人生的座右铭，就说明了这些箴言的生命力。

临财勿苟得，临难勿苟免。

一个有修养的君子，面对财物，应该不生随便获取之心；面对危难，该赴难的时候决不苟且逃避。儒家提倡君子爱财，取之有道，用之有度，不属于自己应该得到的，绝不眼热心动，对不义之财要坚决拒绝，这种金钱观是值得赞扬的。

时下，有许多高官纷纷在糖衣炮弹面前落马，就是没有记住"临财勿苟得"的古训。一个有正义感、心存良知的人，在危难面前是不会苟且逃避的，见义必须勇为，要有一种浩然之气。如果对应该挺身而出的事情，退避三舍、苟且偷生，那么就不是一个真正的君子。

> 贫者不以货财为礼,老者不以筋力为礼。

这是一种非常人性化的规定。对于贫穷的人,不要求奉献礼品为礼;对于老年人,不要求以跪拜为礼。

礼,是发乎真情的一种表现心意的方式,要求穷人去以货财为礼,这种礼就会成为穷人的沉重负担,这样的礼不仅违背了礼的原意,而且会生出与礼相悖的情绪。

比如说,一个下岗的人,明明没有收入来养家糊口,但为了求领导帮助,却举债买些烟酒去送礼,这样的礼对于送者是负担,对于收者也是负担,礼的性质已经发生了变化。

"老者不以筋力为礼"的规定奠定了国人尊老的道德基础。我们看到一个年轻的人力车夫拉着一个老人在街上赶路这很正常,如果看到一个年轻人坐在车上,一个白发老人则在吃力地蹬着三轮车时,这个年轻的乘客就会遭到路人的白眼。这种现象就是源自《礼记》中所规定的"老者不以筋力为礼"的思想。所以,民间有一种说法,如果老年人向你下跪,对于被跪的年轻人来说,是一种折寿。

> 居丧不言乐,祭事不言凶,公廷不言妇女。

办理丧事时不要谈论诗歌,祭祀时不要谈论不吉之事,在办公的场所不要谈论妇女之事。

这样的规定都是说明必须注意语言环境的问题。生活中不难发现这样的事情,来参加别人家的丧事,却不顾人家的感受有说有笑,这样做对于死者缺乏应有的尊重,那么来吊丧还不如不来。

祭祀,是一项十分庄重的活动,应该严肃起来,这样的场合多是祝愿、祈祷之类的语言,不应该说些不吉利的话。清末代皇帝溥仪三岁登基之时,因溥仪年幼,受不了繁琐的礼仪之累,照顾他的人就说了"快完了,快完了"这样的话,令在场的王公大臣顿生不祥之感。

公廷是议政场所,在这样的地方讲一些"黄段子",开一些诙谐的玩笑,会令人感到十分滑稽,有损公仆形象。所以,古人不仅要求公廷不言妇女,而且也要求"公事不私议",就是说国家大事不在家内议论。可惜的是今人很难做到这一点,许多重要的大事不仅私议,而且有的就在酒桌上拍板了。

独学而无友,则孤陋而寡闻。

一个人对知识的涉猎毕竟有限,需要朋友间的相互启发、交流和借鉴。如果单独学习,没有朋友在一起切磋琢磨,就会学识浅薄、见闻不广。

所以,儒家不但不要求人们两耳不闻窗外事,一心只读圣贤书,反而希望人们在学习的时候要注重结合实际,注重朋友间的交流学习。

孔子所说的"三人行,必有我师"也是在说明这样一个道理。知识、思想是不能独享的,如果独享,再渊博的知识、再伟大的思想都会失去作用,唯有实践、交流,知识才能增加,思维

才能拓展,视野才能开阔。

> 大乐必易,大礼必简。

这样的规定对于我们来说太有必要了,非常符合建设节约型社会的要求。所谓"大乐必易",是说盛大的音乐一定是平易的,这是因为,盛大的音乐绝不是给少数贵族欣赏的,它应该是全体国人的音乐。既然属于全体国人,那么就不能不考虑它的群众性。用现在的话说,就是必须"贴近实际、贴近群众、贴近生活"。否则,大乐就不是大乐。

1963年我国演出的大型歌舞史诗《东方红》就属于真正的大乐,它之所以受到全国人民的喜爱,主要是因其在内容、形式、艺术上都具有贴近大众的平易特色。

"大礼必简"是说隆重的礼仪一定是俭朴的。现在,我们在举办节庆活动中,一味地求大、求洋、求阔,这不符合大礼必俭的要求。请来了明星,庆典不一定就提升了档次,自家人登台亮相,不见得庆典就不隆重,关键的问题是看庆典的内容是否得人心,看庆典的组织是否有创新。平淡中寄寓着深刻,简朴里蕴含着隆重,这是《礼记》所反映的一种朴素的审美思想。

智

智,就是一个儒者应具备的知识。

《论语》的第一章就是用来论述学习的,说明儒家对智的重视。

智,是通过学习得来的,孔子虽然佩服那些绝顶聪明、生而知之者,但孔子认为自己不是生而知之者,他说自己"十五岁立志于学习,三十而立,四十不惑,五十知天命,六十而耳顺,七十而从心所欲,不逾矩"。

孔子在智的学习上,有"五好",即:好古、好问、好习、好师,好用。

一、好古

孔子认为古代流传下来的文化遗产是学习的首选,作为后人没有理由不去继承它。

他对自己的评价就是:"好古,敏以求学者也。"正因为如此,孔子才能为《易》作传,才能讲解六艺。

孔子所崇尚的"古",虽然主流是周代文化,但也包括"四夷"的东西,可以泛指前人的一切文化成果。

二、好问

孔子认为:为了学到知识,要不耻下问。他本人为了学一些农业方面的知识,就曾经向"鄙夫"——老农请教。

孔子"入太庙,每事问",绝不不懂装懂,摆教授的架子。

他认为:"知之为知之,不知为不知,是知也。"

不懂不丢人,不懂装懂是容易出丑的。

三、好习

习,就是温故和演练,反复加深对知识的掌握。学而时习之,不亦乐乎?

曾子说:"吾日三省吾身,为人谋而不忠乎?与朋友交而不信乎?传不习乎?""传不习乎"就是说老师传授的知识,有没

有复习?

为了使学到的知识能够扎实,温习是一个很好的学习方法。

四、好师

这里的师是动词,是传播、教授知识的意思。

孔子从来不把知识看成是私有的东西,他一直主张知识的传播。孔子有三千弟子、七十二贤人,可见孔子学生队伍的庞大。孔子主张"有教无类",什么人在他这里都有接受教育的权利,这是最早的素质教育了。

五、好用

孔子注重学以致用,这体现在他的主张和实践中。

孔子五十五岁那年,率领弟子周游列国十三载,可谓辛苦坎坷。他这样做的用意一方面是想寻找一个能实现他礼治思想的国度;另一方面也是在进行一次实践考察。这十三年对孔子后来的著述影响很大,孔子的许多言论也正是在这十三年中得到了广泛的传播。

我们在研究儒家文化中的"智"时,要明确两点:

一是在当时生产力尚不发达的条件下,孔子的学习重点只能是古典文化,但这并不影响孔子对新知识的学习,不能因此就给孔子戴一顶守旧的帽子。

二是孔子虽然主张"有教无类",人人都有受教育的权利,但他又主张因人施教,主张"中人以上,可以语上;中人以下,不可以语上也"。这里的"上"是指高深的大道理,中人以下,只可使由之,不能使知之。

《颜氏家训》有"上智不教而成,下愚虽教无益,中庸之人,不教不知也"的说法,其目的也在于说明教育要因材施教。这种观点其实很好理解。在当今,如果你跑到摆地摊的婆婆那里去讲"哥德巴赫猜想",效果会可想而知。

信

在"仁、义、礼、智、信"五个字当中,只有信的含义古今没有大的出入,信就是诚信。儒家学说认为信是人之本,轻诺寡信历来为君子所不齿,所以才有一诺千金之说。

信是仁、义、礼、智的具体表现形式,属于道德的范畴。尤其在法律文书制度不完备的情况下,诚信是一种十分必要的行为规范。

例如:古代有一种指腹为婚的说法,这种口头合同就必须以诚信为前提,将来反悔的一方要受到舆论谴责的。这种做法虽然不足取,但它说明了信的重要约束作用。

《论语》中提到"信"字共有38次,可见使用频率之高。

因为信是人与人关系间的一种道德标准,所以,儒家所讲的信不是一个孤立的概念,它与其他的道德要求有着复杂的联系。

首先,信要诚其意。信与诚是相伴的,《说文解字》中对信的解释就是一个诚字。诚其意,简言之就是诚实自己的意念,这是一个人"格物致知"的必要前提。诚信是以诚为前提,只有出自"正心"才能至诚,方可为信,如果言不由衷或心生旁骛,那就无可言信了。

其次,信要忠于义。曾子说的:"与朋友交而不信乎?"这里的信,就是朋友共同遵守的道义。

孔子的学生有子说:"信近于义,言可复也"。就是说与朋友间所守的诺言符合义,说的话就能兑现。可见,儒家的信并不是无原则的信,不符合义的约定是不必去践行的,因为它不忠于义。

第三,信要发乎情。既然信是朋友之间的道德要求,那么它大都是产生在一种交情之上的。儒家并不是泛信主义,生活中的客套是不必认真的,因为这是一种客套,并不是真正的发乎情。比如有人客套说改日请你吃饭,你却死心塌地当真,饿着胃肠等这饭,那你就大错特错了。你也不必骂人家言而无信,因为人家说这句话的时候就不是真心实意地要请你吃饭。

儒家强调的朋友之情亦并非泛情,孔子认为:"益者三友,损者三友。友直、友谅、友多闻,益矣;友便辟,友善柔,友便佞,损矣。"孔子认为同正直的人交友,同信实的人交友,同见闻广博的人交友,便是有益的;而同谄媚奉承的人交友,同当面恭维背后毁谤的人交友,同夸夸其谈的人交友,便是有害的。也就是说,孔子是反对损者三友的。孔子把"直、谅、多闻"作为交友三要素,说明他的原则性很强,"直"是正的意思,这是人品的关键,"谅"按说文的解释就是信,而"多闻"就是要知识丰富,这是孔子所强调的"主忠信,无友不如己者"的一贯思想。

第四,信要止乎礼。孔子一直强调具体问题具体分析,不能拘泥于某一程式,因为他"绝四",就一点没有四种毛病——"毋意,毋必,毋固,毋我"。其中的"毋固"就是不拘泥固执的意思。孔子对信的要求也不拘泥固执,其标准是以礼为限,如果超出了礼的规定,那么这个信可以不讲。比如说一个人曾许诺要为朋友去死,但是按照礼的要求如果父母在就不可答应为朋友而舍身,那么这个人在尽到了自己所能做到的事情之后,他为了对父母尽孝而舍弃了替朋友去死,这是可以理解的。

以上是第二个问题。

儒家思想给我们的启示

那么,儒家思想对我们有哪些启示呢?也就是第三个问题。

儒家思想给我们的启示之一:必须树立可持续的发展观。

儒家思想有一个容易被人忽视的原则,就是对自然有限索取的消费观,这就是孔子所讲的"节用""欲不可纵"。在古代生产力水平十分不发达的情况下,人们主要靠狩猎、捕鱼等对自然的索取来维持生计,为了能保持人类的生生不息,儒家强调了许多应遵循的礼制规定,其目的就是充分考虑环境、资源和生态的承受能力,对自己的欲望加以克制,以符合"礼"的规定,保持一种人与自然的和谐发展。

儒家的观点与今天我们主张的科学发展观是相一致的,它是我们坚持可持续发展的最早依据。比如为了减少对耕地的侵占,孔子主张人死后要深埋,不封不树。他曾为故去的父亲筑了一个坟头,这个坟头被雨淋后塌了,孔子很是内疚,认为自

己违反了礼的规定,这个坟头原本是不该筑的。

今天,我们在以一切服从和服务于经济建设这个中心的大前提下,不能盲目追求GDP的增长,甚至把GDP的增长率当作评价干部政绩的唯一标准,这是和儒家思想相悖的。强调GDP增长本身并没有问题,问题出在GDP增长不能以牺牲环境、牺牲后人的利益和对资源的浪费为代价。发展只有是协调的,是统筹的,这种发展才符合"中庸"的观点。

从儒家思想的视角来审视发展问题,至少有三个观点值得汲取。一是不"暴殄天物";二是"惠民";三是"足食足兵",不荒废国防。这三个观点与我们今天的政府工作报告中的观点有着惊人的相似。儒家思想的科学性就在这里,不论你主观上怎样想摆脱它,当你翻开它的经典著作时,你会发现你的思想之根竟源于此处。

儒家思想给我们的启示之二:坚持以人为本。

人是万物之灵,我们所做的一切事情归根结底都是为了人,但是就是这么一个被儒家学说早已明确的理念却长期被忽视了,以至于今天再提以人为本时,许多人竟认为是舶来品。

儒家所说的"仁者",其本质就是"爱人","仁政"的本质是"德政","爱人"和"德政"的显著标志是以人为本,这就是孟子所说的"民为贵,君为轻"。

孔子提出一个口号,叫"兴灭国,继绝世,举逸民",这个口号曾被今人猛批,认为孔子是旧体制的维护者。其实,如果我们从"以人为本"的角度来看待孔子的口号,我们会发现孔子的胸怀是多么仁慈,孔子为弱势群体的呼吁是多么动情。人和大自然中的万物都是一样的生灵,一个部落的存在和一个小国的建立,就像大自然中形成一片森林或一个鹿群,它的存在本身就是对人类的贡献,如果把它们赶尽杀绝伐光,这是人类不仁的表现,所以孔子反对这种做法。在历史上很少有人赞同秦始皇焚书坑儒的做法,因为它毁掉了许多人类的文化遗产,而这种文化遗产本来应该属于全人类。

我们今天坚持以人为本,在懂得了它是儒家思想精髓的同时,还应大力弘扬儒家的"节用而爱人,使民以时"的思想。孔子认为治理一个大国,除了要敬业和诚信之外,还要节约费用、爱护干部,在农闲的时候才役使百姓。

按照孔子的这一思想,统治者是不该大搞形象工程的,而应该从爱护的目的出发去搞好吏治的,应该把国计民生作为头等大事来考虑的。

现实生活中不顾国情、不尚节用的事例不少,花费巨大、劳民伤财的所谓政绩工程屡见不鲜。违背农时、组织成千上万的农民上山大炼钢铁而致使稻谷烂在田间的教训何其深刻,如果我们的执政理念早早地树立起"以人为本"的旗帜,我们就不会在实践中走这样一段弯路。

儒家思想给我们的启示之三:注重诚信建设。

诚信问题重新被人们所重视,是因为不讲诚信已经严重地扰乱了我们这个社会的政治经济秩序。提起诚信就不能不提到儒家,因为正是儒家学说把诚信原则确立下来,使之成为人的立身之本。孔子认为:治国,要"敬事而信";交友,要"言而有信";为臣,要"主忠信"。可以说"信"作为一个重要的道德

原则已经体现在方方面面,不讲诚信的人就谈不上是君子,是会受到舆论谴责的。

诚信作为中华民族的传统美德,一个时期内竟然被淡化了,尤其是改革开放的大潮涌起时,在"上下交争利"的现实中,人们的价值取向发生了扭曲,价值观被附着了许多不该附着的东西,不讲诚信的现象日益普遍,假药致死、毒奶害人、假合同行骗事件以及写满大街小巷的办假证广告问题,已经令人见怪不怪了,这说明诚信建设必须纳入日程来强化了,因为诚信是支撑这个社会的道德大厦的柱石,一旦这个柱石不存,那么必将导致大厦倾覆。

儒家思想给我们的启示之四:保护私有财产。

我们高兴地看到十届二次人代会做出了修改宪法的决定,把"保护私有财产"堂而皇之地写进了我们的根本大法。大会做出的这一决定是正确明智的,历史将证明它的影响是积极的、有益的。我们在研究儒家思想时,常常对孟子的一句话思忖再三:"有恒产有恒心,无恒产无恒心。"孟子的这句话内涵十分丰富,它揭示了一个社会发展与稳定的核心问题:"恒产"。

我们常常说"橄榄型"的社会是最稳定的社会,即当中产阶级成为一个社会的主流时,这个社会是最稳定的,这是因为中产阶级就是典型的有"恒产"的阶级,有恒产从而有恒心,有恒心就不会出现突变,没有突变这个社会就不会产生动荡。我们还常说"无产者最具有革命性"也是这个道理,那么无产者拼命革命的动力是什么呢?难道是为了革命而革命吗?当然不是,无产者革命的原始目的就是为了"有产",是为了获得赖以生存的生活和生产资料。

由此看来,我们采取"藏富于民",让人民有"恒产"的政策是十分明智的,这一政策的执行至少解决了三个问题:首先,它解决了一个理论和现实相抵触的矛盾问题,使我们多年囿于理论束缚而徘徊不前的局面有了突破;其次,它解决了一个关乎社会稳定的基础——"私产"的法律地位问题;再者,它还打消了私有、民营企业家心中普遍存在的顾虑,解决了多年来大量资本外流问题。

依法保护私有财产不是权宜之计,它是保持长治久安的必然选择。否则,一个人人思危、夜夜防盗的国家就会成为孔子所说的"危邦"。"危邦不入",大量的人与钱外流也就是情理之中的事情了。

儒家思想给我们的启示之五:继往才能开来。

儒家思想比较注重对传统文化的继承,这种继承是发展的继承,不是拘泥于成制,这从孔子的言论中不难找出根据。

儒家为什么重视继承?这是因为前人的文化是经过历史检验的智慧的结晶。以周为例,八百年沿革,比当今任何一个国家的政体都长,说明周的礼制是有效的,所以后人讲周以礼治国,历时八百年,而秦以法治国,仅袭二世。这里并不是否定法治,而是要说明文化的作用。一个民族之所以得以凝聚,靠什么?当然靠文化的力量,继承传统的优秀文化,必然会起到增强民族凝聚力的作用。

孔子处于一个礼崩乐坏的时代,他在现实中找不到凝聚国

民的办法,所以就研究周的文化。在深入研究周的文化并与商文化做了对比之后,他感到周的礼制是最佳的选择,所以他发出了"郁郁乎文哉,吾从周"的感慨。孔子以弘扬周的文化为己任,并且在实践中不断地发展它,终于成了公认的圣人。试想,如果没有孔子对周文化的继承,周的文化怎么会得以传播?影响中国数千年的儒家学说又怎么能够形成?

今天,我们在进行改革和发展的时候,同样不该忽视继承的问题,那种把前人前任的一切都视为"束缚"的做法是极端片面的,它的后果是浪费了物力、财力和精力,延缓了发展的步伐。因此,只要是人类创造的先进文化,我们都应该为我所用,因为我们代表的是先进文化的前进方向。我们不能因为意识形态上的原因,放着前人架成的桥不去走,而非要摸石头涉水过河。伯夷、叔齐不食周粟、饿死首阳的时候并没有 WTO,而现在,我们已经踏上了经济全球化的列车,除了与时俱进,我们已经别无选择,哪里还有什么殷谷周粟?

管窥孔子

如何认识孔子,是研究儒学乃至中国文化不可回避的问题。几千年来,关于孔子的著述可以说是汗牛充栋,难以尽览。一般的读者,不能花费大量的时间和精力来考究古籍,只能从现成的教科书中对孔子有个概括性的了解。然而,受阶段性政治因素的影响,现在关于孔子研究的一些所谓定论,也未必就经得起推敲,许多观点不符合孔子的本色。孔子是与我们相隔了数千年的古人,不同的研究者对他有不同的认识,这是不可避免的事情。近日,再读孔子之书,又有了些断断续续的感悟,或片言之语,或小题大做,都把它记录下来,权当一斑识豹,管窥孔子。

中庸不折中

孔子提倡中庸,这是众所周知的事情。但是有相当一部分人却把中庸理解为折中,这就是对孔子学说的误会了。

关于中庸,《论语·雍也》篇是这样解释的:子曰:"中庸之为德也,其至矣乎!民鲜久矣。"这句话的意思是:中庸这种道德应该是最高的了,大家已经很长久地缺乏它了。可见,孔子所讲的中庸,是一种道德标准。

所谓的"中",是中正,中和,是古代哲学家的术语,其意是合理的,至当不移的,是一种无过也无不及的"度",这个"度"的把握要在一个不偏不倚的标准上。

为什么要不偏不倚呢?这是因为要符合道,用今天的话讲就是要符合真理。"庸"是用和常之意。因此中庸即是"用中为常道也",是"执其两端,用其中于民"。可见中庸的思想很通俗,并不是什么深不可测的玄学。它要求人们为人处世要"允执其中",符合公认的原则,符合事物发展的规律,不刻意去改变事物的固有形式。它要求的存在形式是一种和谐状态,但这种和谐是建立在"正道"基础之上的,不是无所遵循的杂糅。

关于中庸思想有两个突出的特征,一是反对过头和不及。这个特征用现在的话说就是左和右都不好,好的立场应该是不左不右,居中正之位。

二是主张"和而不同"。和,是保持矛盾对立面的和谐;同,是取消矛盾对立面的差异。晏婴曾经很形象地来描述和与同的差异,他说,以烧汤为例,所谓和,就是用锅来熬汤,里面放入盐、醋、梅等佐料,再烧火来慢慢烹饪鱼、肉,厨师加以调和,"济其不及泄其过",这样熬成的汤才有滋味,有营养。而同就是以水调和水,不用任何佐料,这样的汤哪里有什么滋味?

折中的意思人们都很清楚，它的突出特征就是无原则的"调和"，是将各种不同的意见进行调和，得出一种于各方都模棱两可的含糊结论。折中没有什么明确的标准，它如同建筑上使用的"三和灰"，只要调出那种黏性很强的灰浆，把各种材料黏结在一起就是目的，所以有人形象地把折中称为"和稀泥"。《中庸》的作者子思也不是一个搞折中的人，鲁穆公曾问于子思曰："何如可谓忠臣？"子思曰："恒称其君之恶者，可谓忠臣矣。"结果搞得鲁穆公不悦。"恒称其君之恶者"，就是总说君王过失的人。

中庸不是折中，中庸思想和庸俗的折中主义是完全不同的两码事，两者最大的区别是坚持原则还是丧失原则问题。一贯称道中庸的孔子是一个原则性很强的人，为了原则他可以不顾自己的安危。

历史上这样一段史实很能说明问题：与鲁相邻的齐国出现"陈恒弑君"之变，就是齐简公的上卿大夫田成子（陈恒），在内乱中杀死了平庸无能的齐简公，立简公之弟骜为齐平公，陈恒为相。

这件事在孔子眼中是大逆不道的，不管简公政绩如何，弑君之罪都是不可饶恕的。孔子自然十分愤慨，他不顾年老体迈，如临大典一般沐浴更衣，然后正装其事地去朝见鲁哀公，希望哀公能发兵讨伐齐国，匡扶正义，恢复秩序。孔子在哀公那里碰了钉子，又去找当时主政鲁国的"三桓"，即季孙、叔孙、孟孙。结果还是被拒绝了。

在这件事情上可以看出孔子是一个不拿原则做交易的人。

按理说,既然陈恒在齐国受到了广泛的拥护(因为齐国的民歌都在为陈恒歌功颂德),对此,孔子完全可以用"道善则得之,不善则失之"和周公"唯命不于常"的理论依据来个顺水推舟,不去请兵征讨,自讨没趣。但孔子没有这样做,他认为自己既然忝居大夫之位,遇到这样的大事,就不能不管。因为孔子知道,这种现象如果得不到惩罚,一旦各诸侯国都这么效仿起来,天下岂不大乱?

以当今现实为例,当年伊拉克悍然出兵侵略科威特,把一个堂堂的主权国家变成了自己的一个省。针对这一事件,国际社会出现了很奇怪的现象,有的国家予以谴责,有的国家却要求联合国出兵去驱逐伊拉克侵略者,有的国家在"和稀泥",态度暧昧不明。对待这个国际问题,坚持中庸的立场和坚持折中的立场就泾渭分明了,要坚持中庸,就会如当年的孔子一样来伸张正义,对这种侵略行径加以谴责,主张恢复科威特主权,恢复国际秩序;要坚持折中,就会等下去,拖下去,等待萨达姆良心发现,自觉从科威特撤军。后者显然只能是美好的愿望,而坚持这种观点的国家可能没有想到,如果有一天这种事情出现在自己的国家,又该作何感想呢?

中庸不是折中,这在孔子的著作中不难找到根据。《论语·阳货》中有:"乡愿,德之贼也。"这里的乡愿,就是指信奉折中主义的好好先生,孔子认为这种你好我好大家好的"好好先生"是让人痛恨的,是"德之贼"。既然孔子把折中主义当作是德之贼,又怎能说它是"之为德"呢?可见,孔子所说的中庸,绝不是我们所说的折中。令人遗憾的是,人们一直把中庸当折中解释,很少有人去研究孔子中庸的本来意义,造成了对儒学的误解。

其实,中庸思想是孔子在古人的思想基础之上发展而来,"敏而好古"的孔子对前人的文化遗产格外痴迷,其研究到了融会贯通的程度。孔子之前,《易经》中已经有了中庸思想的基础,因为《易》之变化,秉承的规律就是自然天道,而这个自然天道就是中庸所要求遵循的东西。老子《道德经》中明确提出了"人法地,地法天,天法道,道法自然"的观点。这种相互效法的链条靠什么来维系?就是中庸思想所追求的中(正)和庸(平常)。今天批评一个人说不走正道,就是说这个人背离了中庸之道,所以,孔子说"君子中庸,小人反中庸,君子之中庸也,君子而时中;小人之反中庸也,小人而无忌惮也"。意思是说:君子一言一行都符合中庸的准则,小人的行为却违反中庸的准则。君子能做到中庸,是因为君子做事处处置恰当。小人之所以违反中庸,是因为小人从来没有什么顾忌和畏惧。

由此看来,认为孔子中庸思想就是折中主义的观点是片面的、不正确的,这种错误的观点对于认识孔子、了解儒学会产生一种十分消极的误导作用。

爱美之心,圣人有之

人们有一种观点,认为圣人就该像柳下惠一样是坐怀不乱的君子,就不该有什么儿女情长。圣人嘛,不与众不同还是什么圣人?在这些人的眼里,圣人已经被神化了。其实,我们从孔子身上,根本找不到这种痕迹,相反,孔子是个有血有肉、有情有义,具有爱美之心的可爱老人。

卫灵公的夫人南子是个出名的美人,深受灵公的宠爱。卫国国家大事的决策,南子都当仁不让。什么外交、立嗣这样的大事,灵公是唯南子之命是从。所以当时的南子可谓炙手可热、权倾一时。太子蒯聩对南子的做法很是不满,加之对她的淫乱行为十分嫉恨,就密谋刺杀南子。谁知用人不当,选了个胆小鬼戏阳做刺客。戏阳临阵胆怯,被南子发现,结果不仅刺杀未成,太子自己也只能流亡国外。

对这样一个美女,以孔子周游列国的见识不能不有所耳闻,也不能没有一个客观的评价。但是,当南子向他发出约会邀请时,他尽管内心很矛盾,还是偷偷地去了。不仅去了,而且还行了叩头之礼。

孔子在当时已是知名人士,他不仅善于骑射、通晓乐律,而且见识广博、才华出众,用现在的话说,孔子可以称得上是一个仪表堂堂、文武双全的帅哥。南子属于现在的"追星族",久慕孔子大名的南子,萌生私下一聚的想法也在情理之中。不过,南子的邀请是充满自负的,这让孔子的学生们有些无法接受。

南子派使者这样对孔子说:"四方之君子不辱欲与寡君为兄弟者,必见寡小君。寡小君愿见。"意思是说:各国的君子,凡是看得起我们国君,愿意与我们国君建立兄弟般友谊的,必定来拜见我们南子夫人。我们南子夫人愿意见见您。

这样的邀请让孔子很为难,一来此事不是那么名正言顺,有走后门、走夫人路线之嫌。因为孔子凡事讲究一个"名正言顺",他曾对子路说过,如果让他主政卫国,他要做的第一件事情就是"正名"。现在让自己去见一个国君的夫人,从而获得灵公的认同,这一步的确很不好走。二来南子是个绯闻不断的美人,自己偷偷和这样一个人去约会,会有一种很难说清楚的感觉。但是,孔子就是孔子,他克服了内心的矛盾,在礼貌性地推辞了一番后,还是忐忑不安地去了。两人说了些什么已经无从查考,因为这是两个人的事情,但在司马迁的笔下,这段文字充满了意境。

> 孔子入门,北面稽首。夫人自帷中再拜,环佩玉声璆然。

这里,司马迁没有写谁先行礼,只是说孔子进门后朝北面叩头。而在葛帐后的南子"帷中再拜",说明两人礼数很到位,否则不会有"再拜"。有意思的是司马迁没有写两人的神态,而是写了南子身上佩玉相撞所发出的动人的清脆声音,这是司马迁的高明之处,才子佳人约会,美玉碰撞有音,其他的事情读者自己去想象吧。尽管孔子归来后面对不悦的弟子子路,指天发誓说自己没有邪念,说如果自己做得有什么不对,"天厌之,天厌之",就是说老天都会鄙视我,但孔子这种可爱的发誓行为恰恰说明了自己内心世界的矛盾。因此,不过几天,孔子就发出了"吾未见好德如好色者也"的感慨,这是孔子内心的真实感受。

那么孔子为什么会冒险和南子约会呢?是为了政治吗?

管窥孔子

显然不是。当时,灵公已经给了孔子"粟六万"的俸禄,和在鲁国的待遇是一样的。孔子知道南子想见自己,就是仰慕自己的才学,和委以重任无关。除了立嗣这样涉及南子自身的问题她比较感兴趣之外,孔子所宣传的具体的施政思想南子并不关心。因此,靠南子的力量谋取官位是可能性很小的,也是孔子不希望接受的政治方式。

那么孔子之所以去和南子约会,理由就剩下了一个,那就是孔子也很倾心于南子的美貌。美人的邀请无法拒绝,连孔子这样的圣人也不能免俗,因为爱美之心是人之天性。当人之天性与自己所制定的道德标准发生碰撞的时候,孔子也十分痛苦,所以才指天发誓,以消除学生们对自己的误会。孔子是很少发誓的,但他对誓言的问题不拘泥,他认为在不得已的情况下所订立的盟誓是可以不履行的,理由是"神不听"。

孔子赴约会面南子一事,说明真正的圣人并不是非要装出一副不食人间烟火的样子,孔子正因为有血有肉,才更加可亲可敬,孔子对南子,就是一种朴素的对美的欣赏,和欣赏所有出色的东西一样,并不掺杂其他的杂念,作为一个对所有新鲜事物都感兴趣的学者,想看看名噪一时的南子夫人到底有何种风姿,这也符合孔子的性格。因为孔子自己不了解的东西,他从不盲目地人云亦云,用今天的话说,孔子非常注重调查研究,包括所有他感兴趣的人和事。孔子的这种审美是一种博爱,这是他和南子约会之事没有成为影响他形象的主要原因。

孔子的情感世界是丰富多彩的,正因为他有着这样的情感世界,他的许多行动都令人感动,我们从颜回之死中可以看到这一点。

颜回是孔子的得意弟子,比孔子小三十岁,在四十一岁时不幸早逝。孔子对颜回的早逝悲痛欲绝,叹息道:"天丧予!天丧予!"这样的呼号出自一个圣人之口显然不妥,以致他的弟子都说他哭得太哀痛了,但孔子却说:"有恸乎?非夫人之为恸而谁为?"就是说:是哭得很哀恸吗?除了此人之外。我还能对谁哭得这样哀恸呢?

这里,我们可以看到一个十分注重师生情谊的老人,为了自己得意门生的早逝到了一种悲伤至极的程度,因为他太喜欢颜回了,他始终以颜回为骄傲,这说明孔子爱才之心尤切,甚至超乎对家人的爱,因为夫人亓官氏和独生子孔鲤的相继故去,都没有令他像失去颜回这样悲痛欲绝。

孔子缘何获麟垂泪

据《史记》记载,鲁哀公十四年(前481)春天,管理山林的虞人在鲁国的西面大野狩猎,一个车夫捕获了一只奇怪的野兽。车夫的主人叔孙氏看到这个怪兽,认为不吉祥,不敢要。人们将孔子请来辨识,孔子一看到这个怪兽,就掩面痛哭,说:"这是麟啊!为什么来?为什么来?"叔孙听到孔子这样说,就留下了这个被折断了前左足的怪兽。此次"西狩获麟",对孔子的打击不亚于弟子颜渊的死,他彻底绝望了,传说孔子著《春秋》绝笔于"获麟",应该不是杜撰。

那么,孔子为什么会因麒麟被捕获而落泪呢?

孔 子

原因之一:关于麟本身的文化内涵

关于麟这种动物的传说颇多,就像龙一样,它有着诸多的神话色彩。但作为汉民族的图腾——龙来说,没有谁真正见过,所以有人说这是想象中的一种动物,是黄帝将各部落的图腾取其一处综合而成的一种怪物。且不说龙到底存不存在过,但用现在的经验否定麟的存在则不够充分。麟的形态历史上有关著述描述得很细,京房《易传》的描述是:"麟,獐身,牛尾,狼额,马蹄,有五采,腹下黄,高丈二。"《广雅》说:"麒麟,含仁怀义,音中钟吕,步行中规,折旋中矩,游必择土,翔必有处,不履生虫,不折生草,不群不旅,不入陷阱,不入罗网,文章斌斌。"《广雅》中的解释显然加入了人的审美取向,但麒麟的形态却已经很形象。

历史上记载的很明确的东西,我们再否定它的存在显然不妥,因为现在的动物也在以很惊人的速度减少,地球上每一天都有生物在灭绝,在辽西的化石没有面世之前,人们一直否认恐龙鸟的存在。麒麟也是这样,很可能是已经灭绝的类似现在东北"四不像"的一种动物,只不过在这种动物身上寄托了人们许多理想化的精神内涵。孔子称麟为"仁兽","仁兽"出非其时而被困,这对孔子是一种理想和信仰上的打击。

孔子毕生都在宣扬"仁",在人类,他把周公作为实施"仁"的楷模;在兽类,他则把麒麟作为"仁兽"的代表。孔子之所以希望在方方面面都能找到自己理想的对应者,其目的无非是佐证他的理论的正确性。麒麟被捕获,对于他的思想理论是一种动摇,因为按照孔子的想法,麒麟是应该"不入陷阱,不入罗网"的,正所谓仁者无敌。既然是这样,一个小小的车夫怎么能捕获到它呢?孔子见到受伤的麒麟,其复杂的心情可想而知,他的泪是为"仁"之不行而垂,是为猎者的无知而垂,更是为精神图腾的伤毁而垂。

原因之二:惺惺惜惺惺

孔子见到被捕获的麒麟时,已是年过古稀,当时他正在撰写不朽的名著《春秋》。此时的孔子因为周游列国到处碰壁,自己的政治抱负颇有些穷途末路的感觉,他自己就感慨地说:"吾道穷矣!"

麒麟这种代表祥瑞的仁兽被捕获致死,使孔子很自然地就联想到了自己,认为这是不祥之兆。所以他说:"黄河上再也不会有神龙负河图而出,洛水也再不会有神龟负洛书而现,我也快要完了。"

睹物及人,人之常情,圣人也不能免俗。孔子此时的感叹则是一种"生非其时"的牢骚。如果麒麟出现在周道大兴之时,它便不会遇害;如果孔子生于周公之朝,仁政何以不施?所以孔子说:"麟之至,为明王也,出非其时而见害,吾是以伤焉。"孔子游说了那么多的国家,竟然没有一个国君能采纳他的主张,使自己如丧家之犬一样狼狈,这难道不是和被捕获的麒麟一样出非其时吗?

孔子这样的感慨是在见到麟之后才有的,到了颜回和子路去世时,他的感慨更加伤感。颜回是他最得意的弟子,鲁哀公曾经问他:"弟子孰为好学?"孔子说颜回最好学,他"不迁怒,不贰过",意思是说颜回不把对此人此事的怒气,迁移到别人别事上去;他一次犯了过错,第二次就不再犯。

子路虽然不是很聪慧,但为人忠厚老实,对老师的教导能不折不扣地身体力行。他比孔子小九岁,跟随孔子的时间很长,孔子对他很信任。子路在卫国执政的孔文子家为宰,孔文子死后,在一次政变中,子路为救主人冲进宫中激战,被敌人用长矛刺断了帽子的缨带,结果他想起老师的话:"君子死,冠不免",停下来戴正帽子,系好缨带,结果被杀,时年六十三岁。孔子听到这个不幸的消息后悲痛欲绝,不久就病倒了。由子路的死,他想到了自己的末日,想到了仁人悲壮的结局,这与见麟垂泪是一样的情感。

原因之三:壮志未酬空流泪

孔子的抱负是理想和现实的有机结合,是大同和小康的远近相济。但是,在他有生之年,他无法实现自己的主张了,他只能把自己的情感寄托于所编著的《春秋》中去。他说:君子最担忧的就是死后没有好的影响,我的主张不能实行,我用什么贡献留下好的影响呢?为此,他潜心编写《春秋》,把自己的主张以历史事件的形式表现出来。

他很清楚这样做意味着什么,所以他说"知丘者以《春秋》,罪丘者亦以《春秋》"。应该说孔子的目的达到了,一部《春秋》中所含的义理,犹如一面镜子,使乱臣贼子惧焉。可以说,如果孔子有机会来实施自己的主张,他是不会关在屋子里著书的,因为孔子是一个十分重视实践的人。但是当他到处碰壁之后,他的心境十分无奈,只好退而求其次,在家里教书著述。这个时候,西狩获麟事件,无异给了他一个郁闷爆发的机会,他借题发挥而号啕大哭。

其实,孔子的这种悲怆的情感在他去世前曾经很直接地流露过。孔子有病后,子贡来看望他,孔子在门前负杖长歌:"泰山啊,就要倒了;梁柱啊,就要折了;哲人啊,也要死了。"并因而热泪长流。孔子之所以流泪,是因为"天下无道久矣,莫能宗予"。这里,孔子所说的不仅仅是个如何殡葬的问题,他的用意是广义的,正是天下失去常道已经很久了,他的主张才没有得到尊奉。这和麒麟出现没有遇到明主而遭到猎杀一样,是社会的悲哀。孔子以泰山喻天纲,以梁柱喻礼义,以哲人喻克己复礼的自我,长歌当哭,其悲怆之情惊天地、泣鬼神,凸现了一个圣人的大憾大悲。

饮食非小事

孔子有一著名的论断,被不同需要的人都引为佐证。这段文字内容如下:

  食不厌精,脍不厌细。食饐而餲,鱼馁而肉败,不食。色恶,不食。臭恶,不食。失饪,不食。不时,不食。割不正,不食。不得其酱,不食。
  肉虽多,不使胜食气。唯酒无量,不及乱。
  沽酒市脯不食。
  不撤姜食,不多食。

《论语·乡党》

这段话细细品味,很有意思,现在用来指导我们的饮食也不为过。粮食不嫌舂得精,肉不嫌切得细。这样做对于消化是有好处的,可以减轻胃肠的负担。粮食发霉,鱼和肉腐烂都不能吃。现在的科技手段已经证明:发霉的粮食是不能食用的,那种叫黄曲霉素的东西是可以致癌的,不仅仅是发霉的粮食,就是陈化粮也不能食用,国家对此有明文规定。孔子在没有任何检验手段的春秋时代就提出了这样的观点,实在令人折服。

食物颜色难看不吃,这更是一条经验,现在到自由市场上看看,那些色彩可疑的食物最好对它避而远之,因为不法商贩为了谋利,什么有害色素、福尔马林、硫黄等等都用上了,吃了这样的东西,会吃坏身体。气味难闻不吃,也好理解,正常的鱼和肉是不该有异味的,那些有了异味的鱼和肉是要吃坏肚子的,所以不吃是上策。

烹调方式方法不对不吃,这就更有道理了,比如说黄瓜不能炒熟了吃,胡萝卜不能生吃,因为这种错误吃法人体无法吸收其有益的营养;有些食物不当的烹调方法还会产生有害成分,比如某些渍、熏、炸等方法加工出来的食品,对人体有害无益。

不是饭时不吃,这里的"不时",有两种解释,一种是不是时令的食物,如反季的蔬菜。古代已有温室技术,汉代就有太官园,生产一些"不时"之菜,供王公宫廷食用;另一种解释就是不是当食之时。这两种解释都有道理,温室里栽种的那些蔬菜,和时令的蔬菜不可同日而语。我们吃那些大棚里的樱桃、草莓,总觉着没有什么滋味,就是这个道理。现在,人们又搞了些嫁接、转基因等手段,弄出些看上去虚张声势、吃起来不知何等滋味的东西,后果则更为严重。这样的东西还是不吃为好,否则,欧盟也不会禁止转基因食品的进口。不在饭时乱吃更不是好习惯,那样会打乱胃肠的作息时间,导致不良的后果。

不按一定方法砍割的肉不吃,这里的"割"就不是切割了,而是在宰杀牛羊时对肢体的分解,如同"庖丁解牛"里的解,孔子在这里要讲的是牛羊等最好要由专门的人员来宰杀,这样做的好处是宰杀分割都有一定的要领。东北人喜欢吃杀猪菜,同样的猪,有经验的屠夫杀出来的猪肉和灌制的血肠就好吃,这恐怕就是"割正"的原因。

没有一定的调料不吃,这也很好理解,现在吃烤肉,没有酱和调料,又能吃出什么滋味?街头的羊肉串,如果不洒调料,光顾的人就会少。所以,肉味虽美,但无调料相佐,肉之美味就无法升华,故有不得其酱不食之说。

席中肉虽然多,但吃的量不要超过主食。这是厚味不可多贪之意,否则弄得消化不良坏了脾胃就是伤身了。

只有酒没有量的要求,只要不醉就可以。酒量大小因人而异,酒多酒少视情境而定,对此,圣人网开一面,没有用量的多少做结论,而是给出了一个尺度,就是"不及乱"。这很是体现孔子的人本情怀。试想,如果孔子在这里做出一个量的规定,那么世上会少了多少亲友聚会的欢乐?大家聚餐,正是高兴之际,某君突然立身说:"子曰:'酒不可过三杯!'"这样的举动岂不是大煞风景?圣人之所以是圣人就高明在这里,他来了个"唯酒无量"的说法,大家就开怀畅饮吧,只要不喝醉就行。

　　从市上买来的酒和肉不要吃，这是从食品安全角度说的，社会上不知底细的人酿的酒怎么敢喝？不知来源的肉也不敢食用，清代学者纪晓岚在《阅微草堂笔记》中记了这样一件事：乾隆丁卯年，他进京参加乡试，晚上，他表哥在路灯下一处卖烤鸭的摊位上买了一只烤鸭，回来一看，鸭上的肉已经全吃完了，只剩下完整的骨头，里面装了泥巴，外面糊上纸，染上被熏烤的颜色，再涂上油，只有两只鸭掌和鸭头、鸭脖子是真的。这样的事情别说在古代，就是现在，没有正规执照的摊贩所出售的食物，购买时也要三思，报上经常有民工喝假酒喝出了人命的报道，这种假酒就类似孔子所说的"沽酒市脯"。

　　饭后姜食可不撤，但不要多吃。姜是用来除膻腥的，所以饭后可以不撤姜食，但因其作用只是除味，就可不必多食，多食也无益。

　　有人会说，孔子似乎很能摆谱，这个不吃那个不吃，规矩太烦琐，这么去理解孔子就错怪了这位大圣人。孔子不是个讲究吃的人，他的语录中有多处可以证明：如："君子食无求饱，居无求安""士志于道，而耻恶衣恶食者，未足与议也""君子谋道不谋食"，等等，这些话都说明孔子对生活标准要求很普通，他的志向在于"道"。

　　在评价得意门生颜回时，他说："贤哉，回也！一箪食，一瓢饮，在陋巷，人不堪其忧，回也不改其乐。贤哉，回也！"这段话的意思是：颜回多么有修养啊，一竹筐饭，一瓜瓢水，住在简陋的小巷里，别人都受不了那样的穷忧，颜回却不改变他自有的快乐。颜回多么有修养啊！可见，孔子所欣赏和向往的境界不是那种锦衣玉食的生活,他追求的是符合"礼"之标准的精神生活的富有。

那么,孔子为什么要说一大段关于饮食的话呢?用今天的话说,原因无非有三:一是孔子人本思想的必然要求。孔子的人本思想是人人皆知的,注重人,就不可能不讲饮食,民以食为天,饮食男女,是属于本性的东西,所以孔子要讲这个问题。

二是人类文明的进步首先表现于饮食的革命,人类最初是茹毛饮血的,当发现了火的功能之后开始有了熟食,这使人类的进化脚步加快,逐渐地在实践中学会了加工食物的方式方法。在当时,文明的一个重要标志就是食物的加工程度和食用方法,今天人们吃西餐还要了解一些相关知识也是这个道理。孔子对此做一些原则性的规定在当时是很进步的,何况这些规定都是孔子在总结前人经验的基础上做出的,至今有的观点还不过时。

三是饮食之礼是实现社会礼制的基础。每个人都离不开一日三餐,普及礼制最好的办法就是制定吃饭的礼节。小餐桌,大社会,一个人是不是知书达理,餐桌上看看他的吃相就一目了然,一个不管宾主座次,不顾他人感受,不知敬酒和被敬的人,绝不会是个谦谦君子,只能是个饕餮之徒。

多能鄙事亦圣贤

孔子的童年境遇并不好,他三岁丧父,母亲颜氏带着他离开陬邑纥家,迁居到鲁国国都曲阜城内的阙里。因为颜姓在曲阜是望族，颜氏不是生活所迫，是不会孤儿寡母回娘家的。心境凄凉、生活清苦的颜氏在三十多岁就撒手人寰，撇下了十六七岁的孔子来独自面对艰难的生活。

孔子在办理母亲的丧事上初显处乱不惊的沉稳。他的母亲因种种无法考证的原因，在去世前并没有告诉孔子其父葬于何处，父亲去世时只有三岁的孔子当然不知父亲的墓地。这件事的处理，对孔子来说是一个不小的考验。孔父生前为陬邑大夫，必须按习俗的礼仪来办理丧事，其中很重要的一点就是父母合葬一处。孔子采取了一个公开征询的办法，将母亲的灵柩停放在"五父之衢"，以便引起路人注意，好问询父之墓处。果然，一位车夫的母亲，也是原来孔母颜氏的邻居，把孔父的墓址——防山，告诉了孔子，使孔子实现了父母合葬一处的愿望。在当时，丧葬是头等大事，一个未成年的孩子把它料理得合礼合情，可见孔子从小就练就了较强的办事能力。

孔子自己说过："吾少也贱，故多能鄙事。"所谓鄙事，就是连孔子自己都瞧不起的工作，大概是些家务劳动、放牧牛羊、婚丧吹鼓手之类的事。孔子这里用了一个"能"字，也就是说，尽管这是些"鄙事"，但他都能胜任，能把这些他自己内心里不喜欢的"鄙事"做好，这就是孔子的过人之处了。

孔子年轻时做过两个小差事，一个是乘田，一个是委吏。乘田，就是管理牛羊的小吏，说是小吏，其实就是一个饲养员。孔子在乘田这样的职位上，干得很出色，把牛羊饲养得膘肥体壮。委吏，是仓库的保管员，孔子做这个工作也非常称职，把账目计算得清清楚楚。

从孔子"多能鄙事"来看,至少有以下几点启示可以昭之后人:

其一,当你无法选择工作的时候,你必须努力地去适应工作。孔子刚刚走上社会,无依无靠,一切都靠自己去打拼,这个时候,他有了乘田、委吏这样十分低下的职位,本来,依孔子的志向,他是不情愿做这样工作的,但是,他没有好高骛远,而是脚踏实地地去努力做好这两份差事。孔子的表现说明了现实和务实的重要,也说明了千里之行,始于足下的道理。如果孔子不能胜任这两项很低下的工作,他的工作能力就会受到怀疑,在社会上他也就不会有很好的口碑,这样对他后来在鲁国的发展是很不利的。

其二,当你想做好一件事情的时候,你必须全身心地投入。"鄙事"之所以鄙,是因为人们在思想感情上对其很排斥,这种排斥直接影响到做事的质量。有的人对自己讨厌的事情耻于为之,只是愿意做自己喜欢做的事,这是一种很正常的心态。但是,正像没有一条河流是直的一样,生活中的许多事情并不以人的意志为转移,有的事情如同拦路之虎,你除了面对并绕过它,其他别无选择,这个时候你必须解决这个拦路虎的问题,否则,人生之路你就无法迈进。要想做好"鄙事",首先要解决思想感情上的排斥问题,而想不排斥的唯一方法就是在思想感情上接受所谓的"鄙事",在接受之后再注入热情,这样,"鄙事"就不鄙了。

我们过去常说这样一句话:革命工作只有分工不同,没有高低贵贱之分。这话听起来很骗人,好像是睁着眼睛说瞎话。

然而,这话的积极意义就在于它能使"鄙事"不鄙,让烈日下忙碌的环卫工人和那些坐在空调办公室里读报的人有着同样的自豪感。投入的好处是不会敷衍,是会生出些兴趣,进而慢慢地对"鄙事"喜欢起来。对于一个人来说,"多能鄙事",不但不会影响其形象,倒是会使一个人更加可爱起来。

其三,一个人功成名就之时,无须掩饰曾经有过的贫贱。成功人士希望给自己头上罩一顶光环,让自己的血统变得与众不同,以此来区别于众人,这是一个非常普遍的问题。陈胜在做了大王之后,对那段给别人当长工锄大地的历史就非常忌讳,甚至把找上门来的当年许诺"苟富贵,勿相忘"的患难之交一杀了之。有的人自己做了大官,就千方百计在族谱上做文章,通过修谱为自己扯上一位有名望的同姓祖先。这种心理连皇帝也不能免俗,唐代皇族就东拉西扯把古代的李聃奉为自己的祖先。明代的朱元璋也是想尽办法掩饰自己年轻时那段贫贱的经历,给后人留下了许多传说故事。

其实,有这种心理的人只要学习一下孔子,就大可不必这样去做了,贫贱的经历并不会给你的成功带来阴影,它反而会使你的成功有更加动人的起伏,使你的人生更加魅力无穷。孔子认识到了这一点,所以他不避讳自己曾经有过的贫贱,连自己去参加宴会被人拒之门外这样大伤自尊之事也不避讳,可见孔子是一个非常诚实的人,是一个敢于正视自己历史的人。相比之下,那些努力篡改历史、不择手段为自己脸上涂脂抹粉的人就显得虚伪可憎了。

学习的方法

孔子开始注重学习时年龄并不小,已经十五岁了,用现在的年龄标准看,已经是初中或高中阶段的年龄了。但是,为什么起步并不很早的学习,却能有如此之好的效果,取得后人难以企及的成就呢?除了孔子自身的天赋外,这应该和孔子的学习方法有关系。

孔子在学习的方法上有几个显著的特点:

特点之一:力求博学。

孔子在学习内容的选择上是相当广泛的,从不局限于某一方面。礼、乐、射、御、书、数这六项基本功自不必说,除此之外,他还对考古、生物、少数民族的民俗等知识也知之甚多。有一年,吴国攻打越国,在攻陷越国国都会稽之后,缴获了一节骨头,有一辆车那样长。此骨估计是某种史前巨兽的化石,吴人不知此为何物,特意派使者来请教孔子。使者的问话很巧妙,他说:"骨何者最大?"孔子的回答就是史书中所记载的一个传说:当年,禹在会稽召集诸神,防风氏迟到,大禹就把他杀死并陈尸示众。防风氏的骨头一节就有一车长,算是最大的骨头了。我们且不说孔子讲的有没有道理,但就他通晓古代传说方面的知识,就足以让吴国的使者叹服了,所以使者说:"善哉圣人!"

孔子四十二岁的时候,大夫季桓子挖井时挖出了一个腹大口小的陶器,里面有个像羊的东西。在告诉孔子时,他们谎称是得到一只狗。孔子以他渊博的知识对这个怪兽做出了解释,令人叹服。孔子说,据我所知,那里面应该是羊。因为山林里的怪物叫"夔"和"罔阆",水中的怪物是神龙和"罔象",而泥土中的怪物是一种雌雄未明的"坟羊"。

《孔子家语》中记载了这样一件事:齐有一足之鸟,飞集于宫朝,下止于殿前,舒翅而跳,齐侯大怪之,使使聘鲁,问孔子。孔子曰:"此鸟名曰商羊,水祥也。昔童儿有屈其一脚,振讯两眉而跳且谣曰:'天将大雨,商羊鼓舞。'今齐有之,其应至矣。急告民趋治沟渠,修堤防,将有大水为灾。"顷之大霖雨,水溢泛诸国,伤害民人,唯齐有备,不败。景公曰:"圣人之言,信而征矣。"

孔子的博闻强记表现在许多方面。他在陈国时遇到了这样一件事:一天,许多隼(大鸟)落在陈国的宫廷中死去了,隼的身上有一支楛木杆的箭,其箭头是石头制成的,箭长一尺八寸。

陈王派使者向孔子请教,孔子以他的博学,对这支奇怪的箭做了解释。说此箭是肃慎部落的,武王伐纣灭商时,肃慎部落曾经进贡过此箭,武王将此箭分给长女太姬,太姬后来嫁给虞胡公,而虞胡公的封地就是陈国,所以肃慎部落进贡的箭也就分给陈国。陈王听了后让人到储藏各方贡物的仓库里去找,果然找到了这种箭。

这件事情说明孔子在周游列国之前,对各国的经济文化、风土人情是有比较深入的研究的,否则,这样一个冷僻的问题他是很难回答的。有人说:再难的问题也难不倒孔圣人,原因就是孔子的博学。如果在周游列国之时,动辄被问个张口结舌,那么孔子也就不会有圣人的美誉了。《孟子·公孙丑上》有这样的记载:"昔者子贡问于孔子曰:夫子圣乎?孔子曰:圣则吾不能,我学不厌而教不倦也。子贡曰:学不厌,智也;教不倦,仁也。仁且智,夫子既圣矣!"

特点之二:精益求精。

后人对孔子的了解大都在文章方面,其实,孔子在武艺方面也很了不起,因为他学习什么都非常认真,有一种精益求精的学习精神。

六艺中有一门功夫是"射",孔子习射,其影响几乎到了奥运明星的程度。当时,射箭是君子间一项很流行的比赛活动,有规定的礼仪。射箭比赛时,要"揖让而升,下而饮",就是说要相互作揖,再登场比赛,然后计算中靶结果,输者被罚饮酒。射箭是一项比试体力和技术的运动,孔子学习后达到了很精通的程度。历史上虽然没有孔子射中多少环的记载,但有一个孔子射箭场景的描述,从中我们不难想象孔子射箭技术的高超。《礼记·射义》记载:"孔子射于瞿相之圃,盖观者如堵墙。"就是说,孔子在曲阜城西郊一个叫瞿相圃的地方举行射箭活动,围观的人挤得满满的,简直像堵堵人墙。这说明高大威猛的孔子射箭很有知名度,如果射技稀松平常,谁还会跑到郊外看热闹?

孔子在学习上的精益求精还有一个例子可以说明,这就是孔子向师襄学琴之事。《史记·孔子世家》这样记载:孔子学鼓琴师襄子,十日不进。师襄子曰:"可以益矣。"孔子曰:"丘已习其曲矣,未得其数也。"有间,曰:"已习其数,可以益矣。"孔子曰:"丘未得其志也。"有间,曰:"已习其志,可以益矣。"孔子曰:"丘未得其为人也。"有间,有所穆然深思焉,有所怡然高望而远志焉。曰:"丘得其为人,黯然而黑,几然而长,眼如望羊,如王四国,非文王谁能为此也!"师襄子辟席再拜,曰:"师盖去《文王操》也。"

这段文字翻译过来是这样的:孔子向师襄子学习弹琴,一连学了十天,也没增学新曲子。师襄子说:"可以学些新曲了。"孔子说:"我已经熟习乐曲了,但还没有熟练地掌握弹琴的技法。"

又过了些时候,师襄子又说:"你已熟习弹琴的技法了,可以学些新曲子了。"孔子说:"我还没有领会乐曲的情感意蕴。"

再过了些时候,师襄子又说:"可以学些新曲了。"孔子说:"我还没有体会出作曲者是怎样的一个人。"

过了些时候,孔子肃穆沉静,深思着什么,接着又心旷神怡,显出志向远大的样子,说:"我体会出作曲者是个什么样的人了,他的肤色黝黑,身材高大,目光明亮而深邃,好像一个统治四方诸侯的王者,除了周文王又有谁能够如此呢!"师襄子恭敬地离开座位给孔子拜了两拜,说:"我老师原来说过,这是《文王操》呀。"

特点之三:生活学习化。

孔子不仅在学习上非常注重考察实践,而且非常注重在日常生活中随时随机地学习,用现在的话说,做到了生活学习化,学习生活化。

历史上有名的孔子向郯子学习的故事就说明了孔子留心向"四夷"学习的精神。郯子是鲁国东南方的一个小附属国的头头儿,鲁昭公十七年(前525),郯子来朝,在一次宴会上鲁国的大夫昭子问起郯子关于少昊时代以鸟命官的情况,郯子做了回答。孔子知道这个消息后,马上去拜见郯子,因为这方面的知识孔子也知之甚少,用孔子的话说是:"天子失官,学在四夷。"这件事说明孔子不放弃任何一个学习的机会。

孔子曾经千里迢迢去周天子的都城雒邑学习周礼和古文献。当时孔子很贫穷,做出这样的举动实属不易。那个时候孔子既没有交通工具,也没有弟子跟随,千里跋涉去雒邑,困难可想而知。好在孔子的虔诚求学的精神感动了一个鲁国的贵族孟僖子,他向鲁君说情,鲁君才给了孔子一辆车、两匹马和一个跟随的书童。孔子正是此次赴周,才对周礼有了深入的了解,学业有了大的长进。据传,孔子就是在此期间"问礼于老聃",两位影响中国文化走向的哲人见了面。如果这种见面是历史的事实,那么这种会面就是后来儒道相互渗透的源头。

学习,是孔子生活中不可或缺的部分,《论语》开篇所说的就是讲学习:"学而时习之,不亦乐乎?"可见,孔子的学习已经生活化。

特点之四:实事求是。

学习,最怕的就是浅尝辄止,学了个一知半解然后就到处卖弄。孔子对学习的态度是老实的。他进入鲁国祭祀周公的太庙时,遇到不懂的事情就询问别人,即:"入太庙,每事问。"有人就说孔子不懂礼,在太庙里怎么能问这问那呢?孔子知道这件事后并没有生气,因为孔子对学习的态度是"知之为知之,不知为不知,是知也"。问清楚了太庙里的规矩,总比鲁莽的冒犯庙规要好,很多尴尬的事情都是不懂装懂造成的。滥竽充数的南郭先生能逃得惩罚已经侥幸,而西门豹治下那些装神弄鬼的巫婆及其女弟子就不那么幸运了,生生去漳河里喂了鱼鳖。

孔子在学习上的谦虚态度令人崇敬,他的弟子樊迟向他请教学种庄稼的事情,他没有装模作样地理论一番,而是很诚恳地说:"吾不如老农。"樊迟又问他种菜的事情,他说:"吾不如老圃。"谁都知道,在农耕时代,像种田和种菜这样的事情,"多能鄙事"的孔子不可能一点不懂,但他认为自己没有专门研究过这样的事情,和老农、老圃比起来还知之甚少,他不能误人子弟,所以他认为樊迟要学好这两种本领,还是向老农和老圃学习为好。

和孔子相比,今天我们有一些人胆子就大了许多,对一些问题自己刚刚知道了点皮毛,就敢登台做报告,有的人对自己要讲的事情甚至一点不懂,仅凭秘书一篇稿子就讲得唾液横飞。殊不知,讲者无心,听者却留意,这样的场面一多,人们茶余饭后就多了些调侃的素材。因此,在学习上,还是态度老实一点为好,有圣人孔夫子做榜样,我们这些凡夫俗子还怕丢面子吗?

圣人不吃眼前亏

很多人都以为孔子是个很迂腐的老头儿,是个办事认死理的人,这实在是对这位圣人的误解。从孔子能够具体问题具体对待的许多事情来看,孔子是一个非常讲究策略的人,是一个从来不吃眼前亏的人。

有两件事情可以看出孔子的这种智慧。

一是孔子在陈蔡遇险一事。

孔子周游列国时,要从陈国到卫国去,路过蒲地时,恰巧遭遇公叔氏在蒲地反叛卫国。公叔氏扣留孔子一行,不让他们到卫国去,形势非常危急。这时,跟随孔子的弟子公良儒,表示出誓死战斗的决心。公良儒身材高大,孔武有力,又具有仁德。他与蒲人搏斗十分激烈,蒲人害怕了,就对孔子说:如果你不到卫国去,我们就放你走。孔子与蒲人签订了协议,表示不到卫国去,于是蒲人放孔子一行从东门出去了。孔子一行脱险后,并没有履约不去卫国,而是一路直奔卫国,见到了卫灵公。弟子子贡对孔子这种违约行为提出质疑,孔子说:"要盟也,神不听。"什么意思呢?就是说:"要挟之下订立的盟约,神是不会认可的。"

二是孔子在鲁离职一事。

鲁定公十四年(前496),五十六岁的孔子由大司寇代理国相职务,任职三个月,鲁国的政局就有了很大的改观。其邻国齐国听到这个消息后害怕了,他们认为"孔子为政必霸",就是说如果孔子这么治理鲁国,鲁国一定会称霸。而鲁国称霸,作为它的邻国齐国,就必然被吞并。于是,齐国准备送一些国土给鲁国,意欲和鲁国拉关系、套近乎。齐国有个叫黎锄的大臣建议说,我们先试着阻止一下他们,如果阻止不成,我们再割地也不迟。黎锄所谓的阻止就是挑选了八十个美女,让她们穿上华丽的衣裳,教她们学会跳《康乐》的舞蹈,再选了许多好马一并送给鲁国。这好比现在把一个美女文工团送给了鲁君,其目的当然是让鲁国国君和执政的季桓子整日沉湎于女色歌舞,从而荒于国政。齐国的美人计果然奏效,先是季桓子偷偷摸摸自己去驻扎在鲁城南门外的美女文工团打探了三次,然后又让鲁君以下乡视察为名,乘机整天到南门外寻欢作乐,国家的政事因此而懈怠。

在这种情况下,孔子选择了离职而去。在离开鲁国时,有个叫师己的乐师来为他送行,对他说:先生您没有过错。孔子没有正面回答师己的话,而是道:我唱首歌好不好?于是唱道:"彼妇之口,可以出走;彼妇之谒,可以死败。善优哉游哉,维以卒岁!"孔子这首歌的大意是:那些妇人的口,可以让贤臣出走;和那些妇人亲近,可以让人败事亡身。还是优哉游哉好啊,这样可以安度岁月。

无须举更多的例子,从这两件事情的处理上,可以看出孔子的策略水平。以第一件事情看:如果孔子抱着死理不妥协,不和蒲人签订盟约,那么尽管弟子中有能打敢拼的公良儒,但其结果只能是鱼死网破。所谓识时务者为俊杰就是这个道理。要挟之下的盟约是不平等盟约,用现在的话讲是无效合同,没有必要被这样一张废纸捆住自己的手脚,因此,孔子脱离蒲地后没有任何犹豫就去了卫国。

"文革"时期,邓小平同志就违心地写过一些检讨,也采取了孔子蒲人盟约的灵活态度,从而使自己在一次次劫难中得以保全,后来成为中国改革开放的总设计师。如果当时他没有这种斗争策略,很难说他不蹈刘少奇的覆辙,也落一个死于非命的下场。那样的话,损失的就不仅仅是他本人了。

从第二件事情看:如果孔子不采取离职而去的做法,那么结果有三:一是说服了鲁君,退了齐国的美女良马;二是因为直言得罪鲁君和季桓子,惹来杀身之祸;三是鲁君一方面接受美女良马,一方面仍由孔子来管理政事。这三种结果孔子不可能不做分析,第一种结果几乎不可能出现,因为孔子自己都承认:"我未见好德如好色者也。"鲁君既然对齐国的美女动了心,这是孔子劝阻不了的,民间之所以有"劝赌不劝嫖"之说就是这个道理,因为陷入情色之中的人是神牛也拉不回头的,一个弱不禁风的小女子尚能大胆私奔,一个不受约束的国君会怎么样自然可想而知。第二种结果倒不是不可能出现,如果孔子一味地进谏,惹怒了鲁君和季桓子,丢官事小,没了性命也是可能的,比干之死孔子不会不知。第三种结果即使能出现,也是与孔子的理想相悖,孔子绝不会那样去苟活,因为孔子一直都在践行周礼,这种与礼制思想相抵触的现实他不可能认同。所以,孔子只能选择出走。孔子的这种选择也说明了他的智慧,使他从两难的境地中得以解脱出来,脱离了君臣之间的是是非非。

圣人面前人人平等

研究孔子,不能不研究孔子的学生。孔子一生,弟子颇多,数量大概有三千之多,其中历史上有记载的就有七十二人,被后人称为七十二贤人,这就是司马迁所说的"弟子盖三千焉,身通六艺者七十有二人"。

分析一下孔子弟子的构成,我们就会发现:孔子的确做到了"有教无类"。在他的面前,不论贫富、不论贵贱,都是一视同仁的学生,每个人都有受教育的权利。因此,在孔子的私塾里,没有因为学费问题而辍学的,只要你是为了求知而来,孔子的家门永远是敞开的。

教书育人不为钱

颜回,鲁国人,字子渊,是个家庭十分贫困的弟子,居住简陋,饮食简单,二十九岁的时候就头发全白。孔子没有瞧不起这个比自己小三十岁的穷学生,而是对他加以教育引导,倾注了满腔师情,使他成为一个有仁德的人。和颜回一样贫穷的还有仲弓,其父是"贱人",家"无置锥之地"。原宪更是寒酸,据《庄子·让王》记载:"居鲁,环堵之室,茨以生草;蓬户不完,桑以为枢;而瓮牖二室,褐以为塞;上漏下湿,匡坐而歌。"意思是说原宪在鲁国居住的是茅草苫盖的方丈小屋,门户是蓬蒿编的,而且还不完整,户枢是桑树条做的,窗户是用破瓮做的,以粗布隔了两间,屋顶漏雨,地下潮湿,他却端坐而弦歌。弟子曾参也非常穷,他絮衣破烂,面目浮肿,手足生出老茧。三天不煮饭,十年不添置新衣。

孔子接收学生门槛极低,他说:"自行束修以上,吾未尝无诲焉。"所谓"束修",就是十束肉脯,在当时是非常菲薄的见面礼,是象征性的学费。以孔子的名气,如果来个狮子大开口,以教学为名借机敛财,他完全可以成为天下第一富豪。果真如此,历史上将少了一个圣人,多了一个财主。

和孔子的做法比起来，我们今天一些官办的学校就过于注重经济效益了，办学的质量不怎么样，学费却高得吓人，许多贫困人家的弟子就是被这人民币垒高的门槛挡在了大学门外。如果颜回、原宪等人生于现在，他们是很难被孔子这样的名教授所接纳的，因为他们根本无钱上大学。市场经济的法则固然可以理解，但是教育的本质更是不能忽视的问题，更何况我们的官办大学都是用纳税人的钱建成的，是靠国家拨款生存的。孔子如果在天有灵，他对自己"有教无类"的观点被"有教有类"所取代也会感到很无奈。铜臭对原本洁净的书院腐蚀如此之甚，让书房课堂变成了银行，实在是一种悲哀。

言貌皆不可取人

澹台灭明，字子羽，孔子曾恶其貌丑，认为其资质太低，且举动也十分令人讨厌。子羽来求学，孔子没有因为这些原因而将他拒之门外，而是接纳了这个学生。在孔子的调教之下，子羽终于成才。他遵照孔子的教导去实践，在长江一带游历，颇有建树，体现出公正无私的君子之才，追随他的弟子达到三百人，其声誉传遍了四方。

和孔子的识人相比，现在一个比较普遍的现象是在选人用人上太注重表面的东西。看看报纸上常有的招聘启事，哪一家公司不是在五官、身材上要求苛刻？"身材好，形象佳"，已经成为流行的招聘用语。

宰予是孔子的弟子，他口齿伶俐，擅长辞辩，但他不是个有仁德的人，孔子有一句名言，"朽木不可雕也，粪土之墙不可圬也"就是针对他说的。孔子在比较了宰予和澹台灭明之后，很有感触地说:"吾以言取人,失之宰予;以貌取人,失之子羽。"意思是说:我如果只凭言辞判断人,对宰予的判断就错了;单从相貌上判断人,对子羽的判断就错了。由此可见,孔子是不以言辞和相貌取人的,孔子对人是靠自己的观察和分析来做出判断的。

小人也要得而教之

前面提到的宰予,字子我,是一个能说会道的人。按理说,孔子在发现宰予不能为父母守孝三年之后,完全可以不要这个弟子,将其逐出师门。但孔子没有这样做,孔子的理由很简单,教育的责任就是使人懂礼明仁,用现在的话说就是要提高人的素质,既然是这样,那么通过教育来转化所谓的小人就是理所应当的事情。如果把这些低素质的小人都拒之门外,教育固然轻松了,但社会的负担却重了。宰予后来到齐国临淄做大夫,和田常一起同谋作乱,因此遭有灭族之祸,孔子为其羞耻,也为其遗憾。

针对孔子门下鱼龙混杂的情况,南郭惠子曾经发出过"夫子之门何其杂也"的疑问。对此,孔子的弟子子贡回答得非常好。子贡说:君子端正品行以等待四方之士,而且一定要做到来者不拒,正如良医之门多病人一样。所以夫子门下的人品十分复杂,各种各样的人物都有。从孔子高尚的教育精神来看:名师未必都要收高徒,如果能把一个无恶不作的小人教育成一个懂礼守法的好公民,则更能体现出名师之道。

祭祀的目的

《论语》中有这样一段记载,当弟子季路向孔子请教人死之事时,孔子说了这样一句名言:"不知生,焉知死。"一般情况下,人们很难理解孔子这样的回答,因为从小就非常注重祭祀之事的孔子,应该对生死大事有一种比较成型的观点,怎么会这样回答季路的提问呢?

要回答这个问题,就不能不弄明白孔子祭祀的目的。

季路当时提出了两个问题,一个是问服侍鬼神的方法。孔子的回答是:"未能事人,焉能事鬼?"就是说活人还不能服侍,怎么能去服侍死人?第二个问题就是问死之事,孔子便有了"未知生,焉知死"的回答,就是说生的道理还没有弄明白,怎么能够懂得死?

把两个问题的答案联系起来,我们会发现,孔子在生与死、人与鬼之间,关心的是前者而不是后者,这是孔子一贯的世界观,符合他"仁"的倡导。由此,我们不难得出这样一个结论:孔子的祭祀,主要是为了生者。通俗地讲,祭祀死者是给活人看的。

细读孔子的有关文献,可以归纳出以下几条理由来佐证这一结论。

一、"敬鬼神而远之"

鬼神迷信是殷周以来流行的传统宗教观念。殷、周时代的人们对鬼神的存在深信不疑。他们认为自然和社会中的现象都由神来支配。但到了春秋时代,这种信仰发生了动摇,人们开始怀疑社会和自然中的一切是否真的是由神来支配的。

孔子正是顺应了这一进步的潮流,对鬼神采取了一种敬而远之的务实态度。他一方面不否认鬼神的存在,一方面又不认为鬼神能决定人们的命运。"敬鬼神而远之",就表明了他的这一立场。孔子为什么要用一个"远"字?其中寓意颇令人寻味,后人把这句话衍变成一个"敬而远之"的成语,其中仍然包含了孔子的原意。

大凡要敬重的人和事,都必须有一定的距离,这是一种正常的审美心理,远则敬,近易狎,所说的也是这种心理。对任何事情,了如指掌后就会失去一种神秘感,而这种神秘感是被敬者头上的一圈光环。这圈光环打破了,被敬的程度也就打了折扣,这就是远方的和尚会念经的原因。对鬼神,就是要保持一种与现实相应的距离,不迷不即,才能产生"敬"的效果。

二、"祭如在,祭神如神在"

孔子的这句话也说明他对鬼神的态度。祭祖,就好像祖宗在眼前一样,不能敷衍,不能不恭敬;祭神灵,就要像神灵在眼前一样,也不能马马虎虎。这既是要一种认真的态度,又是要一种祭祀的效果,所以孔子说过,如果我不能前去祭祀,我是不让别人代为祭祀的。因为祭祀需要的是真诚,没有了真诚,祭祀也就没有了意义。孔子的话我们还可以这样理解,即使鬼神真的不存在,你祭祀的时候也要当他们存在。因为祭祀所要表达的是自己的一种寄托、一种感情,至于神灵能否知道,也只有心到神知了。

三、"慎终追远,民德归厚"

既然鬼神不能决定人们的命运,那么孔子为什么还高度重视丧葬和祭祀呢?他的目的当然是为了"民德归厚"。"慎终",是指谨慎地对待父母的死亡。古代老死为"终",这里指父母的死亡。慎终,就是要在装殓、埋葬、守孝等等事情上必诚必信,无遗憾愧悔。"追远",是追念远祖。这两句话的意思是谨慎地料理父母的丧事,追念远代祖先,会引导老百姓忠厚老实。这使我们想起了毛泽东的一段话,就是"今后我们的队伍里不管死了谁,只要他是做过一些有益的工作的,我们都要给他送葬,开追悼会"。从某种程度看,毛泽东的这一说法也是一种"慎终追远",其目的也是为了教育后人和活着的人,使"民德归厚"。

四、"非其鬼而祭之,谄也"

祭祀虽然是给活人看的,但不能没有诚意,更不能把它作为取悦于人的手段。祭祀毕竟是一件十分庄重的事情,唯有充满诚意,才能打动人心。所以,孔子认为:如果不是自己的祖先也去祭拜,这就成了一种献媚。孔子的这个观点非常好,他说明了祭祀的一个重要原则,那就是祭祀的血缘联系。正是有了血缘上的联系,祭祀才能使人惶恐,才能成为一种有效的教育手段。

在这种教育形式的作用之下,古人最担心的就是辱没祖先,进不了族谱,使自己死后成了无人祭祀的孤魂野鬼。而古人最为自豪的事就是光宗耀祖,封妻荫子,泽被后人。不是自己的祖先也去祭祀的做法,使祭祀成为一种虚假的形式,与孔子希望的祭祀的目的相去甚远,所以孔子很反感这样的做法。现实生活中的确不少这样的现象,一些人仅仅出于某种利益的需要,就去参加某某的葬礼,去了又"临丧不哀",在那么一种场合说说笑笑,相互寒暄,此种现象正是对孔子这一观点的最好诠释。

五、"子不语怪、力、乱、神"

孔子从来不谈论怪异、暴力、叛乱和鬼神。分析这个问题很有趣:怪异、暴力、叛乱是孔子极其反对的事情,孔子不去谈论可以理解,那么鬼神怎么能和这三件事情相提并论呢?不管怎么说孔子对鬼神还是心存敬畏的,把它放到这里来讲似乎把鬼神也当成了令人讨厌的东西。

其实,孔子在这里已经表示出他对鬼神的怀疑,他不谈论鬼神,一是因为祭祀的对象不能轻易谈论,谈论这样的话题有不敬之嫌;二是谈论这个问题也是妄谈,是一种空对空的议论,谈论再深也是"言不及义",于身于事都没有益处,所以孔子不主张谈论鬼神。孔子在这个问题上思想已经有了无神论的萌芽,但受历史局限,他不可能有更超前的阐述,但从他自己不在鬼神问题上花费更多精力来看,他是一个相当现实的人。

君子不为酒困

对于酒,孔子的态度相当宽容,在谈论饮食的时候,他对肉类提出了限制,但对酒却开了"唯酒无量"的口子,说明孔子很清楚社交的规律,因为酒这个东西是很难限制的,与其限制不了,还不如适度引导为好。否则,弄个形同虚设的规矩,倒成了有章不循、有禁不止的样板。

孔子不反对酒,但对君子饮酒却有两条要求:那就是"不及乱"和"不为酒困"。

怎么来理解"不及乱"呢?人们都知道,清醒的时候,人是有方寸的,做什么事情有一个"度",不会过"度"。酒这种东西虽好,但它到一定程度就会破坏人的"方寸",破坏这个"度"。孔子所说的乱,就是乱了方寸,过了度。所以古人有"酒极必乱""酒乱性"之说。酒后无德也是不能原谅的,所以,酒不是后果的借口,要想不辱没自己,最好饮酒"不及乱"。

"不为酒困"说得更好,一个"困"字道出了酒能淹死人的道理。再天才的人,如果过不了酒关,其成就就会大打折扣。古代名士多困于酒,喜欢沉溺于一种懵懵懂懂的醉态,其原因是对现实的一种无奈、悲观,想通过这种醉态来自我解脱。陶渊明如此,嵇康如此,但孔子不是如此,所以孔子成了圣人。孔子周游列国十四年,大好时光用在了"求仕"的路上,然而,他却到处碰壁,最后一把子年纪了,又回到了鲁国。按理说,孔子最有沉溺于酒醉的理由,因为他的礼制和仁政的理想实现不了,他多悲观、痛苦啊,得意的弟子相继死去,象征着仁义的麒麟也出非其时,受伤被获,儿子孔鲤也先他而亡,孔子几乎是绝望了,他借酒消愁别人也无可厚非。但孔子没有这样,他坚持君子不为酒困的原则,在古稀之年继续整理古籍,编写《春秋》,传授弟子,资政为国,终于成为万世师表。

酒作为一种文化,它主要表现在"礼"上,人们在其程式上赋予了许许多多的内容,无非使人与人的交际更加合乎"礼"的要求。孔子正是看到了酒的这一属性,所以他不反对酒,这和一些宗教的教义大都禁酒有着明显的区别,也更加有积极的意义。宗教的限令无论是在盛极的中世纪,还是在现在,并没有影响酒的发展,相反,现在的酒产业已经成了许多国家财政的支柱,这说明酒的生命力是不可低估的。人类需要交际,而目前还没有哪一种东西能替代酒在交际中的作用。所以,孔子对酒采取了一种中庸的态度,至今值得我们借鉴。

圣人非完人

人们喜欢说这样一句话:人非圣贤,孰能无过?这话反推一下就是说,圣贤是不会犯错误的。其实,圣贤也是人,也是会有过失的,有着圣人之称的孔子,一生中也有许多瑕疵,但这些瑕疵并没有影响这位哲人的光辉,正如子贡所说的那样,"君子之过也,如日月之食焉,过也,人皆见之;更也,人皆仰之"。就是说:君子的过失好比日食月食,错误的时候,每个人都看得见,改正的时候,每个人都仰望着。

关于孔子一生中可以成为弱点的事情,不妨列举几个:

一、孔子做不到不计前嫌

孔子一生,有个死对头,这就是阳虎。阳虎,又名阳货,生卒之年,无从考定,仅知他与孔子是同时代(春秋时期)的鲁国人氏,且年龄略长于孔子。有趣的是,阳虎与孔子俩人长得还极像。按《史记》上的说法,"孔子状类阳虎",以至于在匡地时,匡人误以为孔子就是祸害过他们的阳虎,使孔子及其弟子们差一点遇害于匡。

阳虎与孔子交恶在于他侮辱孔子。这个故事发生在公元前535年。一次,鲁国季氏宴请士一级人士,孔子亦欣然前往。但到了季氏家门口,时为季氏家臣的阳虎却不让他进去,并对孔子说:"季氏飨士,非敢飨子也。"孔子被拒之门外,极大地伤了自尊,只得悻悻而返。时年,孔子十七岁。阳虎之所言所行,无疑给这位少年的心灵带来了极大的伤害。其实,这件事情也不能全怪阳虎,他不过是照规矩办事罢了。但"非敢飨子也"一句中之"敢"字,在语气上确有浓厚的轻蔑色彩。后人以此作为孔子"见辱于阳虎"的证据。《孔子家语》对此事也有记载:"孔子有母之丧,既练,阳虎吊焉,私于孔子曰:'今季氏大飨境内之士,子闻诸?'孔子答曰:'丘弗闻也。若闻之,虽在衰绖,亦欲與?'阳虎曰:'子谓不然乎,季氏飨士,不及子也。'"可见,阳虎辱没孔子这是不争的事实了。

　　如果《孔子家语》所记事件属实,那么这里就有一个问题值得研究。在鲁国炙手可热的阳虎为什么要屈尊给一个十七岁的少年的母亲吊孝?孔子无权无钱,尚没就业,就如同现在的待业青年一样。阳虎既然来吊孝,至少说明两点:一是阳虎是个很讲究礼数的人,大夫之妻亡故,他来依礼办事。二是他发现了孔子是个人才,对孔子很重视,想通过这一举动和孔子结交。这两点都得不出阳虎要羞辱孔子的结论。那么他将孔子拒之门外,很可能是按主人所列名单来接待客人罢了,作为家臣管家,他不可能放一个没有请柬的人进去赴宴,所以以这件事来指责阳虎是不公平的。

　　但青年时期的这次羞辱,孔子一生都没有忘记,他对阳虎始终是耿耿于怀。据《论语·阳货》中记载:"阳虎欲见孔子,孔子不见,归孔子豚。孔子时其亡也,而往拜之,遇诸涂。谓孔子曰:'来!予与尔言。'曰:'怀其宝而迷其邦,可谓仁乎?'曰:

'不可。''好从事而亟失时,可谓知乎?'曰:'不可'。'日月逝矣,岁不我与。'孔子曰:'诺,吾将仕矣。'"

这段话很好懂,就是说:阳虎欲见孔子,孔子不见,阳虎就使了一计,给孔子送了一头烤乳猪。孔子趁阳虎不在家的时候,到阳虎处答谢,没想到在半路上遇到了阳虎。阳虎说:你过来,我与你有话说。阳虎说:自己有一身的治国之策,而任凭国家的事情糊里糊涂,这样可以叫做仁爱吗?当然不可以;一个人喜欢做官,却屡屡错过机会,这可以叫做聪明吗?当然不可以;岁月流逝,时不我待啊。孔子被阳虎说得理亏,只好说,那好吧,我打算出来做官了。

有的学者认为这是阳虎在戏弄孔子,其目的也是在出孔子的洋相。其实,此时的孔子已经不是十七岁被阳虎拒之门外的小青年了,这个时候的他已经四十有七,在社会上有了很大的名气,而阳虎作为把持季氏(实际掌握鲁国政治的大夫)权柄的人物,让孔子出来做事也是完全可能的。孔子对阳虎避之唯恐不及,其因还是前嫌作怪,成见难消。当然,阳虎后来出逃晋国,使孔子出来做事的事不了了之,但这件事情至少说明了孔子的爱憎也会影响到他的理智。

二、在政治上对女性不够公允

孔子轻视女性这是被后人夸大的事情,但孔子对女性不够公允这却是有据可查的。这种不公允,主要表现在政治上,也就是说,孔子很反对女人参政。他当年怀着矛盾心理去见南子时,对南子影响国政的行为就不敢恭维。

对女性在其他方面,孔子还是能体现出应有的仁爱的。因为孔子是由母亲含辛茹苦抚养成人的,在他的心目中,对女性不能没有敬意。但孔子在政治问题上却对女性另眼相看。《论语·泰伯》有这样的记载:武王曰:"予有乱臣十人。"孔子曰:"才难,不其然乎?唐虞之际,于斯为盛。有妇人焉,九人而已。……"这里,武王所说的乱臣,是指能治乱的贤臣。孔子说的话,就明显表现出对女性从政的反对。他说:人才难得,不是这样吗?唐尧和虞舜之间以及周武王说那话的时候,人才最兴盛。然而,武王十位人才中还有一个妇人,实际上只有九位罢了。孔子说不算数的这位女性,有人说是文王之妻太姒;有人说是武王之妻邑姜。不论孔子指的是谁,他对女性参政的反对立场已经很明确了。

孔子还有一句名言:"唯女子与小人为难养也",这也成为他对女性不敬的理由。当然,对此话的解释是仁者见仁,智者见智,但不管怎么说,孔子把女人和小人相提并论,这让许多人思想感情上难以接受。

三、堕三都的失败

所谓"三都",是指鲁国当时实际控制国政的三桓季孙氏、孟孙氏、叔孙氏的私人城堡。三桓是鲁桓公三个儿子的后裔,季孙氏任司徒,叔孙氏任司马,孟孙氏任司空,其中,季氏势力最大,掌握鲁国国政。三桓都住在曲阜,但在各自的领地都有城堡,季孙氏的城堡在费邑,叔孙氏的城堡在郈邑,孟孙氏的城堡在成邑。这三个城堡都被三桓的家臣把持,家臣们甚至据此不效忠主人。时任鲁国"大司寇行摄相事"的孔子看到了三桓和家臣之间的矛盾,便策划利用这一矛盾来拆毁三都。孔子此

举,名义上是"贬家臣",实际目的是"抑三卿",就是想让三卿守臣道,不谮越。因为提倡"忠君尊王"之道的孔子,不希望鲁定公一直处于一种傀儡的地位,他要"强公室",提高鲁定公的统治权力。

堕三都,开始比较顺利,孔子利用三桓还没有醒悟的机会,先拆掉了叔孙氏的郈邑。拆季孙氏的费邑时,却遇到了麻烦,费宰公山不狃领兵抵抗,并带兵攻打曲阜。好在孔子及早做好了应对的准备,他指挥兵力反击,打败了公山不狃,拆掉了费都。等到拆孟孙氏的成都时,这一谋划便进行不下去了。因为孟孙氏和家臣没有什么矛盾,孟孙氏阳奉阴违,表面支持堕都,暗中却抵制反抗,堕都之事从夏拖到冬,连国君定公亲自出马,成都也没有拆掉。这件事使孔子的执政受到了打击,叔孙氏、季孙氏也开始醒悟,他们看出了孔子堕三都的真实用意,后悔稀里糊涂地拆了自己的城堡。于是,孔子和三桓的矛盾公开了,孔子无法再干下去了,只好选择了辞官离鲁。

堕三都的失利在于孔子的操之过急。他过于低估了三桓的能力,才得到定公、季孙氏三个月的信任,尚未羽翼丰满就操作这种根本性的改革,结果只能以失败告终。这犹如清末的戊戌变法一样,在缺乏基础保证的情况下,进行伤筋动骨的变法,结果白白葬送了六君子的性命。如果孔子不急于堕三都,那么他在鲁国就会继续"行摄相事",鲁国在有序的治理之下,就会如同齐人所惧怕的那样"孔子为政必霸",到那个时候,水到渠成,三都不愁不堕。

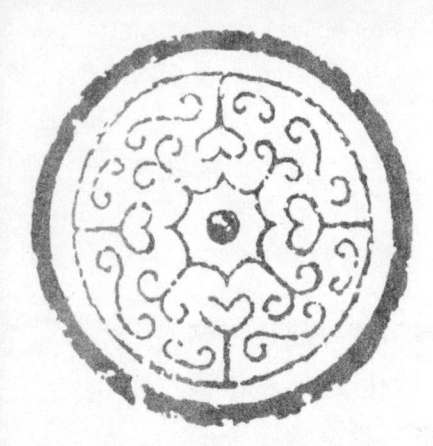

打开《易》门的钥匙

儒家经典著作中,《易》不可不读,因为《易》的理念已经渗透到政治、经济、医学等各个学科。药王孙思邈认为:"不知易,不可以言太医。"我们的邻国日本,在明治维新时有一条重要的组阁原则,就是"不知易者,不得入阁"。那么,要读《易》,就不能不读孔子为《易》所序的《彖》《序》《象》《说卦》《文言》《系辞》《杂卦》七传,这七传因有三传又分上下,故被后人称之为《十翼》,孔子所作的《十翼》是开启《易经》这个思想和智慧宝库的最早的钥匙。从孔子的精彩文章中,我们不仅能够打开《易经》的神秘之门,而且还可以读出这位智慧老人的人生哲学。

孔子曾经遗憾自己接触《易经》太迟,他读《易》,绝不是从占卜的角度来研究,他是从探究事物内在的"道"出发,寻找一种趋利避害、逢凶化吉的方法,所以他说:"加我数年,五十以学《易》,可以无大过矣。"

打开《易》门的钥匙

《易》之两扇门

孔子对《易》的研究是从何处下手,又是怎样来思考的呢?首先,我们从他所作的《系辞传》来分析一下。

天尊地卑,乾坤定矣。卑高以陈,贵贱位矣。动静有常,刚柔断矣。方以类聚,物以群分,吉凶生矣。在天成象,在地成形,变化见矣。是故刚柔相摩,八卦相荡,鼓之以雷霆,润之以风雨。日月运行,一寒一暑,乾道成男,坤道成女。乾知大始,坤作成物。乾以易知,坤以简能,易则易知,简则易从。易知则有亲,易从则有功。有亲则可久,有功则可大;可久则贤人之德,可大则贤人之业。易简而天下之理得矣。天下之理得,而成位乎其中矣。

天高在上,地低在下,乾坤的位置就确定了。高低排列有序,贵贱的地位就明确了。天动地静有一定的规律,刚柔自然就分明了。人以其同类相聚,物以其种群相分,凶和吉就出现了。在天上,形成日月星辰等天象,在地上形成山川草木等形体。变化就出现了。

因此,刚柔相互作用,八卦相互推移,雷霆鼓动,风雨润泽,日月运行,寒暑更替,乾道构成男性,坤道构成女性。乾创始万物,坤养成万物,乾以其平易让人了解,坤以其简约显示功能。

平易则易了解，简约则易顺服。容易了解就会取得人信服，容易服众则可建功立业。有人信服可以持久。建功立业可以发扬光大。持久是贤人的品德，光大是贤人的事业。因此，弄懂了乾坤平易和简约，就把握了世界的根本原理，而把握了这一根本原理，就能在天地间确定属于自己应有的位置。

这段话主要是讲乾坤两卦，通过对这两卦的解析，把《易》之要理阐释了出来。深奥的《易经》在孔子的解析下一下子平易简约，变得人人唾手可得。可以说《易》之大门就是乾坤二卦，孔子在这里把学习《易》的大门敞开了，使喜欢读《易》的人，叩门而入，拿一把蓍草慢慢玩味就行了。

为什么说乾和坤是《易》的两扇大门呢？

首先，乾坤两卦是《易》之基础。八卦固然义理深邃，但都是在乾坤两卦的基础之上变化而来，这个问题不难理解，天地的存在，才有人间万物，离开天地的覆盖与承载，一切都无从谈起。所谓天地，其实就是现在我们所说的大自然，是人类生存繁衍的大环境。《易》所要探究的就是这个大环境与人的关系。

其次，乾坤两卦是《易》之产生的最初素材。古人发明《易》，就是"仰以观于天文，俯以察于地理"，从自然实践中得来。一阴一阳之谓道，阴阳间的此盈彼消不是随意的，它有其内在的变化规律，如同大海的潮汐，如同地域与生物的联系等等。任何事物都是矛盾的对立统一体，也就是古人所说的阴阳相聚。阴阳在不断变化，矛盾也在不断转化，这使人们产生了一种要把握这种变化规律的愿望，这便是《易》产生的最原始的原因。

再者,乾坤两卦是《易》的精蕴所在,《易》之生命就在于乾坤的阴阳变化,如同生活中有白天和黑夜一样,如果世界上尽是极昼或极夜,很难想象还会有大千世界的存在。《易》中,其他卦可略,但乾坤两卦不可或缺,因为离开了这两卦,《易》就无所谓《易》了。

从大的方面说:天地两仪间加上一个人,就是三极,每一卦中的六爻变化就是来表示三极变化的规律。

孔子从天地乾坤的位置,引申到自然中万物的卑贱高贵排列。这是不以人的意志为转移的。就像山上草和涧底松一样,尽管有的诗人感慨颇多,生出许多怀才不遇的情愫,但这是没有办法改变的现实,而且这是在它们拥有生命之前就注定的事情,所以有人称之为命运。

如果说天地之位是无法改变的话,那么接下来就是人为的因素了。人以其类相聚,物以其群相分,吉和凶就产生了。很多人对此不理解,仅仅是人和物分分类、聚聚群,怎么就会有凶有吉呢?

孔子的分析是十分精辟的,所谓易,就是探究变化之理的,在变化之中把握凶吉悔吝。谁都知道,人是有思想的,而人的思想是存在差异的,不同思想的人如果在一起,必然会相互影响。随着时间的推移,肯定有一方的思想会发生变化,要么影响别人,要么被别人影响,总之不发生变化是不可能的,而一旦变化出现,那么凶吉自然生矣。

天上有日月星辰,地上有草木山川,天地之变化是人们可以看到的。这种变化就是刚柔相互作用,八卦相互推移,在这种雷霆、风雨、日月、寒暑的变化中,乾道构成男性,坤道构成女性,乾始创万物,坤养成万物,乾以平易让人了解信服,坤以简约显示功能。这就是说:明白了乾坤的平易和简约,就掌握了天下的根本原理,掌握了这一根本原理,就掌握了《易》之精髓。

孔子之所以把结论归结到"成位"上,是因为位置问题是易理的玄机所在。孔子认为"君子思不出其位",认为"不在其位,不谋其政",都是基于这种易理。对于一个人来说,在适合自己的位置上扮演好自己的角色,是光大事业、保全自己的基础。反之,就违背乾坤之道,凶险自会出现。

可见,孔子把一部许多大儒望而却步的《易经》,用乾坤之理作了概述,让人茅塞顿开。

为了进一步阐述他的易理观点,孔子又写道:

《易》与天地准,故能弥纶天地之道。

这是孔子对《易》为什么能包罗万象的解释。与天地准,就是与天地之道相等,万物都在天地之间,天地之间的规律谁又能脱离?所谓道,其实就是变化的规律,而万变不离其宗,变化不是无序之变化,变化是有道可循的,这就是《易》要探究的问题。

孔子认为,上古之人之所以发现了《易》之道,不是空想出来的,而是在社会实践中获得的。

> 仰以观于天文，俯以察于地理，是故知幽明之故。原始反终，故知生死之说。精气为物，游魂为变，是故知鬼神之情状。

这段话的意思是：仰观天上的日月星辰，俯察地上的山川草木，因此能知晓阴阳变化的原理。推本求源，循流探终，因此得知事物发展的规律。精气凝聚生成物体，游魂离散发生变化，由此可知鬼神的情状。可以看出，《易》是由此及彼的一种认识方式，这种认识方式是从天地自然中总结出来的，它的目的是引导人们"乐天知命""安土敦仁"，说白了是要人们顺应天地自然变化的规律，从而达到一种"自天佑之，吉无不利"的目的。

《易》作为一种事物内在的规律，它不是具体的，用孔子的话说是"神无方而《易》无体"。那么怎么去把握它呢？孔子又说：

> 一阴一阳之谓道，继之者善也，成之者性也。

一阴一阳相互变化叫道，继承道的是善，成就道的是性。这说明道是无处不在的，凡事都有正反两个方面，这种矛盾的变化转变仁者见仁，智者见智，大多数人天天处于道中自己却茫然不知。

这里有一个很重要的字——性。对这个字的理解，我们不妨翻翻《中庸》。《中庸》开篇第一句话就是"天命之谓性"，是说上天赋予人的本能就是性,又称天性。孔子在这里说成就道的是性,是在强调道的客观性,这也看出孔子与黄老之学的区别,也说明孔子不愧是教育大师,对《易经》这样的晦涩难懂的著作,作这样深入浅出的导语。

孔子对《易》的肯定是极其理性的,他认为易是圣人用来提高道德修养,扩大事业成就的。"知崇礼卑,崇效天,卑法地。天地设位,而《易》行乎其中矣。"人类分工越来越细,标志着文明程度的提高,孔子一贯强调的礼治思想在这里找到了理论根据,"知崇"是智慧贵在崇高,是效法上天;"礼卑"是礼节贵在谦下,这是仿照大地而来的,那么天地设定了上下高低、贵贱尊卑的位置,易道就在其中运行了。生活中要遵循这个道,不能偏离,偏离了就会出问题。

为此,孔子还举了一个例子:他说,著《易》的人大概了解盗贼,《易》说:"负且乘,致寇至",就是说,一个粗衣裹腿的小人如果坐着华丽的车子出行,那么就会招致贼寇来抢夺。为什么呢?孔子说,负(背东西),是小人的事,乘(车),是君子的用具,小人而坐君子的车,盗贼当然要抢夺了。

孔子举这个例子的用意在说明遵循天地之道,要在自身上找原因,你违背了道,当然就要出问题。国君不理朝政,官员横征暴敛,老百姓肯定要造反;大庭广众之下炫耀自己的钱财,小偷不盯上你才是怪事;一个女人打扮得花枝招展招摇过市,就会让小流氓顿生淫念。所以,"君子将有为也,将有行也,问焉而以言",努力使自己的言行举止符合道的要求,这样才是明智的。

孔子在《系辞》中着重强调"变"这个观点,说明他抓住了《易》的精髓。任何事物都不是一成不变的,正所谓"刚柔相推,变在其中矣",那么凶吉悔吝这四种结果,是生乎动也者,不动是没有卦的,卦是由动而生。

如何才能在变化中立于有利的地位,孔子提出了一个"贞"字。即"凶吉者,贞胜者也。天地之道,贞观者也。日月之道,贞明者也。天下之动,贞一夫者也"。什么意思呢?就是说:凶吉,说明守正才能获胜;天地之道,说明守正才能受人景仰;日月之道,说明守正才获光明;天下的变化,说明万物都统一于守正。

孔子为什么如此突出守正思想呢?如果我们仔细读一下儒家的经典著作《中庸》,这个问题就不难理解了。儒家历来把不偏不倚作为君子的处事之道,在《易》中孔子仍然坚持了这一观点,在变化的事物中,人们最好的立场就是"守正",只有做到了守正,才能顺应变化之道,立于不败之地。

孔子在解释乾卦上九爻辞时,对"亢龙有悔"的分析就很说明问题。他认为尊贵但没有实际的权利和地位,高高在上又得不到民众的拥护,这是很尴尬的际遇。一个学校的老师,组织上为了某种需要一下子把他提拔到了一个挂名的高职位,每天除了陪陪会再无事可做,上不着天,下不落地,中间又不被同僚所重视,心里怎么能平衡得了?

因此说,条件没有成熟时的飞翔是容易跌落的。贤人居于下位而又无人辅佐时,更不能贸然有所行动,要等待时机,抓住机遇,然后才乘势而上。如果不审时度势,一心恃才斗勇,则未必能有好的结果。孔子说的"在上位,不凌下;在下位,不援上"也是这个道理。

孔子把阴盈阳缺、此消彼长作为观察事物发展变化的公式,以此求得人们各自需要的解答,这是他对《易》的破题之功,意在引导人们防微杜渐,居安思危。在《系辞》中他的这一观点说得再清楚不过了。

> 善不积不足以成名,恶不积不足以灭身。小人以小善为无益而弗为也,以小恶无伤而弗去也,故恶积而不可掩,罪大而不可解。

> 危者,安其位者也;亡者,保其存者也;乱者,有其治者也。是故君子安而不忘危,存而不忘亡,治而不忘乱,是以安身而国家可保也。

这里,孔子认为危险是由于自以为安全造成的,灭亡是由于自以为能万岁造成的,动乱是自以为政治清平造成的,这样的提醒今天仍然是必要的,因为《易》中说:"其亡、其亡。系于苞桑。"

事物是普遍联系的

孔子所作《序卦传》是很值得玩味的,读后,看不出占卜的意思,好像在就事说事。那么孔子为什么要作《序卦传》呢?

打开《易》门的钥匙

依孔子对易理的把握,他不会偏离"道"去解易,原来,孔子这么做,是为了告诉人们一个道理:六十四卦,不是相互孤立的,它们之间是相互联系的。

《易》先设立了乾坤二卦,象征天与地,天地之间不能没有生命,于是便有了屯卦,屯就是万物萌生之意。屯字上面的一横,象征土地,土下有弯曲的草正待破土而出,破土而出的前提当然要充盈生命的力量,否则就不会有生机的勃发。生命已经破土而出,立于天地之间,那么这个初生的生命肯定是一张白纸,处于蒙昧无知状态,于是就有了蒙卦。我们今天有时还用启蒙这个词,就是与此有关。

蒙昧无知怎么能生存?这便有了需卦。需是生活所需,生活所需要的,就是要学习的。这如同非洲大草原上大的猎豹要教会小猎豹生存的本领一样,这是必修的课程,缺了这一课,小猎豹就会夭折。

当一群小猎豹在学习捕食时,如果大家共同捕获了一只羚羊,那么这战利品应该归谁,或功劳应该记在谁的头上?这就会出现争讼,于是有了讼卦。

讼就是官司,官司不是一个人两个人的事情,无论谁打官司,后面肯定牵扯到一批人,因为作为社会的人不是孤立的,他和部落、亲友是联系在一起的,于是有了师卦。

师是众多的意思,人多,又是为了争讼而来,那么必然人就会根据各自的立场站到一起,像土著人的械斗,肯定要站成对立的两排,这个时候,就有了远近之分,正所谓打仗亲兄弟,上阵父子兵,于是比卦出现了。

比本意就是亲比、朋比的意思,不亲近的人不会肩靠肩站在一起。相互亲近的人一多,大家不分彼此,打到的猎物、收获的谷物都集中在一起,东西就会有所剩余,这便有了小蓄卦。

小蓄是指财物有所积蓄,这积蓄是共有的,是大家都出过力的,可能有人负责看管,但如果要支配就不行了,支配这些东西需要大家共同说了算。可是大家都凑到一起会很麻烦的,缺一个也不行,那么怎么办?需要制定一个大家都认可的规定,按规定办事谁也不会有意见,于是就有了履卦。

履,说文的解释是"足所依也",这里就是行为规范的意思,是指礼仪制度。这是一大进步,像汉谟拉比法典,把规定刻在石柱上,大家都来遵守,这么做社会就有了秩序。一旦大家都按照礼仪制度办事,社会就会秩序井然,就会国泰民安,于是便有了泰卦。

泰是通达无阻,可是什么事情也不能永远通达,凡事都有个发展过程,都有从小到大,从弱及强,然后由强到盛,由盛变衰的过程,物不可以终通,继之就是谁也不喜欢的否卦了。当然,否极泰来,事物总在发展变化当中,没有永远的通达,也没有不变的厄运,天道循环,周而复始,世界才丰富多彩。

按照孔子的解释脉络,我们会发现《易》就像一个原始部落生活轮回的写照,每一卦都和前后卦密不可分,所以研究《易》,不能把六十四卦割裂开,也不能把每一卦的上下爻割裂开来研究,因为六十四卦是从八卦推演而来,八卦相荡,才荡出了三百八十四爻,荡出这万千气象。

孔子在《序卦传》中有一个观点很耐人寻味,这就是对井、革、鼎三卦的联系解释。

井卦是继困卦而来,事物到了受困的局面,必然会从上返下,这就是井卦。孔子以井来喻事物发展的低潮阶段,分析得很到位。井卦是由下巽上坎组成,从卦象看是木上有水,是深入到下面把水汲上来,所以是井。所谓"改邑不改井",就是说村子可以迁移,但井却背不走,因此,用井来表示君主刚毅中正的美德,这是井卦的本义。

井 卦

然而,井用的时间长了,就会有所淤积。有了淤积,井水的质量就会下降,这样就需要不断淘井。淘井就是对原来的井进行革新,这就有了革卦。

孔子是提倡革新的,从他对井卦和革卦的联系看,他认为革新是保持井水常新的唯一出路。对革卦的解释也极为形象,"象曰:革,水火相息,二女同居,其志不相得,曰革"。是说革卦犹如水火相息,相互克灭,两个女子同居一室,兴趣又不相投,这个时候就会发生变革,要么两人打成了冤家,要么有一方发生了兴趣的变化,总之,两者相安无事是不可能的。

变革要文明地进行,革卦是下离上兑,离乃丽也,象征文明;兑即悦也,象征和悦,这是说改革一定要文明、有序、充满人性化的进行,即使这样,也还需要一个周期才能得到民众的信任,如果离开了这种正道去改革,就不能做到"革而当",就会导致悔恨的产生。只有变革得当,才能"其悔乃亡",没有悔恨产生。这种思想对当今社会的政治和经济改革也有积极的指导意义,因为社会的动荡会使改革走向流产,因此在改革中保持社会的稳定是一条重要的原则。

革卦下来是鼎卦,孔子把鼎这个很神圣的器皿与改革联系起来是很有意思的事。鼎卦是下巽上离,大吉大利,亨通无碍。鼎是盛饭、煮饭的器物,又是祭祀时用的神器,变革当然要从这里入手了,即"革物者莫若鼎"。这种改革的思想是孔子的首创,就是说变革应该从上层建筑着手,不应该由下至上,上面都糊涂的事情,下面又怎么能搞清楚?如果从下面开始搞,不但不会有文明、和悦的效果,还会出现动荡的局面。

从以上三卦的联系看出,孔子的思想是极具维新精神的,他的这种解释使《易》更加充满了变化的魅力。

点墨析要义

在孔子为《易》所做的七种传中,《杂卦传》最短,只有区区几百字。但这短短的一篇《杂卦传》却起到了一言以蔽之的作用,读后,给人一种顿悟的感觉。

乾刚坤柔,比乐师忧。

孔子几乎是用诗的语言来解释乾坤比师四卦,语言之经济堪称大师,也说明孔子不愧是编纂《诗经》的高手,能一字点破卦义。

临、观之义，或与或求。

临、观两卦的卦义，一个表示施予，一个表示寻求。对这两卦的解释，我曾不解其意，临是下兑上坤，象征泽上有地，怎么会是施予的卦义呢？而观卦是下坤上巽，风行地上，又与寻求何干？仔细玩味孔子的分析结论，结合卦象再看，不由对孔子的解释慢慢接受了。临卦的卦象表明君臣相得，元亨利贞，这种情况当然要泽加于民了。观卦中以酒酹地，说明心中必有所感，需要审时度势。

临 卦

屯见而不失其居，蒙杂而著。

不失其居，就是安得其所，此卦元亨利贞之卦义就是这个道理。初生之物，未脱离其母本胚胎，所以不失其所，占得此卦有利于封建诸侯也是这个意思。蒙卦其卦象是山下泉出，怎么会有错杂的概括？孔子如此解释的原因是此卦本意是启蒙，但启蒙教育有启蒙教育的原则，那就是"非我求蒙童，蒙童求我"。就是启蒙教育应遵循师生在目标上的统一，不能违背学生的意愿和兴趣进行启蒙教育。但是现实中往往不是这样，这个关系一直比较错乱，故有"杂而著"之说。这

蒙 卦

是孔子作为一个教育家对蒙卦清醒而敏锐的认识。

> 震起也，艮止也，损益盛衰之始也。

震卦喻雷霆震响，自然有兴起、荡起之意。艮为山，路遇山当阻，所以为止。正如此卦第一爻爻辞所说："艮其趾，无咎，利永贞。"就是说，停住脚步，没有灾祸，利于永远守正。君子行路遇到大山阻挡，应当止则止，如果贸然行进，必然有凶。孔子对此卦的总结是精辟的，解此卦，就在不失当止则止之道。比如你在赌场赢了大笔钱，这钱把腰包撑得鼓鼓的，你心里痒痒的，总以为自己手气天下第一，还想去试运气。这个时候如果你占得艮卦，你就要慎重了。

损、益两卦分别是兴盛和衰微的开始，这是很清楚的。所谓物极必反，福祸损益，必然所伏所倚，孔子在这两卦的解释上实际在揭示一种事物发展的规律。

> 大畜时也，无妄灾也，萃聚而升不来也。

大畜，是积蓄以待时，所以孔子给该卦定性为时。君子占此卦应努力学习，修正德行，充实自己，以等待发展机遇。

无妄是谨慎防灾，其主旨就是不妄为，因为此卦的卦象是天下雷动，故不宜行动。孔子认为，"无妄之往何之益？天命不佑，行矣哉？"是说：无妄之世不宜行动，若行动又能去哪里？老天不保佑你，能行动吗？

萃卦是荟萃之意,所以表示聚。

升卦的卦象是地里长出树木,其势必定节节上升,是极为亨通之意,所以孔子说"不来也",是升而不会回转,占得此卦,就可以如民歌中所唱:"妹妹你大胆地往前走,往前走,莫回头,通天的大路九千九百,九千九百九呀。"

无妄卦

升卦

谦轻而豫怠也,噬嗑食也,贲无色也。

谦卦之轻当自轻,自轻才能谦虚,正所谓人架子大了不值钱,自己把自己看得淡一些没有什么不好,因为你的素质和水平是客观存在的,不说也掉不了价,如果一味地推销自己,倒容易被打折。

豫卦卦象是地上有雷,雷声轰响,大地振奋,所以是和乐之意。但孔子在这个利于建功立业的卦中隐含着自己的担心:沉溺于和乐,必然出现懈怠。

"噬嗑"比较好理解,就是嚼食。

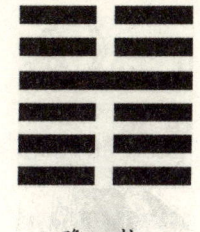

豫卦

孔子精彩的解释是贲卦。贲是修饰的意思,为什么会无色呢?原来任何修饰都不能过分,正如一个青春已逝的女子的化妆一样,想靠五花八门的化妆品,靠割双眼皮粘假睫毛来拼命挽留去意已决的青春容颜,其结果只能把自己弄得别人认不出来,这就是孔子所说的"无色",即失去本色。

兑见而巽伏也。随无故也。

巽卦

"兑"就是喜悦的意思,喜于心必溢于表,故称见(现)。

巽卦卦象是风上有风,风随风不断吹来,草木如何不伏?伏之意在于顺承,即随风而动。

随卦无故就是没有祸患。孔子说君子观随卦卦象,傍晚就回家安歇,睡觉做美梦,因为这一卦就是平安无事,随和相从。

随卦

蛊则饬也,剥烂也,复反也,晋昼也。

剥卦

饬,是治理整顿。蛊卦是因为有变故,所以要整饬,整饬的目的是为了纠正错误,利于守正。剥卦是腐烂剥落,其卦象是高山伏着在平地,说明其上位已经有所动摇,颓势已成定局,上位之人观此卦应该厚待下属,以求安居。生活中有些现象印证了此卦,笔者的一个朋友说过这样一件事,一个团级建制部队的政委刚刚从位上退了下来,晚上自己拎了只水壶从家属院到团部去打开水,值班的战士听到敲门声,掀开门帘看了看,发现是曾经对战士十分苛刻的老政委,就把门帘又拉上了,任站在雪地里的老政委怎么敲,就是不开门。老政委此时也没有发脾气的资格了,只有拎着空水壶伤心地走了。孔子想告诉人们的就是要避免类似的事情,君子从这一卦象中应该知道天道运行、消长盈虚的规律,以免不利于自身。复卦之反,即返回之意,是说君子由上返下,当收敛其势,不要再过于张扬。

晋卦之昼,则是一片光明的意思,晋见君王,自然蓬荜生辉,如同得到阳光照耀一样,所以此卦就如同它的卦象一样,上离下坤,太阳照耀大地,自然是前途明亮。

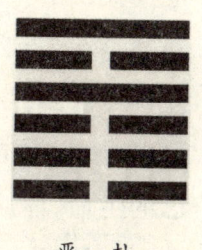

晋　卦

明夷诛也,井通而困相遇也。

明夷,顾名思义就是光明陨落,所以孔子定性为诛。从卦象看,此卦是下离上坤,说明太阳隐没大地,所以当韬光养晦,以图东山再起。孔子认为周文王正是以此卦脱险。

井卦通达自不必说,因为不通就不是井了。而困卦则是遭遇艰难,孔子形象地比喻泽中无水为困,可以用卦中六三爻的

明夷卦

爻辞来分析:"困于石,据于蒺藜;入于其宫,不见其妻,凶。"想想看,受阻于巨石,前进是无望了,周围又生满了蒺藜,被刺破手脚是难免的,好容易回到家里,又不知道妻子去了何处,结果肯定是凶了。

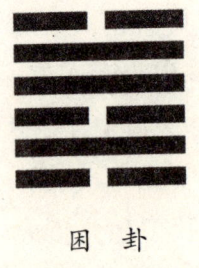

困 卦

笔者在政界的一个朋友,有一年格外不顺,同僚中出了个卖友求荣的小人,专门盯着他找麻烦然后向上级打报告,搞得他心情很糟。这个时候他在医院工作的夫人又红杏出墙,和一个同事关系很暧昧。他找我占了一卦,不幸占得困卦,六三为动爻,我感到了此事的不妙。不久,这个朋友患了糖尿病,住了一个月的医院,家庭也差一点破裂。我便用易理来开导他,劝他说,君子观此卦象,都可以"致命遂志",就是说为了实现理想,必要时都可以牺牲自己的生命,你这点遭遇算什么呢?只要不偏离正道,光明就在前面。后来,这位朋友的际遇果然出现了转机。当然,这只是一种巧合,但琢磨一下,觉得我们古老的《易经》真是奥妙无穷。

咸速也,恒久也,涣离也,节止也,解缓也。

咸卦迅速,是因为咸是感应的意思。这个卦如果用现在的汉字,应该是个感字。

恒为恒久,这是人人都懂得的事,此卦的要义是揭示天道恒久的道理,以此道观察世上万事万物,就不会在变化的世界

中无所遵循了,君子观此卦,能树立牢固的思想信念就是这个原理。

涣卦卦象是下坎上巽,这种风行水上的现象,必然导致波涛汹涌的后果,象征人心涣散,这个时候就需要祭祀先祖以凝聚人心。

涣 卦

节卦为什么是制止?这是因为"苦节不可贞",是说过分节制是行不通的,比如说为了节约,把国家机关的预算减了又减,以至于公安机关外出抓逃犯都需要自己垫付差旅费,这种过分的节制,就是"苦节",其结果是各个部门像饿狼一样自己违规讨食吃,弄得基层苦不堪言。这种"苦节"当止,这是节卦的卦内之意。

解卦是解除险难。雷雨发生,天地舒解,受到雨露滋润的草木种子都破壳而出,所以这是破除桎梏的卦象。孔子认为,君主占得此卦就该大赦天下了。

蹇,难也。睽,外也。家人,内也。

蹇因为是跛足,所以行走艰难,不会顺利。

睽为违,如同两女同居一室,但性格志趣不相投,必然出现矛盾,一方从室内出局是理所当然的事情,所以孔子断睽为外。

家人卦卦义是利于女子守正,而女子正位在于家,家是内,所以孔子说家人卦是团聚在内。这里,家人卦寓意着一个女内男外,男女正,乃人间正道的天地之大义。依孔子之解释,家道虽然是内,但道理却是通行于外,一家兴则一国兴,"正家而天下定矣。"

> 否泰反其类,大壮则止,遁则退。

否、泰两卦为两极,如同阴阳鱼那样相互变化,这是不难理解的,因为有一个否极泰来的成语可以佐证。大壮的止就不是节卦中的止了,它是盛时的警钟。阳刚之气盛壮,易恃强冒进,所以孔子说:"君子以非礼勿履",止于非礼之举,不合乎礼制的事情不做。

遁卦是退隐离开之意。为什么离开?这应该是以退为进的一种策略。孔子认为君子占此卦以远小人,不恶而严,这是一种自我保护。不恶而严,恶是流露出憎恶之情,严是庄重严肃。对小人的讨厌不一定形于色,保持自己的庄重严肃就可以做到远小人,君子不重不威,庄重自然就会使小人望而却步。为了不与小人发生纠缠,躲避一下也无妨。

> 大有,众也。同人,亲也。革,去故也。鼎取新也。

大有,顾名思义就是大有成就。成就不是一人所为,所以是众多。同人卦,现在有一个同仁的词与其近似。与人亲近,协同共事是亨通的好事,但协同是不分亲疏的,只和本族内部的人亲近协同,就不是什么好事了,所以有"同人于宗,吝"的说法。

革是革新,革新就必然革去旧的东西,因而有"除旧"之说。孔子在此卦中举了汤武革命的例子,用"革之时大矣哉!"表明了自己对革新的推崇。

鼎卦是立新之意。立新的根本在于养贤,以鼎祭祀上帝,是为了表示忠诚,用鼎烹饪大量的食物供养圣贤,得到圣贤的佐助,立新便在其中了。孔子把立新的希望寄托在圣贤身上,其实就是寄托在当时的知识分子身上,这是一种难得的知识重于君王的思想。

> 小过,过也。中孚,信也。丰,多故也。亲寡,旅也。

小过之过不是过错之过,而是小有超过,此卦意在宜做小事而不宜做大事,如同"飞鸟遗之音,宜下不宜上"。这是因为飞鸟已经在空中凄惨的鸣叫,再往高处飞翔怎么会有利呢?所以要落下来才吉利。

中孚卦是心怀诚信,孔子认为,一个人如果其诚信都能把猪和鱼感化了,那么他的诚信就足可以系结天下人心。这是形象的说法,其实孔子之意在于说明诚信中孚的重要。

丰卦丰盛强大,如日中天,所以故友纷至沓来,判定"多故"。

旅卦是人在旅途,客游他乡,亲朋能有几人同行?因此"亲寡"。孔子解释此卦大概融进了他自己周游列国,困于陈蔡的经历,使此卦充满了人情味。

离上而坎下也。小畜,寡也。

离卦是火往上烧,坎卦是水往下流,这两卦比较通俗。小畜则是积蓄不多,与大畜是量上的差别。

履,不处也。需,不进也。讼,不亲也。

履为跟从,跟从者只能按照前面的脚步走,因此难有自己处所,孔子因此定为"不处",是不能安居之意。
需卦等待不前,不前的原因是调养生息,等待机遇。
讼卦是诉讼,都对簿公堂打官司了,还哪里有亲情可言?所以"不亲"。

大过,颠也。姤,遇也,柔遇刚也。

大过卦

大过是打破常规,所以叫颠倒常理,此处之过,不是过错之过,是超过之过。大过的卦象是湖泽淹没了树木,就像九寨沟湖水里的钙化木,这种现象很令人琢磨的。常规也有度,就像栋梁不能弯曲一样,否则就凶险了。枯槁的杨树发了嫩芽,老头娶

打开《易》门的钥匙

了个少女为妻,这虽然超乎常情,但还是无所不利的。枯老的杨树又开了花,老妇人得了个小伙子为夫,这样的事,不仅"何可久也?"而且"亦可丑也"。这种思想对中国几千年历史的影响是很大的,看看社会中大多数家庭的结构就明白了。

姤是邂逅,男女偶然相遇,也许会擦出火花,但"女壮,勿用取女",就是说,这个女子太强壮,就不要娶她为妻,因为这样的女子不会和你长久过日子。"天地相遇,品物咸章",就是这个道理,阴阳相和,万物才得以显现,阴盛阳衰,不合天道。

> 渐,女归待男行也。颐,养正也。既济,定也。

渐卦是循序渐进,如同女子出嫁之事,必须依礼而行,着急不得。女子稳坐家中,待男子来迎娶,如果自己着急跑了去,岂不令人耻笑。

颐卦就是休养生息,慎重说话以修养德性,节制饮食以颐养身体。"颐和园""颐年堂"这样的建筑名字,大概就与此卦有关。

既济卦代表的是成功以后,所以说"定"。此卦隐含的意思是穷尽,预示另一个开端将要来临。

> 归妹,女之终也。未济,男之穷也。夬卦,决也,刚决柔也,君子道长,小人道忧也。

归妹卦,意在女子出嫁终得归宿,所以称"女之终"。少女如果占得此卦,应是谈婚论嫁的解释。

未济卦令多少大丈夫唏嘘不止,因为此卦未济就是未完成、未终之意。大丈夫拼搏一世,壮志未酬,该多么令人感慨。此卦虽然在形象上难看,所有阳爻、阴爻位置都不正,但是希望还在,因为变化在酝酿之中。相传,孔子曾为穿九曲明珠未彻卜得此卦,乃遇二女方始穿过,孔子判此卦为"男之穷",不知是否有此因素存在。

夬卦义在决裂,阳刚决除阴柔,表明君子之道伸张,小人之道困忧。孔子以此卦作为他《杂卦》的结尾是很让人回味的,说明不管天道如何循环,君主之道必定是通达正道,而小人之道也许鼓噪一时,但小人高居在上的局面最终不会长久。

文言中的人生哲学

《文言传》是解释乾坤二卦的。孔子在该文中始终贯通着一种思想,这种思想就是他的人生哲学——尊卑论。他认为阴柔在下者纵然具有美德,也只是隐含不露地用来辅佐君王大业,而且成功也不敢居功,这就是所谓的地顺天、妻从夫、臣忠君的法则。孔子是以尊卑来支撑自己礼制思想体系的,他的君君、臣臣、父父、子子,就是典型的写照。在《文言传》中,他的这种思想得到了充分的发挥,使《易》这一本来众家共享的著作从此成了儒家的经典。

乾坤二卦,一阳一阴,一刚一柔,一尊一卑,孔子对乾坤二卦的解释可谓花了大气力,专门用一篇文言来阐述他的观点,这是其他六十二卦所不能比拟的。孔子在对乾坤二卦的释义中,表达了他思想中的三个要素。

第一,尊卑互动与审时度势。孔子认为尊与卑虽然不以人的意志为转移,但尊与卑却是可以相互转化的,尊贵上升到极点,就要进入下一个循环了。从这个基础说开去,君与民之间就没有什么神秘色彩,就是一个时位上的差异罢了,所以君子需要时时"终日乾乾,夕惕若厉",就是要时刻戒惕警惧,这样才能"无咎",也就是勉遭咎害。要"居上位而不骄,在下位而不忧",进德修业,等待时机。这种等待的过程是进德的过程,也是审时度势的过程。

《孝经》里讲:"居上而骄则亡,居下而乱则刑",说的也是孔子这种一贯的人生哲学。孔子说"邦有道,则知;邦无道,则愚",就是在讲这个道理。这是孔子在评价宁武子时说的一句话,是说宁武子这个人在国家政治清明时,便显得聪明;当政治腐败时,便装糊涂,这种对时事的把握是很高明的,聪明谁都可以学,装糊涂就是人家学不来的了。由此我们可以想起明代清官郑板桥的那块横匾,那歪歪扭扭的"难得糊涂"确实不是谁都能做到的。

当然,孔子说的糊涂并不是真糊涂,他在另一处作了很好的诠释:"邦有道,危言危行;邦无道,危行言孙。"什么意思呢?就是说国家政治清平,要说话正直,行为正直;国家腐败,要行为正直,说话谨慎。这样做是需要充分把握好政治形势的,武侯祠有一对名联,是清人赵藩写的:

> 能攻心则反侧自消自古知兵非好战,
> 不审势既宽严皆误后来治蜀要深思。

  这里的审势就是指应该看到事物的变化趋势,否则你就是宽也不是严也不是,治蜀深思,治国何尝不该深思?

  后来有些人认为孔子消极,说孔子的审时度势就是为了明哲保身,批评孔子不敢为真理而献出生命。这样的挑剔是从局外者的立场来评价的,缺少一种对生命的真正关怀。这使我想到了二战时期的欧亚两地对士兵的教育:美国政府是这样教育士兵的,当你被彻底包围,抵抗无益,只能被消灭的时候,你可以选择投降。而日本军阀对士兵的教育则是誓死效忠天皇,宁可战死,绝不投降。两者看上去一阴一阳、一刚一弱,但哪个政府在关怀士兵的生命则一目了然。

  第二,时位观念中的阶段论。时与位是《易经》中非常重要的两个概念,孔子通过乾坤二卦对这两个概念进行了深入的阐述,其标志性的提法就是事物发展的阶段论。乾卦中的六爻,孔子称之为六龙:"六爻发挥,旁通情也;时乘六龙,以御天也;云行雨施,天下平也。"这段话的意思是:乾卦六爻一经发动,其变化就曲尽天地万物之情理;犹如顺着不同时节驾起潜龙、现龙、惕龙、跃龙、飞龙、亢龙这六条巨龙,统御着天道变化,行云播雨,普降泽惠,给天下以太平。

  用孔子的观点来分析事物的发展,可以得出这样一个结论:凡事,都有六个发展变化阶段,这些阶段是不能逾越的,在某一个阶段就应该遵循某一个阶段的要求,否则,就会出问题。

有的社会学家把人类社会的发展分为六个阶段,即原始社会、奴隶社会、封建社会、资本主义社会、社会主义社会和共产主义社会,这种分法是否源自《易经》,不敢肯定,但既然这么划分了,想超越某一种社会形态是不可能的。跃龙不到时机是成不了飞龙的,而惕龙想一步成飞龙更是违背规律的设想,所以说人们可以通过努力缩短某一个过程,但不能跨越这个过程,正所谓欲速则不达。明白了这个道理,我们也许会少走许多弯路。

六龙的含义是指事物的萌生、童蒙、储备、壮大、成就、巅峰六个阶段,这里蕴含着一个由量变到质变的道理。孔子认为:"臣弑其君,子弑其父,非一朝一夕之故,其所由来者渐矣。"

这里的"渐"字用得很好,我们都知道防微杜渐这个成语,这个渐本身就是一个慢慢形成的过程。孔子认为发展到这种不可挽回的地步是因为"由辩之不早辩也",就是由于为君为父者没有及早查明真相,做到防微杜渐。所以,孔子并不是被动地接受六个阶段,而是主张在这一规律指导下去逢凶化吉,变害为利,是一种十分积极的人生态度。

第三,知进退存亡不失其正。物极必反,盛极变衰,尊者不可能永远是在上,卑者也不可能总是居下,"坤至柔而动也刚",这是事物发展的规律。

那么,君子如何对待这种曲折的变化呢?孔子道出了一个非常重要的原则,就是"不失其正"。这里的正是正道,是孔子在乾卦中说的君子要行的四德,即"体仁足以长人,嘉会足以合礼,利物足以合义,贞固足以干事"。这几句话译成白话是:把仁爱之心作为行事的根本原则完全堪称众人的尊长,集美好事物之大成并完全符合礼仪的要求,施利给他物完全符合道义的准则,保持守正坚定的节操完全能够妥善处理各种事物。

这使人想起儒家学说的一个重要观点,"穷则独善其身,达则兼济天下"。位置的高低不是以自己的意志为转移的,孔子以圣人之誉周游列国尚有陈蔡之冷遇窘迫,不走运的读书人不是多如过江之鲫?进退存亡是人之常事,关键在于"不失其正"。有些人一遇到点挫折就整个悲天悯人活不起的样子,把一副祥林嫂的面孔不厌其烦地送给所有的人,希望博得一点同情,这样的人既可悲又可怜,就是不可爱。

需要说明的事,孔子尽管主张在邦无道时"天地闭,贤人隐",但他坚决反对与腐败的东西同流合污,他提出要不失其正。从这一点上说,就是反对任何偏离君子之道的倾斜。他认为君子的美德好比"黄色",中和通达,正居体内,美在其中,而畅于四肢,发于事业。这样的美德是美之极致了。如此看来,有德行的君子应该是玉润珠圆、含而不露的,不一定非要一副圣徒的嘴脸,言必称理想信念,却满脑子花花世界,令人心生厌恶之感。

占卦的方法

占卦的方法有很多,随着对《易经》研究的深入,还会发现一些新的方法来起卦,这里,出于对传统文化的一种体验和把玩,列举几种比较传统的方法,请有兴趣者不妨一试。

朱 熹

打开《易》门的钥匙

一、蓍草占法

这是最古老的占卦法，是用五十根蓍草来演算的。具体演算的方法孔子在《系辞上传》中已经做了记叙，只是操作起来比较麻烦，今人很少再用。用蓍草占的大致方法是：取五十根蓍草，拿出一根不用，然后再把四十九根蓍草任意分成两组，按照规定的程序进行推演，得出卦的六爻。

二、时间起卦法

一般使用农历时间，但按照万物皆有定数的理论，现在的公历也可以，不过，因发明者在发明这种起卦方法时尚无公历之说，所以还是按农历时间为好。方法是：年数加月数加日数三者之和，用8来除，其余数便是上卦。下卦是在三数之和的基础上再加时数，然后用8来除，其余数便是下卦。上下卦得出后，再用年月日时四者之和用6来除，得出的余数便是要求的动爻数。

年的数字是子一，丑二，寅三，卯四，辰五，巳六，午七，未八，申九，酉十，戌十一，亥十二。

月的数字就是从一月（正月）一直到十二月分别是1~12。

日数就是初一到三十分别是1~30。

时数是时辰数，把一昼夜24小时用十二地支来代表，每个时辰两个小时。

八卦对应的数字是乾一，兑二，离三，震四，巽五，坎六，艮七，坤八。

比如说1990年8月24日10时30分，应是庚午年七月

119

大有卦

初五日巳时,对应数字是7、7、5、6。上卦是(7+7+5)÷8,余数3,为离卦;下卦是(7+7+5+6)÷8,余数1,为乾卦,动爻为(7+7+5+6)÷6,余数1。这样,构成了下乾上离火天大有卦,动爻为初九。

三、以数起卦法

如果一个人在午时来求你问某事,你让他随意说出一个数字,他说出了自己喜欢的手机号码的尾数:3718,那么可以以(3+7)÷8得出余数为2,那么上卦为兑卦,再用(1+8)÷8得出余数为1,那么下卦就是乾卦。上兑下乾构成了夬卦。那么再用上下两卦的数字之和加时数,即(2+1+7)÷6得出余数为4,那么夬卦的第四爻(九四)就是所求的变爻。

夬 卦

九四:臀无肤,
　　其行次且;
　　牵羊悔亡,
　　闻言不信。

四、字数笔画起卦法

如果一个人午时来求卦,你可以选择用他的名字起卦的方法。如果他名字叫李贵福,那么把李做上卦,李的笔画是7,(《梅花易数》字占笔画数,遇折即为两画)不再用8除,直接入卦,得出艮卦;贵福的笔画之和是23,用8除,得出余数为7,下卦即艮卦。上艮下艮构成艮卦。两卦数之和加时数除6,即(7

+7+7)÷6得出3为变爻数,那么艮卦的第三爻(九三)就是所求之卦爻。

五、金钱卦

这是最为常用的一种起卦方法。其摇法是取三枚有正反面的铜钱,捧在手里或盛在罐里摇上一通撒下来,如果是两反一正,就记作阳爻;如果是两正一反就记作阴爻;如果是三枚皆正就是阳爻动;如

艮 卦

九三:艮其限,
　　列其夤,
　　厉薰心。

果是三枚皆反就是阴爻动。这样摇六次,从下往上排列开来,组成一卦。有动爻者,以动爻爻辞断卦;没有动爻的,以卦辞断卦。此种占法简单易学,便易掌握,故民间多用此法。

起卦的方法还有许多,不能一一列举。总之,只要把握了《易》之要理,可以随时随地随声随位来起卦。要注意的是:起卦容易解卦难,要对错综复杂的卦变融会贯通不是件容易的事情,须慢慢体会玩味。要知道,不同的人对同一卦的解释不会相同,这正是《易》之魅力所在。

《孝经》释义

《孝经》是儒学十三经中篇幅最短的一篇，相传是孔子所著。《孝经》文字不足两千，分为十八章。如果按宋代朱熹的分割法，来一个经传分离，那么属于经的部分就更少了。《孝经》虽然短，但影响却极其深广，它是儒家所有经典中最早称为"经"的，上至君王下至黎民，对《孝经》都能说出一二。在古代，甚至有人生前立下遗嘱，以此经殉葬，以示对其喜爱。可以说，在我国古代的经典著作中，没有一部著作能雅俗共赏到这种程度。

《孝经》在秦焚书坑儒时也遭厄运，故失传一段时间。现存的《孝经》分古、今两种版本，古本二十二章是鲁恭王得之于孔子旧宅墙壁之中，故称孔壁本；今本是汉初河间人颜芝及其子颜贞献所藏十八章，比古本要短，人称颜芝本。唐宋以后，因为唐玄宗作序并御注今本，所以，今本由此而盛行。

本文所要释义的也是颜芝本。

对《孝经》十八章，本文分四部分加以分析释义。

孝之标准

《孝经》中开宗明义章第一、天子章第二、诸侯章第三、卿大夫章第四、士章第五和庶人章第六可以构成第一部分。这一部分也就是朱熹认为是"经"的部分。

一、开宗明义章

开宗明义章,是全文的开启,具有概述的纲领作用,对孝的内容和表现形式都做了扼要的概括。开,张也;宗,本也;明,显也;义,理也。

仲尼居,曾子侍。

这是说孔子在闲坐,他的弟子曾子在一旁侍坐。所谓侍,有服务于老师的含义,主次、师生地位一语道破。

子曰:"先王有至德要道,以顺天下,民用和睦,上下无怨,女知之乎?"

孔子在向曾子讲孝的道理,但他没有直接去讲,而是先提出一个问题,引起曾子的兴趣,这是一种循循善诱的启发式教学方法,值得后人学习。他说:"过去贤明的君主有一种能够实现德政的重要思想,能够使天下归顺,百姓和睦相处,上下君臣政通人和,你知道这是一种什么思想吗?"孔子在这里所讲的天下归顺、百姓和睦、上下无怨,都已经超出了家族之孝的范畴,"民用和睦",即社会上少有争讼;"上下无怨"则政治清明。所以,孔子言孝,立意高远,落脚点是在治国问题上。其目的是使天下大治,实现《礼记》中所言的"大同"社会。

在儒家经典中,常常会有"先王"一词,所谓"先王",是指先代圣帝明王,一般是指尧、舜、禹、汤等历史上著名的君王。儒家崇尚先王,是因为他们以仁政治国,取得了值得后人学习的成效。著名的"二十四孝"中的第一孝,就是虞舜孝感动天的故事。虞舜在"父玩,母嚚,弟像傲"的家庭环境里,仍然孝心不改,尧帝闻之,颇为赞许,"事以九男,妻以二女",并把帝位禅让入舜。

> 曾子避席曰:"参不敏,何足以知之。"

曾子名曾参,字子舆,比孔子小四十六岁,是孔子比较中意的弟子。曾子之所以避席而回答,原因有两个:一是老师提问,出于礼貌要起身回复;二是孔子的问题引起了学生的浓厚兴趣,故探身来细问端详。这句话的意思是:"我不聪明,怎么能懂得这样重要的道理呢?"曾子的回答,也证明了孔子启发式教学的作用,曾子带着疑问来听老师的教诲,说明记忆之门已经开窍了。

> 子曰:"夫孝,德之本也,教之所由生也。复坐,吾语女。身体发肤,受之父母,不敢毁伤,孝之始也;立

身行道,扬名于后世以显父母,孝之终也。夫孝,始于事亲,中于事君,终于立身。《大雅》云:无念尔祖,聿修厥德。"

这一段话,孔子对孝做了进一步的阐释,从基本内容到最高表现形式,从青年、中年、老年三个阶段的应尽孝道的重点做了说明。这里有一个重要的观点就是孝是"德之本",是"教之所由生"。德之本,就是人最重要的行为准则;教之所由生,乃是教化之源泉。德之本的观点得到了实践的印证,古代讲忠臣必出自孝门就是这种观点的发展。《吕氏春秋》中有"荣于孝,显于忠"的说法,一个不孝的人是不能够尽忠的,尽管他可以装扮得像忠臣一样,甚至表现得比忠臣还像忠臣,但那不是真正的忠,因为他的忠没有道德的基础。四川有一个大贪官,为情妇可以一掷千金,可是他的老母亲却在农村受穷。他家财万贯,可是每次给他穷苦的母亲就是区区一两百元。他可怜的老母亲知道他出事后,还想着摆个地摊赚点钱替他还贪污欠下的债。这样的官吏,只要我们看看他们对父母的态度就知道他会不会当个好官了,对父母尚且如此,对事业又能怎样?

这段话里还有一句被后来儒生教条化了的名言:"身体发肤,受之父母,不敢毁伤,孝之始也。"其实,把上下文联系起来看,孔子的话并不是说身体上的任何东西都动不得,如果那么去理解,剪指甲也是不孝之举了,依孔子之智慧,他绝不会这么去思考问题,他是用发、肤两个具体的东西来代表人的生命,这句话充满了以人为本思想,说明了一种对生命的关怀。对于人来说,最宝贵的是生命,一个对自己生命不负责的人怎么去尽孝?孔子说过,一个人,当他父母还在时,他就不能轻易答应为别人去献身,也是出于一种对父母的负责。从这一点上说,任何自残、自虐、自杀的行为都是不孝之举,因为这种行为是对父母最大的伤害。

那么,孝的最高境界是什么呢?那就是"立身行道,扬名于后世"。所谓立身,是以德行立于社会,属于道德、知识、思想修养方面的储备;行道,就是运用这些储备去社会上实践的过程。做到了立身行道,就自然名扬后世,被后人所称道,这是光宗耀祖的事情,行道者的每一个亲人都会以此为荣,这是孝的最高境界了。这里孔子用了一个"扬名"的词,说明这种境界主要是给父母、给亲人所带来的精神上的满足,而不是说物质财富上有多大的惠泽。

关于"始于事亲,中于事君,终于立身"一说,文字虽比较通俗,但许多人对此处的解释存在分歧。笔者认为,始,是开端,是基础,是本;中,是在基础上的发展,是对本的弘扬。就是说一个人的孝,如果不和国家的事业结合起来,这种孝就很狭隘了,所以大孝必事君。终,乃是行孝道尽忠诚的结果,就是说事亲、事君都重孝道者,也就应了前文所说的扬名于后世以显父母的孝之所终。

把这段话完整地直译出来是这样的:孝道,是所有德行的根本,一切教化都在此基础上产生。你坐下来,让我告诉你:身躯、四肢、头发、皮肤,都是父母所给予的,作为一个孝子就不能轻易伤害更不能毁伤,这是孝的开始;一个人树立了志向,能坚持真理,有所作为,使自己流芳后世,光宗耀祖,那就是尽孝道最圆满的结果了。一个人行孝道的方面是很广博的,首先从侍奉自己的父母开始,其次是侍奉自己的君王,最后是修身济世实现自己的志向。

"无念尔祖,聿修其德",是《大雅》中的两句诗,孔子引用得恰到好处,意思是我们思念先祖,常常讲述回顾他们的高尚德行。孔子为什么这么引用呢?这其实应该是一种转换角度的论证。如果一个人不行孝道,那么将来他的子孙追忆他的什么呢?因此,从为后人负责的立场出发,一个人也要立身行道,好给后人留下点值得纪念的东西,否则后人在祭祖的时候,恐怕都无话可讲,就如同我们今天参加某某人的追悼会,主持人只是说某某生于某年某月某日,因病逝于某年某月某日,然后就转着圈向遗体告别,连一点值得评价的东西都没有,这样的过场总使人感到少了些什么。

二、天子章

天子章,言天子之孝。孔子对天子之孝所说不多,却说出了本质的东西,那就是"博爱"。既然贵为天子,一般意义上的孝就很轻易地能够尽到了,身居宫廷,身体发肤无人敢毁;尊为天子,立身行道也是天下典范,普天之下,莫非臣民,再无国君可事。针对这种情况,孔子提出了一个新的观点,天子之孝重在以身作则。

> 子曰:"爱亲者不敢恶于人,敬亲者不敢慢于人。爱敬尽于事亲,而德教加于百姓,刑于四海,盖天子之

孝也。《甫刑》云:一人有庆,兆民赖之。"

爱亲者一句是讲一种博爱和兼爱,一个充满爱心的人,就不会心中充满嫉恨。孟子说"老吾老及人之老,幼吾幼及人之幼",就是孔子这一思想的发挥。敬亲者一句是讲广敬和礼下。施之以敬,也会获之以敬;待之以礼,也会收之以礼。尤其以天子之尊,如果敬大臣,亲黎民,大臣黎民谁不感恩戴德?儒家讲爱民如子就是这个道理。孔子说过,"能行五者于天下,为仁矣",五者即恭、宽、信、敏、惠。这五者都必须以爱和敬为前提,否则就谈不上仁。尤其在解释"宽"时,孔子说"宽则得众",因为宽本身就是一种胸怀的体现,这是天子应该把握的得众之道。

君王尽到了博爱和广敬之道,必然得到加倍的敬爱回报,那么谁还会用厌恶和怠慢来对待君王和他的亲人呢?这种以孝德治国的思想运用到百姓那里,民风就会变好,这种做法也就会被四夷所效法。所以天子之孝孝道广大,应是孝之模范。

这段话的意思大致是这样:如果是一个懂得热爱自己父母的人,就丝毫不敢厌恶别人的父母;如果是一个懂得敬奉自己父母的人,就丝毫不敢怠慢别人的父母。全心全意侍奉父母,并施展教化于百姓之中,就会成为天下效法的榜样,这就是天子应尽的孝道。

《甫刑》云:一人有庆,兆民赖之。所谓一人,当然是指天子而言,天子如果行孝道,那么亿万臣民就会效仿行善,这是天子之孝的巨大影响力。引文出自《尚书·吕刑》,孔子引用此语,意在加强说服力。孔子引典多用《诗》,但在讲天子之孝时却引了《尚书》中的话,这肯定不是无意的。因为《尚书》所记是尧舜禹、夏商周的事情,其意义不同一般,孔子所引是周穆王对吕侯说的话。周穆王执政初期,乱施刑罚,结果导致乱政民怨,大臣吕侯劝他明德慎罚,采用夏代的赎刑,穆王听从了吕侯的劝告,采取以德治国的方略,赢得了四方赞誉。原话是"一人有庆,兆民赖之,其宁唯永",译成白话就是:我一人有了美德善政,万民都会得到好处,国家也会永远安宁。

三、诸侯章

诸侯章,言诸侯之孝。诸侯大致就像现在的一省之长,上有中央,下有地方,是一方之君,封国之长,位高责重,其孝道自然和他的封国命运休戚相关。

> 在上不骄,高而不危;制节谨度,满而不溢。高而不危,所以长守贵也;满而不溢,所以长守富也。富贵不离其身,然后能保其社稷而和其民人,盖诸侯之孝也。《诗》云:"战战兢兢,如临深渊,如履薄冰。"

诸侯作为列国之君,其位不能不算高,但高位易落,所以是很危险的。那么怎么才能不危险?孔子说就是要"不骄"。对于诸侯来说,能听命于天子就是不骄,用现在的话说就是要和中央保持一致,才能不骄。骄是自我膨胀的必然结果,自以为了不起了,就对上面的话不怎么当回事了,搞起了上有政策下有对策,甚至另起炉灶,这样的诸侯非翻船不可。汉代的淮南厉王刘长，就是一个因自我膨胀而毁灭的诸侯王。刘长是高祖的小儿子，与当朝皇帝汉文帝一起长大，情同手足，因为这层关系，他就无视礼制法度，擅自锤杀辟阳侯，还另搞一套文法，模仿天子声威，后来，竟谋划起叛逆之事，最终死于非命。

制节谨度是要求诸侯节俭并依礼法行事，不要过于铺张浪费，不要把排场搞得超过礼制规定，这是很重要的。所谓"溢"，是满的结果，满且溢，就是超过了礼的规定要求。像孔子批评鲁国的季氏一样，一个大夫，竟然在自家庭院搞起了只有天子才能搞的仪仗，这就是个政治问题了，所以孔子才说出了"是可忍，孰不可忍也"的话。

做到了高而不危，所以能守贵；做到了满而不溢，所以能守富。富贵不离身，就是地位不动摇，地位得到巩固，其国家、宗庙、百姓就会得到保护。因此，诸侯之孝其目的在于保国保民，也就是说保一方平安，延续其宗庙香火。我们常说为官一任，造福一方，就是从诸侯之孝演化而来，只不过诸侯乃世袭制，而后来的官员则是委任制罢了。

这段经文大致翻译如下：一个人如果身居高位，却能做到不骄不躁，谦虚谨慎，那么就不会有遭到排挤的危险。要做到节约费用，慎守法度，即使国家富裕也不追求豪华而奢侈浪费。地位显赫而没有倾覆的危险，自然就能长治久安；财物丰富却能做到谨慎开支而不浪费，自然就能长久地保持充裕的财源。身为诸侯，要首先使富贵不离其身，然后才能确保他的社稷江山，跟天下百姓和睦相处。这就是诸侯应尽的孝道。

文末所引诗句出自《诗经》（《小雅·小旻》）。战战兢兢，

是恐惧谨慎的意思;如临深渊,是担心从高处坠落;如履薄冰,是担心平地而陷落。原诗一段是这样的:

> 不敢暴虎,不敢冯河,人知其一,莫知其他。战战兢兢,如临深渊,如履薄冰。

这是一首讽刺周王不用良人的诗。此处引用,意在说明人生处处充满危险,不敢暴虎,是不敢空手缚虎;不敢冯河,是不敢徒步涉水过河,人们只知其一,不知其他,其实,人生处处危机四伏,唯有战战兢兢,时刻谨慎才能守住富贵,守住社稷江山。

翻开史书,无数的历史事实证实了孔子所言的正确性。就是在今天,作为地方和部门的主官,如何很好地处理地方与中央、部分与全局的关系,也会从本章中获得一些启示。

四、卿大夫章

卿大夫章,言卿大夫之孝。卿大夫是居于臣属地位的,上事君主,下抚黎民,责任不小。因此,卿大夫之孝就重在依法办事,尽忠竭力。

> 非先王之法服不敢服,非先王之法言不敢道,非先王之德行不敢行。是故非法不言,非道不行;口无择言,身无择行;言满天下无口过,行满天下无怨恶。三者备矣,然后能守其宗庙,盖卿大夫之孝也。《诗》云:夙夜匪懈,以事一人。

这里，就卿大夫之孝提出了三项标准，即在服饰上，要合乎先王所制五服的礼法规定；在言论上，要符合先王规定的礼法要求；在行动上，要符合先王要求的德行标准。做到了这三点，就能保其职位、守其宗庙。

为什么要求卿大夫要"非法不言，非道不行"呢？这里所谓先王，其实并无确定的指向，过去的所有贤德之君都可以称为先王，这里用先王，意在表明所尊之法是成制。身为大臣，如果不依法办事，那么先王之法就形同虚设了，古代如此，今天也是如此，政府官员不带头执行法律法规，老百姓就会藐视政府的权威性。要求卿大夫"口无择言，身无择行"，就是要求他们处处要以身作则。口无择言，是强调大夫不能自作聪明、随便发表言论；身无择行，是说大夫不能自以为是采取行动，其言行必须在法律规定的范围之内，这样，才能"言满天下无口过，行满天下无怨恶"。

今天，我们往往不理解古人，言行方面有规定可以理解，为什么非要在服饰上规定得那么严格，难道非要什么职位穿什么衣服吗？这一点是历史条件所限，不如此，就不能分等级，分尊卑，为了使社会有秩序，礼制在服饰上做严格的规定是必要的。车，是官之仪；服，乃身之表。当今，服装上的差别消失了，这是因为现在的干部不再配发官服了，但车子还是有规定的，你一个小小的科级公务员，如果公款买一辆奔驰当坐骑，纪委不找上门来才怪呢。即使在不配发官服的情况下，服装问题也是有讲究的，国家领导人出访，如果主席西装革履，那么随行的一干人肯定都大同小异，个个衣冠楚楚。此时，如果队伍里出现一个穿对襟唐装的，试想，会是什么效果？

把这段文字译成白话就是：不符合先王所制定礼法的衣服，绝不敢随意穿在身上；不符合先王所制定礼法的言辞，绝不能随意乱说；不是先王所遵循的道德行为，绝不敢任意推行。因此，不敢乱说不合礼法的言论，不敢推行不合礼法的行为。如果说话合礼法，就不用担心有什么失误而去斟酌；如果说行为合规范，就不用担心有什么过错而去劳神。尽管说话多，但不会说错话；尽管做事多，但不会遭怨恶。前面说的三点具备了，卿大夫就能永远守住先祖的宗庙，这便是卿大夫应尽的孝道了。

文末引文出自《诗经》(《大雅·烝民》)。这是一首歌颂仲山甫人才出众以及赞颂周宣王任贤使能之诗，原诗第四章有"既明且哲，以保其身。夙夜匪懈，以事一人"。是说（仲山甫）他既英明又睿智，能保全君子人格品行，他从早到晚不懈怠，尽心尽职侍奉君主。

五、士章

士章，言士之孝。士，在当时是统治群体中最底层的人员，类似现在各种机关里的一般工作人员。这里的士，有两方面人士构成，一是小官吏；二是有知识、技能或品德的人。士之孝，在于对内要奉养父母；对外要效忠君上。而在家中，对父亲和母亲的孝其侧重点也有所不同，对父孝，应爱敬并重；对母，应重爱。把对父之敬运用到君主身上，就是忠。

> 资于事父以事母而爱同；资于事父以事君而敬同。

这里的资是资取、扩充之意。这两句话的意思是：用对待父亲的态度来对待母亲，而爱心相同；用侍奉父亲的态度来侍奉君主，而恭敬不变。这里要求士要做到爱心和恭敬心的积蓄和拓展，对父母一视同仁，对父君恭敬相同。但并不是没有区别，接下来的话就说出了区别：

> 故母取其爱，而君取其敬，兼之者，父也。

所以说，侍奉母亲乃是以爱，侍奉君主乃是以敬，而爱和敬兼备的是侍奉父亲。应该说，士的地位决定了他这种两副担子一肩挑的责任，他需要靠自身的俸禄养家，又要在禄位上尽职尽责，因此，在这一章里突出写了事父、事母、事君、事长的问题。

> 故以孝事君则忠，以敬事长则顺。忠顺不失，以事其上，然后保其禄位，而守其祭祀，盖士之孝也。

孝是忠的基础，不孝之人难尽忠，所以以孝道去侍奉君主就会做到忠；以恭敬的态度去对待长辈就会顺从。如果做到了忠心和顺从，以此来为君主工作，那么就不会被罢黜职位，保住自己的俸禄，心安理得地祭祀自己的祖先。所谓忠和顺，用现在的话讲就是个"保持一致"的问题,尤其对于士来说,这种保持一致更为重要,因为士等于是朝廷和百姓间的直接联系者,这个层面出了问题,就会政令不通,导致怨恶出现。

从孔子的语言中我们看出,一个士最主要的操守就是勤勤恳恳、尽职尽责地做好本职工作,也就是一个敬业问题。要像对待父母兄师一样来对待国家工作,做不到这一点,就很难保住自己的俸禄。而做到这一点,就能保持俸禄,使父母有所养,祖先有所祭,这便是士的孝道。

《诗》云:夙兴夜寐,无忝尔所生。

这是《诗经》(《小雅·小宛》)中的一句诗。诗中的"忝",是辱没的意思。这句诗是对士要勤政的提醒,译成白话是:早起晚睡勤勉工作,不要辱没了父母的名声。孔子认为,扬名于后世以显父母是孝的最高境界,士做到了不给父母脸上抹黑,也算是尽孝了,因为不可能要求每个士都去光宗耀祖干大事业,普通的岗位还是要有人做的,这是《孝经》的辨证之处。

六、庶人章

庶人章,讲普通百姓之孝。这一章,作者没有引用《诗》中的句子,不是不能引用,大概作者认为百姓之孝道理很简单,不需要再来画蛇添足。

用天之道,分地之利,谨身节用,以养父母,此庶人之孝也。故自天子至庶人,孝无终始而患不及者未之有也。

用天之道就是顺应天时。所谓天时,就是自然之时,如春发、夏长、秋敛、冬藏。对于庶人来说,以天时而做,就能不违天时,不违天时,就能少遭自然灾害的侵犯。分地之利,是指分别五土,因地制宜,各尽所宜。所谓"五土",一是山林,二是川泽,三是丘陵,四是坟衍,五是原隰(湿地),对五土加以区别,是十分重要的一点。如果不辨五土,不察高低,就种瓜不得瓜,种豆不收豆,高处霜早降,低处水常侵,所以土地之利必须分明。

天时地利都掌握了,就会有所收获,那么收获之后,就要谨身节用,以养父母。谨身,就是不能因有了收获就傲慢,身恭谨则远耻辱。谨身远辱很有现实意义,现在一些人,赚了一些钱之后不能做到"谨身",好像世界一下子小起来,整天把肚子膨胀得像只蛤蟆,什么都满不在乎,结果糊里糊涂犯了事。

节用是用度要节俭,用节省则免饥寒。这是儒家一贯的思想,尤其作为庶人,节用的目的是还要赡养父母,这就更不该铺张了。孟子认为,庶人之不孝(世俗所谓不孝)者五:"惰其四肢,不顾父母之养,一不孝也;博弈,好饮酒,不顾父母之养,二不孝也;好货财,私妻子,不顾父母之养,三不孝也;从耳目之欲,以为父母戮,四不孝也;好勇斗狠,以危父母,五不孝也。"孟子列举的五不孝反推一下,不就是庶人应该遵循的孝道吗?

"故自天子"一句不仅是对本章的概述,还是对天子、诸侯、卿大夫、士和庶人共同的总结。这句话的意思是:所以说,从天子到百姓,谁不始终实行孝道却想不遭到祸患,是从来没有的。这是一句几重否定的话,是说不论天子还是百姓,不尽孝道,必遭祸患,要想免遭祸患,唯有行孝道。

以上六章是朱熹判为"经"的部分,朱熹的二分法不是没有道理,起码使《孝经》在结构上更加清晰了。

孝与治国

三才章、孝治章、圣治章、纪孝行章、五刑章共五章为第二部分,主要讲孝与治国的关系,强调孝在社会生活中的重要性。

七、三才章

三才章,讲天、地、人之孝道。三才,是指天、地、人。《正义》:"天地谓之二仪,兼人谓之三才。"

> 曾子曰:"甚哉,孝之大也!"

这是曾子在听了孔子的一番讲述后发出的感慨,就是说孝道,是多么伟大不寻常啊。孔子接着又进一步对孝道作了扩大化的阐述:

> 子曰:"夫孝,天之经也,地之义也,民之行也。天地之经而民是则之。则天之明,因地之利,以顺天下,是以其教不肃而成,其政不严而治。"

孔子认为,孝乃天经地义之法则,是人的行为标准,人的行为标准来自对天地法则的效法。这里指明了天、地、人三才的关系。曾子曰:"夫孝,天地之大经也";吕览曰:"义也者,万事之纪也。言事事适合于众也,故曰地之义也。"现在我们常说的天经地义原来在这里找到了出处。既然是天地之常理,那么百善孝为先的说法就是十分正确的了,因为孝道是基本的理论根据。君主效法天的光明正大,利用地的丰富利益,来治理天下,因此能教化不严格却可以取得成效,政令不严厉却实现了国家的长治久安。

笔者读《孝经》至此,常常对"教不肃而成,政不严而治"的提法玩味不已,由此想到了"严肃"二字的由来,以及毛泽东为什么要在严肃的后面加上活泼两字。其实,只要弘扬孝道,以孝治天下,政教自然不严而严,不肃而肃,这就是孔子为什么说"以顺天下",而不是说以治天下的道理。要知道,顺,所体现出的是一种水到渠成,是一种双向的互动;而治所体现的则是一种干预,必有一方是被动的,因为有治,就存在被治,这是一对矛盾。

> 先王见教之可以化民也,是故先之以博爱而民莫遗其亲;陈之于德义而民兴行,先之以敬让而民不争,导之以礼乐而民和睦,示之以好恶而民知禁。

先王发现教化可以移风易俗,改善人心,所以就率先提倡博爱,于是百姓就没有人遗弃自己的双亲。君王的行为对国民的影响是不可比拟的,君王爱其亲,百姓怎敢遗其亲?

陈之以德义,就是宣传德义之美,让百姓产生正确的道德观、价值观,这样人们的行为就能规范。

先之以敬让,也是说君王要先行敬让之礼,那么百姓自然就学习敬让,不会相互争夺。孔子的这个观点很好,值得我们效仿,比如说我们的城市司机有时常闯红灯,使交通管理麻烦很多。可是倘若彼此能以让敬让,交通秩序一定会有很大改观。

导之以礼乐,就是用礼乐来熏陶,于是百姓就能和睦相处。礼是规范外在行为的,乐是端正内在心灵的,以礼乐来引导大众,就如同今天我们所说的以正确的思想教育人和以优秀的作品鼓舞人一样,其作用虽然是潜移默化的,但一旦收到成效,其影响却是深远的。

示之以好恶,就像我们今天所举办的各种展览一样,展示好的,引导大家学习;展示恶的,使大家去批评杜绝。现在一些学生看了戒毒展览,对吸毒望而却步,就达到了示之以好恶而民知禁的效果。这里,孔子并没有说是通过执法赏罚来达到民知禁的目的,而是通过"示",就是把好的恶的给百姓们看,让他们自己来"知禁"。

《诗》云:赫赫师尹,民具尔瞻。

此句出自《诗经》(《小雅·节南山》)。这是一首斥责周代尹太师为政不公任用小人的诗,身为三公,理应协助天子以孝化民,但尹太师的所作所为却令国人失望,所以有了这首指责他的诗。该句的大意是:声势显赫的尹太师啊,老百姓对你都在注目而视。这是一种期待,也是一种监督,十目所视已经令君子不安,现在国人都在看着你尹太师,你该怎么办呢?

八、孝治章

孝治章,言以孝治国的好处。孔子在这一章中讲了昔日贤明之君以孝治国的经验,指出这样做可以"生则亲安之,祭则鬼享之",就是活人和亡灵都各得其所,于是怨恨不生,天下和平。

> 子曰:昔者,明王之以孝治天下也,不敢遗小国之臣,而况于公、侯、伯、子、男乎?故得万国之欢心以事其先王。

所谓明王,并不是具体所指,是泛指贤明的君王。小国之臣,是地偏位卑的小国臣仆。诸侯国的大与小,是相比较而存在的,大往往欺小,强容易凌弱,就像台湾地区一些政客骂新加坡是"鼻屎小国"一样,其实,这是一个心理问题。如果以孝治国,就不会这么看问题了。国不分大小,人不分贵贱,皆以礼待,这是以孝治国的重要方针。这一段是说:过去,圣明帝王用孝道治理天下,对小国之臣尚待之以礼,何况公、侯、伯、子、男五等诸侯与大臣呢?这样做能够得到各个诸侯国的欢心,从而使先王的事业得到发扬光大。

从这里我们可以理解现在的一些外事活动,为什么对一个大洋中的小国元首,人不足我们一个乡,地不如我们一个县,可是我们的国家领导人也要在天安门广场搞个仪式,也要放二十一响礼炮。原来,这不仅仅是个外交礼节的问题,《孝经》此处已经说得很明白了。

> 治国者不敢侮于鳏寡,而况于士民乎?故得百姓之欢心以事其先君。治家者不敢失于臣妾,而况于妻子乎?故得人之欢心以事其亲。

此处的国是诸侯之国,因为君王所治是天下,天下是由许许多多诸侯国构成,这是二者区别所在。用孝道治理国家的诸侯,不敢欺侮鳏夫寡妇,何况是士和百姓呢?鳏夫寡妇是弱势群体,执政者对他们尚且以礼相待,那么对其他人当然也不会无礼,所以能够得到百姓的拥护,并继承和发扬先祖留下的事业。生活中,每到节日,都有各级领导去穷苦人家慰问走访,这不是走形式,这是表明政府的一种姿态,少许米面油盐虽然解决不了根本问题,却向社会传递了一个要关心弱势群体的信息。政府有了举动,就有一些公办或民营的企业家相效仿,一种节日时尚由此而形成。

卿大夫用孝道治家,对臣仆、侍妾都不敢失礼,何况对待妻室儿女呢?所以能得到家人的欢心从而侍奉好自己的父母。这是以孝治家的原则——家庭和睦。怎么样才能做到和?孔子说过,礼之用,和为贵。这就是说需要用礼,对臣妾用礼,则无恨出;对妻子用礼,则无怨生,无怨无恨,家庭自然和气。

> 夫然,故生则亲安之,祭则鬼享之,是以天下和

平,灾害不生,祸乱不作。故明王之以孝治天下也如此。《诗》云:有觉德行,四国顺之。

正因为尽到了孝道,所以生能享受安乐,死能享受祭祀,因此天下和平,灾害祸乱没有理由而生,这是因为圣明君王以孝道治天下,所以才能够如此。文末的诗句引自《诗经·大雅》,该诗是卫武公讽刺王室借以自励之诗。这里的觉,是大、正直之意,有觉德行,四国顺之,就是说如果有伟大的德行,四方八方的国家都会归顺。这里的德行,就是前文所讲的孝道。

九、圣治章

圣治章,言圣人之孝和圣人以孝治国的道理。此章主要讲圣人之孝与他人之孝的区别,这是通过圣人之孝来进一步阐述孝之要道。圣人,是指德行修行到一定程度的君子,并不是超凡脱俗、不食人间烟火的神仙。孟子认为人皆可为尧舜,就是说人人都可以成为圣人,这与佛教所讲的众人皆可成佛是一个道理。

曾子曰:"敢问圣人之德,无以加于孝乎?"

曾子在老师讲了上至天子,下到庶人的孝道后,便提出了圣人之孝的问题,因为在当时,圣人之德是最高标准,圣人之言不可不畏。这句话的意思是:我冒昧地问老师,圣人的道德没有比孝道更好的吗?

曾子的问题很刁钻,因为孔子把孝道提高到天经地义的高度,那么圣人之德如何来解释呢？这一点也说明了孔子治学的民主,他完全是相互探讨式的教学,没有一点大师的架子,不像我们现在一些教授,有了点名气便不再进教室了,自己把自己封闭起来,实际也等于断了一条很重要的灵感、信息的来源渠道。

> 子曰:"天地之性,人为贵。人之行,莫大于孝。孝莫大于严父,严父莫大于配天。则周公其人也。昔者,周公郊祀后稷以配天,宗祀文王于明堂以配上帝,是以四海之内各以其职来祭。夫圣人之德,又何以加于孝乎？"

这段话什么意思呢？首先,我们要搞清文中的几个概念,即"严父""配天""郊祀"三个现在很少用的词。严父,这里的严是尊敬之意。司马迁在《史记》中有"严大国之威以修敬"之说,同此解释。所谓严父,就是尊敬父亲,古代人们认为:万物始于天,人伦始于父。所以对父,要像对天一样尊敬。

配天,是古代祭天时的一种仪式,就是在祭天的时候也把祖先的灵位摆在配位一同祭奠。这就使祭天的内容具体化了,也使宗祖的地位得到了提升。

郊祀是在城之外举办的祭祀活动,有时候为了体现一种时空上的距离感,帝王把祭祀活动选择在郊外,现在北京城的天坛、地坛,建设之初都不是城内的建筑,是后来城市发展扩大了,才形成了城内公园的样子。

把上段话译成白话是这样的:天地之间万物,唯人最为宝贵。人的德行中,没有比孝道更为重要的。孝道中最关键的是遵从父亲,遵从父亲的最主要表现就是在祭天时使父亲能配天享祭,在这一点上周公就是一个表率。当年,周公在郊外祭天,请始祖后稷配享;在明堂中祭祀上帝,请父亲周文王配享。因此,四海之内的诸侯,都携带各自地域所产的方物前来助祭。所以说,圣人的道德有什么比孝道更重要的呢?这里,孔子推出了一个他十分崇拜的人物——周公。孔子之所以崇拜周公,原因就是周公以孝治天下,孔子把周公作为孝治的榜样来宣传,使周公在历史上的知名度大幅提高。

故亲生之膝下,以养父母日严,圣人因严以教敬,因亲以教爱。圣人之教不肃而成,其政不严而治,其所因者本也。父子之道,天性也,君臣之义也。父母生之,续莫大焉;君亲临之,厚莫重焉。故不爱其亲而爱他人者,谓之悖德;不敬其亲而敬他人者,谓之悖礼。以顺则逆,民无则焉。不在于善而皆在于凶德,虽得之,君子不贵也。君子则不然,言思可道,行思可乐,德义可尊,作事可法,容止可观,进退可度,以临其民。是以其民畏而爱之,则而象之,故能成其德教而行其政令。

这段文字相对长一点,但读起来很流畅,也不难理解,孔子在这里说明了两个问题,一是圣人用孝的尊亲之义来教导天下人敬爱其君,因而"其政不严而治";二是从反面强调如果不以爱亲敬亲教导人民,就会出现"悖德""礼悖"之事,人们将失去行为的道德规范。应该说孔子的讲述抓住了圣人之孝的关键,一个圣人兴孝不是什么大不了的事情,来引导天下人兴孝,则孝道可兴;一个人敬君不是难事,教导天下百姓敬爱其君,则德教成矣。孔子强调"以顺则逆,民无则焉",这是对教化内在规律的把握,所谓教化,是顺应人心、顺应天性的,不能违背人心、违反礼义,如果总是强调一些远离百姓、虚无缥缈的抽象说教,那么将"民无则焉"。这一观点对于今天我们的思想政治工作有一定的借鉴意义。

把这段文字通俗地表达出来,就是:子女对父母之爱产生于孩提时代,随着年龄增长在父母的教育下对父母日益尊敬。圣人就顺应子女这种对父母的尊敬教导人们应该广敬,顺应这种子女对父母的亲爱教导人们应该博爱。圣人的教化虽不严厉却成效显著,政令虽不猛烈却可以天下大治,这就是因为他顺应了人的本性。父子间的道德是自然本性,又具有君臣关系的意义。父母生育子女,生命的继承比什么都重要,父母像君主一样照管子女,恩情深厚没有什么能比得上。所以说,不爱自己的父母却爱其他人,叫作违背道德;不尊重自己的父母却尊重其他人,叫作违背礼义。教化本是顺应人心,如果违背人心、逆反礼义,那么百姓就无所效法了。不追求敬与爱之善,却一概追求与之相反的不良品德,即使一时成就了些所谓事业,也是君子所不推崇的。君子不会那样做。君子说话,要考虑符合道义;行为,要使人快乐;立德行义,使人尊敬;做出事情,要使人效法；仪容举止，要美观大方；进退动静，符合法度。君子用这种态度来治理百姓，因此百姓既敬畏他又亲近他，向他学习并以他为准则，所以，能够成就其教化，推行其政令。

《诗》云：淑人君子，其仪不忒。

此句引自《诗经》（《曹风》），这是一首赞美君王贤德才能的诗，该句的意思是：我们理想中的淑人君子啊，他仪表端庄，办事公道。

十、纪孝行章

纪孝行章，言孝子必须具备的品德。孔子在这一章里讲了一个孝子必须具备的五项标准，就是对父母日常、供养、生病、丧葬、祭祀五个阶段应做到的尽孝标准。孔子所强调的主要是精神上的快乐，如果不能让父母在精神上愉悦，就是天天用牛、羊、猪三牲来供养父母，也不能算是尽孝。

子曰："孝子之事亲也，居则致其敬，养则致其乐，病则致其忧，丧则致其哀，祭则致其严。五者备矣，然后能事亲。"

文中的居，是安居、住处之意，与父母在一起居住，父母是住正房还是厢房，是住东侧还是西侧，这里有个恭敬的问题。现在一些年轻人和父母在一起居住，自己占着大而亮的房间，却让父母挤在潮湿阴暗的耳房里，这就不是居则致其敬了。

"养则致其乐",这里的"乐"很有学问。养就是平时供养,供养不仅仅是个物质的问题,还要让父母高兴,这就需要有精神上的食粮了。我们现在有一些老板,赚了大钱后对父母看上去很照顾,在城市繁华的地方花大钱买了房子,说是让父母到城里享清福。老人虽然吃用不愁,但摆脱不了的是寂寞,水泥结构的城市,什么都不缺,就是缺少乡下邻里间的温情,这样也算不上"养则致其乐"。

"病则致其忧"就是人间常理了,不要说是个孝子,就是一个稍有良知的人,在父母生病的时候都会忧虑焦急,总不会这里父母在医院生病,你那里还莺歌燕舞,去什么卡拉OK。所以"病则致其忧"的要求其实标准不高,也不难做到。

"丧则致其哀"和上句一样,标准也不高,都是最基本的要求。但尽管是基本的要求,还是有很多人以种种借口不能做到这一点,有人的理由看上去很冠冕堂皇,什么工作忙,什么忠孝不能两全,在父母病危和去世之时没有"致其哀",这是不应该的。一个在部队里任过连长的朋友向我说过这样一件事,说和他共事时的一个连指导员,在南方农村的父亲患了尿毒症,家里拍了病危电报来,他把电报给我的朋友看了,却没有向上级请假。朋友劝他还是回去看看好,省得以后心里不安。他说团里最近要搞国庆歌咏比赛,我一个指导员怎么能现在离开?朋友也不好再说什么,这个指导员就没有回家看望父亲。团里的国庆歌咏比赛搞完了,他的父亲的病逝电报也到了,朋友说他看到指导员在办公室偷偷流泪。朋友问我,说这事怎么看。我说如果说仅仅是个国庆歌咏比赛,你这位指导员的做法就值得商榷了。我的朋友点点头说，是这样。从这件事以后，他对这位指导员的印象有些改变了。

"祭则致其严"是说祭祀父母要庄严，要恭敬斋戒。祭祀是一种对前人的缅怀纪念，在进行这样的活动时必须诚心敬意。孔子说过"祭如在"，就是说祭礼祖先就像祖先在跟前一样，要有一种亲临的庄重，不能马马虎虎，认为是搞形式就不认真。如果那样做，对死者、对神灵都是一种不敬。以上五者达到了，才能称得上是奉侍父母。

> 事亲者，居上不骄，为下不乱，在丑不争。居上而骄则亡，为下而乱则刑，在丑而争则兵。三者不除，虽日用三牲之养，犹为不孝也。

做到了前面五点还不算，还有三条附加标准在后面。即"居上不骄，为下不乱，在丑不争"。就是说在上位时不要骄纵，在下位时不要作乱，在众人中不要争强斗狠（此处的丑，是众人之意，不能理解为丑恶）。

孔子为什么这么说呢？这是因为骄、乱、争三种恶习，都可以导致丧身之祸，如果此三种恶习不除，父母整天为你提心吊胆，就是天天美味佳肴，又哪里会高兴起来？所以有此恶习，是为不孝。社会上有些黑道上的人，出入前呼后拥，好不威风，父母的生活条件也弄得标准很高，可是，他们的父母很少有幸福感的，因为有两大恐惧一直在他们心上压着：一是政府的法律制裁；二是黑道间的争斗。这两条随时随地都会要了所谓"黑老大"的命。整天让父母生活在恐惧和担心之间,这不仅不是尽孝,简直就是造孽了。

十一、五刑章

五刑章,言不孝之罪。所谓五刑,这是《尚书·吕刑》中规定的,是指墨、宫、劓、刖、大辟五种刑罚。墨,就是在脸上刺字,像水泊梁山里的林冲一样;宫则是阉割,此刑对男子来说是大辱,汉代的司马迁就是遭此刑罚;劓,是割去鼻子,使人从此说话不清,脸面丧失,商鞅就是用这种刑法割去了公子虔的鼻子;刖是砍去膝盖骨,古代的孙膑就是遭受此刑,从此只能在轮椅上行走;大辟就是砍头死刑。五刑具体条款不一,墨、劓各款一千条,刖刑的条款五百条,宫刑的条款三百条,大辟的条款二百条,故有"五刑之属三千"之说。

> 子曰:"五刑之属三千,而罪莫大于不孝。要君者无上,非圣人者无法,非孝者无亲,此大乱之道也。"

孔子说:五类刑罚的条款有三千条,没有任何罪行比不孝罪更严重。因为要挟君主的人是犯上,否定圣人的人是蔑视法律,不孝顺父母的人是心里没有父母,这些都是一切罪过的根源所在,所以说不孝之罪罪大恶极。

这里孔子意在说明不孝之罪的严重危害,如果一个人不孝,那么他就可能犯下五刑之罪,因为不孝之人对君主也会不敬,完全能够做出以其势要挟君主的事情;不孝之人可以目无圣贤,蔑视圣人,践踏法律,铤而走险并不奇怪;不孝之人对父母不亲,已经丧失人伦要道,什么违法的事情做不出来?所以孔子说"此大乱之道也"。

孝的发挥

从广要道章到广扬名章是《孝经》的第三部分。这三章主要是对至德、要道、扬名的引申和发挥。

十二、广要道章

广要道章,言要道之理。这里,孔子提出了孝、悌、乐、礼四个概念。

> 子曰:"教民亲爱,莫善于孝;教民礼顺,莫善于悌;移风易俗,莫善于乐;安上治民,莫善于礼。"

教化百姓有爱心,最好的办法就是用"孝";教化百姓讲秩序,最好的办法就是用"悌";改变风俗习惯,使社会风气发生好转,最好的办法就是用"乐";保持国家的长治久安,最好的办法就是用"礼"。这四个概念,孝悌是基础,乐礼是升华,"要道"由此点出。

> 礼者,敬而已矣!故敬其父,则子悦;敬其兄,则弟悦;敬其君,则臣悦。敬一人而千万人悦,所敬者寡而悦者众,此之谓要道也。

敬是礼之本,所以,如果敬重其父亲,其子必然高兴;敬重其兄长,其弟弟们就会快乐;敬重其国君,其臣属也会以此为荣。敬一个人,而使千万人心里高兴,所敬的人少而受到益处的多,这就是所谓的"要道"。

孔子在这里突出的"敬",其实是要说明国君要以上敬下,是礼的反向应用。卑对尊有礼,尊对卑也要以礼相待,上下尽之以礼,则尽得欢心。民间有你敬我一尺,我敬你一丈的说法,也是在讲这种要道。

笔者听到过这样一件尴尬的事情:一个落后地区的县长来沿海某县考察,两个县过去有些干部交流上的联系,这个县的县长就亲率一干人来考察学习,没有想到的是落后地区县长的热脸却遇到了冷屁股,接待方对县长的到来很是冷淡,接待规格之低是县长从来没有遇到的。县长脸上不好看,随行的一干人脸上哪里有光?后来上级干部交流,沿海这个县的一位领导被安排去了这个落后县,双方在日后的交流中彼此总是隔了一层说不出的东西。我们不能揣测沿海县的领导有嫌贫爱富心理,但起码在接待中失礼是不应该的。国人有讲对等接待的习惯,在外事活动中,一些弹丸小国来我国访问,我们日理万机的领导人都要接待一下,当我们看到我国的领导人出访受到隆重热烈的礼遇时,我们会有一种喜悦情不自禁荡漾于心,这就是《孝经》所强调的"不敢遗小国之臣"的道理所在。

十三、广至德章

广至德章,言以身作则之理。君子以孝道教化民众,并不是家家指点,日日宣传,说出花来不如做出样来,要至德,必须从君子自身做起,身体力行。这是一个看上去很简单的道理,但现实中很难做到,孔子之所以强调它,也许是知道此事操作不易,需要进一步阐述之。我们在生活中常常遇到一种奇怪的现象:规矩,往往都是制定规矩的人破坏的,制定规矩的人要求别人守规矩,而自己却不受规矩的约束,这种规矩哪有不破的道理?

子曰:"君子之教以孝也。非家至而日见之也。教以孝,所以敬天下之为人父也;教以悌,所以敬天下之为人兄也;教以臣,所以敬天下之为人君者也。《诗》云:'恺悌君子,民之父母',非至德,其孰能顺民如此其大者乎?"

这一章译成白话是这样的:君子教导百姓实行孝道,并不是每家每户都要走访,每天都要见面。教人以孝,所用的办法就是自己尊重天下人的父亲;教人顺从兄长,所采用的办法就是自己尊重天下人的兄长;教人忠于君王,所采用的办法就是自己敬重天下的国君。《诗经》中有诗说:和蔼平易的君子,是百姓的父母。如果没有孝这种最高的德行,又怎么能顺应人心,产生如此巨大的效应呢?

文中引诗,是《诗经·大雅》。这是一首写周公、召公、康公告诫周成王息民的诗。

十四、广扬名章

广扬名章,本章进一步阐述君子的优良品德。

子曰:"君子之事亲孝,故忠可移于君;事兄悌,故顺可移于长;居家理,故治可移于官。是以行成于内,而名立于后世矣!"

这段话的意思是这样的:君子奉侍父母尽孝,所以转而奉侍君主能够尽忠;奉侍其兄恭敬,转而奉侍其他兄长就会有礼;在家能把家庭治理好,其理家的思想就会用于治政。所以德行养成于自身,而树立的美好的名声却可以传世。

从这段文字中,可以读出孔子"家国一理"的主张,这也是事物之间是相互联系的思想的体现。扬名,并不是一蹴而就的事情,它需要从基础做起,从孝敬父母、尊敬兄长做起,孔子认为"行成于内"就是这个道理。古人有"一屋不扫,何以扫天下"之典故,也是在说明这样一个道理。一个人,在家中不孝不悌,却跑遍四大佛教名山烧香拜佛,甚至为了一炷头香,不惜花费千金,这绝不是孔子所赞扬的做法。俗语讲:在家敬父母,何须远烧香。一个人只有事亲以孝,再移诚于佛,以天下人为亲,他才算达到了佛家"度"人的要求,否则,连生之父母都不"度",何谈"度"他人?

孝的辨证

从谏诤章到最后的丧亲章,是《孝经》的第四部分,该部分相互间的联系不是很紧密,主要是对前三部分的内容的发挥和补充。但本部分却揭示了孔子的一个重要观点,那就是对孝道观点要辩证地对待,不能搞"愚孝"。令人遗憾的是后代的愚儒,对该部分的辩证思想视而不见,装聋作哑,却编出些愚孝的事例来以讹传讹,使孝道失去了应有的灵性。

十五、谏诤章

谏诤章,言如何对待孝。翻开此章,单从标题上就可以知道本章要阐述什么问题了,谏和诤都是规劝之意,此文所讲的谏诤,是子对父、臣对君、下对上的规劝。这就涉及一个恭顺和反对的问题,也就是说当为上者存在不义之言行的时候,对上的顶撞是不是就为不孝呢?对此,曾子是这样问的:

曾子曰:"若夫慈爱、恭敬、安亲、扬名,则闻命矣。敢问:子从父之令可谓孝乎?"

曾子说,慈爱恭敬使父母安乐,扬名于后世,这个道理我已经领会了。我冒昧地问一下:儿子顺从父亲的命令就可称为孝道吗?

曾子的问题暗藏附笔,父之命谁能保证都是符合义的?若有不义之命怎么办?是从还是不从?但曾子出于对老师的礼貌,没有直截了当地问。圣人不愧是圣人,孔子马上就发现曾子在理解上出现了偏差,所以他说:

是何言与!是何言与!

孔子回答道:这是什么说法呢?这是什么说法呢?此处的重复,说明孔子对这个问题没有任何商讨的余地,学生这话肯定是错了。他接着解释说:

> 昔者天子有诤臣七人,虽无道,不失其天下;诸侯有诤臣五人,虽无道,不失其国;大夫有诤臣三人,虽无道,不失其家;士有诤友,则身不离于令名;父有诤子,则身不陷于不义。

这里,孔子采取由大至小的排比,把诤臣、诤友、诤子的作用罗列出来,使无道可以变有道,进而免遭厄运。因为诤臣可以弘道,对无道之举敢于诤谏,这样的诤臣一多,君主也不能不慎重行事。作为无道之君,可以杀几个敢于直言的诤臣,但总不能把臣下杀光;可以流放几个仗义执言的下属,但总不能使自己成为孤家寡人。清末,冥顽不灵的慈禧对以死相谏的大臣犹予以厚葬,何况大多数视天下为家国的君王?因此,天子有一批诤臣侍之左右,天下就不会失去。其他依此类推。孔子以七为数,并非就要七人,是取其多意。

这段话的大意是:从前,天子有诤臣七人,即使无道,也不会失掉天下;诸侯有诤臣五人,即使无道,也不会失掉他的封国;大夫有诤臣三人,即使无道,也不会失掉他的封地;士有直言规劝的朋友,那么他就会保持美好的声誉;父亲有直言规劝的儿子,他便不会陷于不义的境地。

故当不义,则子不可以不诤于父,臣不可以不诤于君。故当不义,则诤之,从父之令,又得为孝乎?

这几句话是该章的结论。只知道盲从父母之命,是不能称为孝的。孔子在这个问题上毫不含糊,面临不义之举,做儿子的不能不规劝父亲,当臣子的不能不规劝君主,不这样做反而是不孝。这一番解释,使孝的内涵变得丰富了,使人对孝的看法也更加辨证了,也使那些打着孝的幌子威胁下属、儿女的人不得不有所收敛。这也要求为君为父者,在作出一项决定的时候,自己就该以道义的标准衡量一下是否合乎道义,否则作为臣下、儿女也有不从的道理。

我们常常为"文革"时代所犯的十分低级的政治错误而感到不可思议,其实道理也很简单,就是当时社会上只剩下了一种声音,缺少诤臣的呐喊,结果共和国有了十年噩梦。不管事后诸葛亮有多少,九大、十大时有哪个代表没有高高地举起右手呢?

十六、感应章

感应章,言孝感天动地之作用。此章尽管将孝的功能进行了放大,意义却极为深远,在生产力水平尚不发达的社会背景下,将孝道的作用加以神化,无疑能起到弘扬孝道的作用。即使用现在的眼光看,孔子的说法也是很可取的。因为要弘扬一种精神,就必须使这种精神的作用得到极大的发挥,否则,就起不到精神旗帜的凝聚作用。

> 子曰:"昔者明王事父孝,故事天明;事母孝,故事地察;长幼顺,故上下治。"

以侍父之理侍天,就是以孝道顺应天道;以侍母之理侍地,就是以孝道顺应地利。我在思考这段话含义的时候,心里很有些感慨,我们今天没有以侍父母之理侍天地的事情太多了,以至于遭到了大自然一次又一次的惩罚。古人所讲的天地,其实就是我们今天所说的大自然,我们为了眼前的利益,违背天道(自然规律),疯狂地向我们赖以生存的地球进行掠夺式的开采,导致了许多生态灾难。假如我们能以侍母之理来对待我们的地球母亲,以一种恭敬和可持续的态度来实现人与自然的和谐发展,我们就做到了孔子说的"天地明察,神明彰矣"的目的。

> 天地明察,神明彰矣!故虽天子,必有尊也,言有父也;必有先也,言有兄也。宗庙致敬,不忘亲也;修身慎行,恐辱先也。宗庙致敬,鬼神著矣。

这一段的意思是:能够明察天地之理,就会感动神明,获得庇佑。所以,即使贵为天子,他必定也有应该尊敬的人——他的父亲;他必定还应该有年长于他的人——他的兄长。他在宗庙中祭祀时,不敢忘记他的父辈恩德;他加强修养谨慎行事,恐怕辱没祖先的英名。在宗庙中虔诚地祭祀,如果祖先在天有灵,也会被感动。

孔子对鬼神问题一向是谨慎而言的,他"四不语"其中一条就是不谈论鬼神。那么这里孔子为什么要用鬼神来说明孝道的作用呢?原来,孔子是想通过"孝",把历史、现在、未来联系起来,以孝为纽带保持一种人脉的连续和事业的继承,因此,他在这里强调了鬼神——先祖的神灵。

> 孝悌之至,通于神明,光于四海,无所不通。《诗》云:自西自东,自南自北,无思不服。

这是本章的总结,认为孝的真谛,将与神明相通,可以放之四海而皆准,世上无处不通行此理。文末引诗出自《大雅·文王有声》,全诗共八章,是赞颂文王迁丰、武王迁镐的诗。本文所引诗句是第六章五句诗中间的三句,意思是说从西向东,从南到北,没有哪一方不朝服的,指武王功德的伟大。

十七、事君章

事君章,言君子的事君之道。此章的君子是指孝子而言,孝子事上,并不是无原则的事奉,本章提出了四条原则,可谓言简意赅。

> 子曰:"君子之事上也,进,思尽忠;退,思补过;将顺其美,匡救其恶,故上下能相亲也。"

进,是得到君主的提拔任用;退,是指被罢免谪降。宋代名人范仲淹有文"进亦忧,退亦忧"就是此义。顺,有推行之义;

唐玄宗

匡,则是纠正。作为一个孝子,在被任用的时候,要专心想到尽忠;在被废弃遭贬的时候,要专心思失补过。对于君主正确的举动,要大力推行;对于错误的做法,要敢于制止进谏,这样,君臣之间才能相互团结信任。需要说明的是,唐玄宗对"退思补过"一语的解释有所不同,他认为"退思补过"是"君有过失,则思补益",在此也一并附上,供读者选择。

《诗》云:心乎爱矣,遐不谓矣? 中心藏之,何日忘之!

这是《小雅·隰桑》中的一段诗,这是一首优美的爱情诗,写一个怀春的女子对意中人的缱绻柔情。本段的大意是:心中充满爱意,为什么不来表白? 我把爱情深深藏在心中,什么时候也不会忘记!

孔子引用这首诗,是想说明这样一个道理:有着美好孝道修养的人,是人人心中爱慕的君子。就像诗中女子对意中人的思恋,即使不说出来,在心里也永远不能忘怀。

十八、丧亲章

丧亲章,言亲人亡逝后孝子应行的孝礼。这是《孝经》的最后一章,讲述丧葬礼法,使人有所遵循。孔子在对待丧葬问题上的观点依然充满辨证,既表达丧亲之哀,又不以死伤生,有一种着眼未来的态度。

子曰:"孝子之丧亲也,哭不偯,礼无容,言不文,服美不安，闻乐不乐，食旨不甘，此哀戚之情也。"

孔子在孝子对父母亡故后作出了"六不"的要求，这些要求都是最基本的起码要求，并不强人所难。

"哭不偯"，因是气竭而泣，不要放声号哭，偯，是哭的余声，不偯，就是不要把哭声拖得很长。现在一些人为了所谓的体面，父母亡故后，自己无泪可流，竟雇些闲人来哭灵，其哭声委曲拖曳，像不着边际的合唱，这显然不是孔子所赞同的。老百姓有"生前不孝，死后乱叫"一说，就是针对这种情况而言。

"礼无容"，就是迎来送往的礼节性活动不要刻意修饰仪容。本来是一种悲痛的情境，你还描眉擦粉，搞得油头粉面，这就说不过去了。别人肯定对此侧目而视。

"言不文"，是说话不要太讲究文采。人家来吊丧，你还文绉绉地之乎者也，这就叫人不舒服了。

"服美不安"，是不安美饰，不衣华服。亲人亡故，你还花枝招展的一身绫罗绸缎，这也是不妥的。

"闻乐不乐"，更在情理之中，家有丧事，你还去欣赏音乐，到酒吧喝XO，这怎么能说得过去？

"食旨不甘，"是觉得吃美味佳肴也没有滋味。舌乃心之苗，心有悲戚之情，必然舌不甘味，所以要疏食水饮，不能厚味浓酒。

三日而食，教民无以死伤生，毁不灭性，此圣人之政也。

丧礼规定:父母死后三天孝子可以进食,是为了教导人们不要因为死者而伤害活着的人,虽然消瘦憔悴,但不能损害生命,这是圣人设立的制度。从不以死伤生和毁不灭性的观点来看,孔子对丧葬的态度是科学的,是以纪念先人和教育后人为目的的,这也是他为什么极力反对并诅咒以人殉葬制度的原因。哀,应有度,这个度就是不伤生、不灭性,如果为了哀悼死者,把自己折磨得大病一场,住进了医院,这就超出了度的要求。

"二十四孝"中有一个恣蚊饱血的故事,是说晋时的吴猛——一个八岁的孩子替母亲挨蚊虫叮咬的感人事迹。吴猛因为家贫,床上没有蚊帐,夏夜里家中蚊虫常常叮咬得母亲无法入睡。吴猛便早早卧于床上,"蚊多攒肤,恣膏血之饱,虽多,不驱之,恐去已而噬其亲也。"一个八岁的孩子,童心未泯,他朴素地认为,蚊虫吃饱了就不会再去叮咬父母,所以想出了这么一个令人落泪的办法来尽一份孝心。后人不以辩证的思想来看待这个故事,反而以嘲讽之心来批判这种愚孝之举,这实在不应该。

应该说,"二十四孝"所提供的每一则故事,都是在告诉人们一种道理、一种精神,并不是让人们去照葫芦画瓢。这和当年我们提倡"农业学大寨"是一个道理,并不是非要你在平原上修梯田、战狼窝掌,关键是要你学习一种自力更生、艰苦奋斗的精神。

丧不过三年,示民有终也。为之棺椁衣裳而举之;陈其簠簋而哀戚之;擗踊哭泣哀以送之;卜其宅兆,而安厝之;为之宗庙,以鬼享之;春秋祭祀,以时思之。

丧礼规定:服丧不超过三年,是为了告示民众丧期有一个终止的期限。为之棺椁衣裳而举之,是说制作内棺外椁和寿衣来收敛父母的遗体。古代的丧葬不像今天,一个骨灰盒就打发了。古代要有棺材,盛穿好寿衣的遗体,还要有外椁,盛棺材,这就形成了两层的棺椁。孔子为鲁相时,就规定棺为四寸,椁为五寸,防止像好厚葬的齐国那样,"材木尽于棺椁"。

"陈其簠簋而哀戚之",就是摆上祭器、祭品来追悼父母。簠簋是祭祀用的器皿。簠是内方外方,用来盛黍稷;簋是内圆外圆,用来盛粱稻。

"擗踊哭泣哀以送之",就是捶胸顿足地哭泣来为父母送葬。擗踊是形容痛苦之状,倒不是非要捶胸顿足。

"卜其宅兆而安厝之,为之宗庙以鬼享之",是选择好墓地安葬好父母,修建家庙来供奉父母的灵位。古人对墓地的选择比较讲究,要根据风水做一番选择,所以要"卜其宅兆",这里的兆,是坟地的边界。厝,通厝,安葬之义。

"春秋祭祀以时思之",就是在春秋两季举行祭祀仪式来追念父母。

生事爱敬,死事哀戚,生民之本尽矣,死生之义备矣,孝子之事亲终矣!

作为本章也是全文的结束语,这段话可谓精约。父母在世的时候奉侍以爱和敬,父母去世的时候奉侍以哀悼和忧伤,那么,人生在世就算尽到了根本,养生送死的道理也具备了,孝子奉侍父母的尽孝之举也就有始有终了。

综观全文,不难发现孔子所言之孝其实并不是一种单一的行为,而是一种由此及彼、举一反三的精神,这也是以孝称道的原因所在。孔子所言的孝道,其重点在于对君王而言,一个君王,只敬自己的父母不能算是天子之孝,只有敬天下人的父母,做到广敬,才算真正做到了以孝治国。

生活中的确有这样一种人,在外边干尽了坏事,但在家中却厚待双亲,所以也能顶一个孝子的红帽子。其实,依《孝经》所述,这种做法与孝子的要求相去甚远。孝道作为一种人文精神,对人类文明的贡献是积极的,在市场经济冲击一切的社会背景下,提倡博爱、广敬的孝道精神,对于良好社会秩序的形成,对于市场交换中诚信原则的确立,对于家庭关系的稳定和谐,对于弘扬传统的美德,对于保持中华民族文化的传承都具有重要的意义。

少正卯之死

在我的记忆里,鲁国大夫少正卯之死一直是孔子作为圣人的一个污点,一向以倡导仁义为先的孔子怎么会一上任就诛杀大夫呢?连宋代朱熹这位研究"四书五经"的权威人士都感到此事有损万世师表——孔夫子的形象,所以,他对此事提出了质疑,认为荀子所写的孔子诛少正卯的事是杜撰出来的,因为以孔子的思想和宽容,决不会上任刚刚七天就杀大夫。

朱熹的判断一下子引起尊孔者的共鸣,历史上对孔子是否杀少正卯的问题自宋代以后形成了两种观点,双方各执一词,一直论战到今天,仍然没有个结论。

翻阅史书,说孔子诛少正卯一事,最早出于《荀子》。在《宥坐篇》,原文如下:

> 孔子为鲁摄相,朝七日而诛少正卯。门人进问曰:"夫少正卯鲁之闻人也,夫子为政而始诛之,得无失乎?"孔子曰:"居,吾语女其故。人有恶者五,而盗

窃不如焉:一曰:心达而险;二曰:行辟而坚;三曰:言伪而辩;四曰:记丑而博;五曰:顺非而泽——此五者有一于人,则不得免于君子之诛,而少正卯兼有之。故居处足以聚徒成群,言谈足饰邪营众,强足以反是独立,此小人之桀雄也,不可不诛也。是以汤诛尹谐,文王诛潘止,周公诛管叔,太公诛华仕,管仲诛付里乙,子产诛邓析史付,此七子者,皆异世同心,不可不诛也。诗曰:忧心悄悄,愠于群小。小人成群,斯足忧也。"

再就是司马迁在《孔子世家》中的一段记载,原文如下:

定公十四年,孔子年五十六,由大司寇行摄相事,有喜色。门人曰:"闻君子祸至不惧,福至不喜。"孔子曰:"有是言也。不曰:乐其以贵下人乎?"于是诛鲁大夫乱政者少正卯。与闻国政三月,粥羊豚者弗饰贾;男女行者别于途;途不拾遗;四方之客至于邑者,不求有司,皆予之以归。

《孔子家语》中也有一段记载,大致与荀子的记载相同:

孔子为鲁司寇,摄行相事,有喜色。仲由问曰:"由闻君子祸至不惧,福至不喜,今夫子得位而喜,何也?"孔子曰:"然,有是言也。不曰乐以贵下人乎?"

于是朝政,七日而诛乱政大夫少正卯,戮之于两观之下,尸于朝。三日,子贡进曰:"夫少正卯,鲁之闻人也,今夫子为政,而始诛之,或者为失乎?"孔子曰:"居,吾语汝以其故。天下有大恶者五,而窃盗不与焉。一曰心逆而险,二曰行僻而坚,三曰言伪而辩,四曰记丑而博,五曰顺非而泽,此五者有一于人,则不免君子之诛,而少正卯皆兼有之。其居处是以撮徒成党,其谈说足以饰褒荣众,其强御足以反是独立,此乃人之奸雄者也,不可以不除。夫殷汤诛尹谐、文王诛潘正、周公诛管蔡、太公诛华士、管仲诛付乙、子产诛史何,是此七子,皆异世而同诛者,以七子异世而同恶,故不可赦也。诗云:'忧心悄悄,愠于群小,小人成群,斯足忧矣。'"

从以上几段文字来看,说孔子诛少正卯是杜撰出来的似乎有些牵强,因为这两段文字没有任何歧义,写得再清楚不过了,要否定它,没有确凿的证据是不行的,历史就是历史,不是推测,史有定论的事情,不是随意就能推翻的。

圣人并非无杀心

笔者认为,少正卯还是被孔子所杀,理由可以梳理出以下几个:

一是荀子和司马迁没有杜撰的理由

荀子是继孟子之后出现的大儒,他生于公元前313年,卒于公元前238年,这说明他与孟子还不是隔世之人。荀子治学严谨,能积各家之大成,这是他比较显著的一个特征,人们从他的文章中不难看出这一点。他对孔子的仰慕不亚于孟子,对儒学的许多观点肯定有加,比如他主张"隆礼"和"重法",而"隆礼",就是从儒家的思想衍变而来。"重法"虽然来自法家,但因为有了"隆礼"的思想,他的"重法"就多了一些中庸的味道。

荀子虽然提出了"人定胜天"的思想,好像对孔孟"死生有命,富贵在天"的思想是一种批判。但是,这是对一个问题从不同角度审视的结果,因为孔孟所说的"命"和"天"也不是什么唯心的东西,是一种自然规律而已,这不能成为荀子反孔的证据。那么荀子为什么要杜撰一个孔子杀大夫的故事呢?而且还说得头头是道,要知道,荀子没有杜撰此事的主观动机,所以说荀子杜撰孔子杀少正卯是不可信的。

司马迁对历史的忠诚也是后人有口皆碑的,他出身史学世家,父亲司马谈就是汉武帝建元、元丰时期的太史令。司马谈学识渊博,他上晓天文,下知地理,谙熟历史,尤其对春秋战国以来诸子百家各个流派及其学说主张有着深入的研究,他曾经论述阴阳、儒、墨等"六家之要旨"。

父亲这种治学之家风对司马迁产生了深刻的影响,他二十岁时,就开始在西北、中原、江南一带漫游。尤其对他十分钦佩的孔子,他在齐鲁两地做过专门的研讨,他对"鲁世世相传以岁时奉祠孔子冢,而诸儒亦讲礼乡饮大射于孔子冢","故所居堂弟子内,后世因庙藏孔子衣冠琴车书,至于汉二百年不绝。高皇帝过鲁,以太牢祠焉。诸侯卿相至,常先谒然后从政"这样的深入人心的影响感到惊叹不已。于是,这位史学家引用了《诗经》里的句子来评价孔子:"高山仰止,景行行止。"是说孔子"像高山一般令人瞻仰,像大道一般让人遵循。"所以,司马迁在孔子故居前,怀着崇敬的心情徘徊留恋,久久不愿离去。这对于崇尚黄老之学的司马迁是多么不易的事啊,说明他完全被孔子这位哲人征服了。在这样一种心境下,司马迁写《孔子世家》,是不会凭空杜撰什么的,尤其是诛杀大夫少正卯这样的大事。

二是《孔子家语》所言应引起重视

《孔子家语》一书尽管学术界对其作者问题争论不休,甚至有人判定它是三国王肃所作之伪书,但《孔子家语》所选择的史料还是值得重视和研究的。现在,比较普遍的说法是,《孔子家语》是汉魏孔氏家学的产物。王肃在今本《孔子家语》说,该书得自孔子第二十二世孙孔孟,这是有一定历史根据的。那么,既然《孔子家语》是孔氏家学的产物,那么,孔子的后人就不可能不对自己的祖宗负责,他们不会无中生有杜撰出一个孔子杀大夫的事情来让后人指点孔子。家语中,该事被列为"始诛"一章,"始诛"用现在的话说就是孔子开杀戒。对于这样一个重大问题,孔子的后人哪里敢有半点的马虎。

三是孔子完全有杀少正卯的理由

孔子杀少正卯,申明了五条理由。现在看来,这似乎都是些无法定罪的事情,但在当时,情形就不一样了。少正卯如果是一介草民,那么孔子的屠刀就过于残暴了,因为草民办个私

塾,讲讲邹衍那样的一些天外之事,于国于民都没有大的影响,但少正卯不行,少正卯是鲁之大夫,是官员,少正是官名,即亚卿,用现在的官职比较,就相当于一个管理事物部门的副部长。少正卯既是官员,又是"鲁之闻人",说明他的社会影响力非同一般。这就出现问题了,既然是国家官员,就该为国家服务,诸子百家虽然学说各异,但在谋求强国富民加强统治方面都是一致的。

而少正卯却不是这样,他的问题:一是心达而险。这里的"达"并非通达的意思,郑玄注:"达,谓其形微大也。"朱熹集传:"达,放恣也。"可见,"达"在这里可以通"大",是心思放恣的含义。心达而险,就是包藏祸心、心怀叵测。这里,孔子主要是强调思想方面的原因。一个人,什么坏事都敢想,这是一件非常危害社会的事,这种与国家二心的干部留之何益?

二是行辟而坚。辟,就不是正路;坚,是顽固坚持,不肯悔改,一个官员一贯走邪路而且立场毫不动摇,他所产生的影响就不是一个人的事了,试想,哪一个政权能允许这样的官吏存在?

三是言伪而辩。明明是满嘴假话,却一肚子理由,这是很能惑众的,把假话说得像真的一样,对于一个官吏来说,是最恶劣的政治品德,有了这套伎俩,就能欺上瞒下,中饱私囊。

四是记丑而博。这里的丑,专指怪异之事。学识全都是搜集来的一些丑恶的东西,这种所谓博学就是孔子所说的"攻乎异端",其实这是一个世界观的问题,对社会不能客观地审视,只知道拿着放大镜找疤痕,找社会的阴暗面进而大肆宣传,揭疤亮丑,以达到个人的政治目的。这样的人对社会是有害的,因为他破坏了秩序,煽动了人与人之间的仇恨,酿成了社会的不安定因素。

五是顺非而泽。非,当然是邪恶的事情,"顺非",就是顺从邪恶之事;泽,是文饰、掩饰的意思,顺从邪恶之事已经是官员的失职、渎职了,不但不改正,而且还帮助制造邪恶的人进行掩饰,这性质就变了,就由帮凶变成了主谋。就如同塔利班政权一样,明明知道恐怖分子拉登在干一些反人类的邪恶之事,他们不但提供财政和武器方面的帮助,而且还在美军剿灭这些恐怖分子时帮助藏匿,这样的"顺非而泽"、倒行逆施的政权怎么能不被消灭?

所以,孔子这五条理由一说,少正卯就难逃一死。

孔子所列的五条死罪其实并不是孔子本人的发明创造,其中至少有四条是《礼记》中做了明确规定的。《礼记·王制》中明文写着:"行伪而坚,言伪而辩,学非而博,顺非而泽,以惑众,杀。"孔子作为极毕生之力倡导《周礼》的人,依《礼》而司法,是情理之中的,如果不杀少正卯,孔子就是一个言行不能一致的司寇,其人格倒是令人怀疑了。

四是孔子在杀少正卯之前已经有杀人之举

鲁定公十年(前500)的春天,鲁国和齐国和解。到了夏天,齐国大夫黎鉏对景公说:"鲁国启用了孔丘,势必危及齐国。"于是齐景公就派使者告诉鲁国,说要与鲁定公举行友好会晤,约定会晤的地点在夹谷。鲁定公毫无戒备地准备前往,孔子说:"我听说办理外交必须有武装准备,办理武事也必须有外交配合。从前诸侯出了自己的疆界,一定要带齐必要的官员随从,因此请求你安排左右司马一起去。"定公说:"好的。"就带了左右司马一道去。

定公和齐侯会晤时,齐国管事的官员快步向前请示说:"请开始演奏四方各族的舞乐。"齐景公说:"好的。"于是齐国的乐队以旌旗为先导,有的头带羽冠,身披皮衣;有的手执矛、戟、剑、盾等武器也跟着上台了,喧闹着一拥而上。这多少有点项庄舞剑的意味。

孔子见状急忙跑过来说:"我们两国国君为和好而来会晤,为什么在这里演奏夷狄的舞乐,请命令管事的官员叫他们下去!"管事的官员下令叫撤下,但乐队却不肯退,左右看看晏婴与齐景公的眼色。景公心里惭愧,摆摆手叫乐队退下了。

过了一会儿,管事的官员又来说要演奏宫中的乐曲。接着就有"优倡侏儒为戏而前"。孔子又上前说:"匹夫而营惑诸侯者罪当诛!请命有司!"就这样,一批表演的歌舞杂技艺人和侏儒成了刀下之鬼,按当时的法律被腰斩,手足异处。

这是有据可考的一段史事。如果没有孔子依天子和诸侯的法律办事,这些可怜的"优倡侏儒"哪里会遭到手足异处的厄运。齐景公对此"知义不若,归而大恐",他对群臣说:"鲁以君子之道辅其君,而子独以夷狄之道教寡人,使得罪于鲁君,为之奈何?"由这件事情看开去,孔子诛少正卯就是顺理成章的事情了。

孔子之仁非妇人之仁

对孔子诛少正卯一事提出质疑的人,主要是对孔子的仁政观点的理解出了问题,他们把孔夫子想象成是一个宽厚敦仁、不愠不火的老人。这是不正确的。孔子倡导仁,把仁作为其学说的核心内容这是事实,但孔子所倡导之仁在政治上却不是那么温良恭俭让了,他希望的是一种有令则行、有禁则止的严政。

孔子认为:"政,正也,子帅以正,孰敢不正?"这是孔子在回答季康子问政时的话。这里的正是端正,端正就像宫廷里高悬的正大光明金匾一样,是堂堂正正的,公堂上是不允许有恻隐之心的,否则,何谈端正?孔子深知为政在于执政者表率作用的道理,所以提出一个"子帅以正,孰敢不正"的问题。

孔子之仁是建立在"道"基础上的,符合道,则仁者无敌;偏离道,就无仁可讲。因此,孔子的仁不是泛仁,是有条件和前提的。至于后来项羽所行的"妇人之仁",与孔子所讲的仁是不能同日而语的。

所谓妇人之仁,语出《史记·淮阴侯列传》,韩信这样评价项王:"项王见人恭敬慈爱,言语呕呕,人有疾病,涕泣分食饮,至使人有功当封爵者,印刓敝,忍不能予,此所谓妇人之仁也。"

这段话的意思是说:项王待人恭敬慈爱,言语温和,有生病的人,心痛地流泪,将自己的饮食分给他。等到有人立了战功,该加官进爵时,把刻好的官印在手里把玩得失去了棱角,也舍不得给人,这就是所说的妇人的仁慈啊。

韩信为什么这样来评价项羽呢?细读这段文字就发现了言外之意。待人慈爱、说话和气、给病人吃小灶,这都不是错的,是应该充分肯定的举动。问题是出在后面的话上,将军有了战功,理应论功行赏,但项王却不这样做,把应该给的大印在手里都玩旧了,也舍不得给有战功的将士。这是什么问题呢?其实,前面的都是些小事,属于原则的事情恰恰是封爵这样的大事。按理说,有什么战功给什么奖,这是在打仗之前都公告三军的,仗打完了却迟迟不兑现奖励,这哪里是孔子所言之仁?韩信用妇人之仁来评价项羽是再准确不过了。

孔子对一个人是否具备仁的标准,用了四个字来说明,即:刚、毅、木、讷。就是刚强、果断、质朴、言语谨慎。上任七天,作出诛杀少正卯的决定,不能不说果断;不为舆论所惑,敢于坚持自己的观点,对少正卯定斩不饶,不能不说刚强果断。这是孔子之仁,与项羽的妇人之仁相比,可谓泾渭分明。

孔子虽然主张宽厚敦仁,但在原则问题上他从不含糊。《论语》中有这样一段记载,就证明了孔子这一点。

> 陈成子弑简公。孔子沐浴而朝,告于哀公曰:"陈恒弑其君,请讨之。"公曰:"告夫三子。"孔子曰:"以吾从大夫之后,不敢不告也。君曰告夫三子者!"之三子告,不可。孔子曰:"以吾从大夫之后,不敢不告也。"

这段文字译成白话是这样的:齐国大夫陈成子杀了齐简公(属于臣弑君)。孔子沐浴斋戒后去上朝,报告鲁哀公说:"陈恒杀了他的君主,(为)请求您出兵讨伐他。"鲁哀公说:"你去告诉季孙、仲孙、孟孙三位大臣吧。"孔子退朝后说:为曾忝列大夫之官,不敢不报告。君主却说去告诉那三位。于是,孔子又到三位大夫那里去报告,三位大夫不同意。孔子说:我曾忝列大夫之官,不敢不来报告。

下犯上,臣弑君,是大逆不道的罪行,以周之法律,诸侯要进行讨伐。这事本来与孔子关系不大,但孔子对此事却非常认真,他特意地沐浴斋戒,郑重其事地去向鲁哀公报告,请求出兵讨伐。虽然鲁哀公和三位大夫都对此事不感兴趣,结果也没有派兵讨伐,但孔子认为自己曾"从大夫之后",有责任向君主来报告。这件事情说明了孔子身上两个显著的特点:一是孔子敢于坚持自己的意见,敢于直言;二是孔子爱憎分明,一切依礼制行事,充满责任意识。从这两点看,孔子诛杀少正卯就不难理解了。既然孔子能够为了维护礼制不惜动兵出国打仗,那么杀掉一个依周礼早就该判死刑的少正卯就不足为怪了。

是可忍孰不可忍

孔子在谈到季氏时,对他用六十四人的乐队舞队在自家庭院里表演,感到非常震怒。于是他说了"是可忍,孰不可忍"这句名言。

一场家宴中的歌舞表演为什么令孔子大动肝火呢?原来

这里有个违犯政治纪律的问题。

周礼规定：天子才能用六十四人的乐队舞队，叫八佾。一佾为八人，这样八八六十四人组成一个方阵进行表演。这种规定已成定制，而且这种定制规范了包括天子在内的种种仪仗，不像现在，为了排场，搞的广场表演动辄上千人。而诸侯的仪仗就低一个档次，最多用六佾，就是四十八人。大夫只能用四佾，就是三十二人。

季氏在家里搞"八佾舞于庭"，孔子从这种舞蹈表演中看出了舞蹈后面季氏的狼子野心。所以孔子断言，季氏连这样的事情都可以做出，还有什么事情做不出来呢？这里的"忍"，不是忍让的忍，而是忍心的意思。

孔子的观察是准确的，季氏即当时鲁国的三权臣之一季孙。鲁国当时的国君鲁哀公其实很可怜，他的国家里有仲孙、叔孙、季孙三大家族，把国家都操纵在手里，什么大事都需要他们同意才能行得通，连国君也奈何不了他们。当时周天子的国乐叫《雍》，类似现在的国歌。《雍》不是随便场合能演唱的，只有天子出席的祭祀场面，才能很庄重严肃地演唱它。但是，鲁国的三权臣，在自己家里祭祖撤除祭品时，竟然演唱《雍》，孔子的担心果然变成了现实。后来，季氏去泰山祭祀，其野心就更加昭然若揭了。孔子那个时代，泰山象征天意，所以有天子封禅一说，大夫去泰山祭祀显然不合礼制，因为只有天子才能秉持天意，你一个大夫，去泰山祭祀，用心不是很明显吗？这样的事情，别人不在意，但孔子在意，因为孔子毕生都在维护礼制的严肃性。孔子已经预料到，少正卯今天有惑众之心，明天就会有叛逆之举,对于这样一个大夫,还是不留为好。

有人说孔子是出于对同样办私学的少正卯的嫉妒才杀了他,这可是冤死了孔夫子。少正卯办学和孔子虽然对街竞争,但他与孔子不是一个重量级的。孔子在出道之前,已有一定的知名度。鲁国大夫孟厘子在临终前就嘱咐儿子要向孔子学习,他认为孔子必成"达者"。那个时候孔子才十七岁。如果说孔子有私仇,应该杀的是季氏家臣阳虎,但孔子并不是个官报私仇的小人,他杀少正卯是因为少正卯违犯了政治纪律,是为了鲁国的长治久安,因为以孔子的礼制标准来看,少正卯是个不折不扣的"乱政者"。

当然,孔子绝不是一个动辄起杀心的人,他的人格当中,爱心是占有很大比重的,有些时候还像个老小孩一样充满天真气。孔子的弟子颜渊去世,孔子悲痛欲绝,大呼:"天丧予!"他为了在卫国能实现自己的施政理想,不惜忍受别人的误解去拜见帏幕后的卫夫人。所以,孔子有刚毅果断的一面,也有质朴憨厚的一面,诛杀少政卯,使他的人格特点更加立体,也正是这样,孔子才不失为一个有血有肉、充满魅力的圣人。

孟轲与邹衍

孔家店的二掌柜是大名鼎鼎的孟轲。说孟轲大名鼎鼎,其实是他死后的事情,他在世时境遇并不怎么好。与比他小许多的邹衍比起来,孟轲过于寒酸和窘迫,因此,把这两人拿到一起作个比较,是件很有意思的事情。

思想比较

孟轲(约前372—约前289),邹国人,是鲁国贵族孟孙氏的后代。他弘扬了孔子的学说,是儒家的又一大宗师,被后人尊为"亚圣"。孟子的思想在孔子的基础之上又有了新的发展,他对后人产生较大影响的思想体系大致可以概括为以下几个方面:

一是"德政"的思想系统化。他游说列国,"乃述唐、虞三代之德",主张施"仁政","仁者无敌"。他对梁惠王劝说的王道仁政,包含了三个方面的内容:一要"省刑罚",王道应以仁义为本,不可太苛重;二要"薄税敛",藏富于民,民富则国强;三要"深耕易耨",注重农业生产。在此基础上,再让"壮者以暇日修其孝悌忠信,入以事其父兄,出以事其长上"。为此,他还勾画了一幅理想社会的图景———一种黎民不饥不寒,人民安居乐业,鳏寡孤独有所养,老者安享晚年之乐的小康景象。

二是"民贵君轻"的观点。他认为"民为贵,社稷次之,君为轻",主张"民事不可缓",对某些统治者虐民的做法提出批判。他认为:"贼仁者谓之贼,贼义者谓之残。残贼之人,谓之一夫。闻诛一夫纣矣,未闻弑君也。"就是说对于祸国殃民的"独夫民贼",人人可得而诛之,这是一种义举。他甚至对君王的个人权威表示否定:"君有大过则谏,反复之,不听,则易位。"孟子的这些名言,在孟子之后人们只能在心里默默叫好,公开则不再敢说了。

三是"性善说"的提出。孟子主张人性生来都是善良的,都具有"四心",即:"恻隐之心""羞恶之心""恭敬之心"和"是非之心"。这"四心"就是仁、义、礼、智的发端,就是说人人都具有仁、义、礼、智的天赋道德意识,人人皆可成尧舜。

四是对尊严和人格修养的重视。他鄙视依附权贵,他说:"尊德乐义,则可以嚣嚣矣,故士穷不失义,达不离道。""得志,泽加于民;不得志,修身见于世。穷则独善其身,达则兼济天下。"要做到"富贵不能淫,贫贱不能移,威武不能屈",要保持高尚的人格和大义凛然的精神,绝不为势力所动。他强调人的精神作用,提出了"万物皆备于我矣"的著名观点,这观点使每一个人都会有一种"天生我才必有用"的生存与发展的自信。

五是"兼爱"之情的提倡。孟子认为：如果能做到"老吾老以及人之老，幼吾幼以及人之幼，天下可运于掌"。对于执政者，以百姓的快乐为自己快乐的，百姓也会以他的快乐为快乐；以百姓的忧愁为自己忧愁的，百姓也会以他的忧愁为忧愁。乐与天下同乐，忧与天下同忧，做到爱民如子，天下就可以得到归附统一了。

除了以上这些思想成就之外，孟子在文学上的建树也是空前的，在先秦诸子散文中，《孟子》的文学性最高，他散文的一大特点是磅礴大气，其势如虹，给人一种不可阻挡的浩然之气。《孟子》中一段不妨摘录如下：

> 说大人，则藐之，勿视其巍巍然。堂高数仞，榱题数尺，吾得志，弗为也；食前方丈，侍妾数百人，吾得志，弗为也；般乐饮酒，驰骋田猎，后车千乘，吾得志，弗为也。在彼者，皆吾所不为，在吾者，皆古之志也，吾何畏彼哉？
>
> 《尽心》

把孟子的这段话译成白话，是这样的："游说诸侯，就要轻视他，不把他的高高在上放在眼里，殿堂高数丈，屋檐数尺宽，如果我得了势，我不这么做；美味满桌，妻妾成群，我得了势，我不这么做；歌舞美酒，纵马打猎，随从的车子上千，我得了势，我可不这么干。他们的所作所为，都是我所不肯干的；我的所作所为，都是符合礼制规定的，我为什么怕他们呢？"这是诗一般的文字,感染力极强,令人读之不忘,这是孟子散文的独到之处。

邹衍(前305—前240),是"齐有三邹子"中的老二。他的学说体系"闳大不经",包罗万象。他从儒家学说起步,后来成为阴阳大家。由于文献缺略,对这位大师级的人物的生平只能从《孟子荀卿列传》《平原君列传》以及《吕氏春秋》《别录》等书中去探询。他的学说也难以系统的梳理,因为他所著的《邹子始终》计五十六篇,均已失传。

邹衍的学说主要有以下几个方面:

一是"谈天衍"。这是邹衍在当时得到的称颂,是说他对天论有独到的见地。他对天的研究一直上推到天地没有产生以前的混沌状态,可谓云山雾罩,玄之又玄,深不可测。

二是"大九州"说。这是邹衍对地理学的一大创新。他认为儒者所说的"中国",不过是天下的八十分之一。中国,他称之为"赤县神州",赤县神州内自有九州,这是《禹贡》中所说的九州。在赤县神州之外相当于赤县神州大小的州还有八个,就是大九州。每一个大州的四周,有裨海环绕,大九州的四周有瀛海环绕,再往外,就是天地的边际。

三是"五德"始终论。邹衍著有《主运》一书,阐述其"五行""阴阳"之说。他用五行相生说来解释自然现象,改相生为相胜,然后附会到社会现象上,叫做"五德"。五行相胜,就是"木克土,金克木,火克金,水克火,土克水"。应用到社会现象上,就如同邹衍所说的:

凡帝王者之将兴也,天必先见祥乎下民。黄帝之时,天先见大螾大蝼。黄帝曰:"土气胜!"土气胜,故其色尚黄,其事则土。及禹之时,天先见草木秋冬不杀。禹曰:"木气胜!"木气胜,故其色尚青,其事则木。及汤之时,天先见金刃生于水,汤曰:"金气胜!"金气胜,故其色尚白,其事则金。及文王之时,天先见火,赤乌衔丹书集于周社。文王曰:"火气胜!"火气胜,故其色尚赤,其事则火。代火者必将水,天且先见水气胜。水气胜,故其色尚黑,其事则水。

《吕氏春秋》

这段文字译成白话是这样的:古代凡有帝王要兴起的时候,上天必定先向地上的人们显示征兆。黄帝的时候,上天先显示出大蚯蚓大蝼蛄。黄帝说:"这象征土气旺盛。"因为土气旺盛,所以黄帝时的颜色以黄色为尊贵,做事情取法于土的颜色。

到了夏禹的时候,上天先显示出草木秋冬时节并不凋落的景象。夏禹说:"这象征木气旺盛。"因为木气旺盛,所以夏朝的颜色以青色为尊贵,做事情取法于木的颜色。

到了汤的时候,上天先显示出水中有刀剑出现的事情。商汤说:"这象征金气旺盛。"因为金气旺盛,所以商朝的颜色以白色为尊贵,做事情取法于金的颜色。

到周文王的时候,上天先显现由火演化的红色的乌鸦衔着丹书落在周的太庙上。周文王说:"这象征火气旺盛。"因为火气旺盛,所以周朝的颜色以红色为尊贵,做事情取法于火的颜色。代替火的一定是水,上天将显现水气旺盛的景象。因为水气旺盛,所以下一个王朝应该以黑色为尊贵,做事情应该取法水的颜色。水气到来了却不知气数已经具备,那么,气数必将转移到土气上去。

从以上文字可以看出,邹衍的五德始终,即五行相胜说,是依照土、木、金、火、水的顺序循环转移,王者代兴,统治者必须适应这一变化,制订相应的祯祥制度,以达到"天人合一"的境界。

境遇比较

孟子虽然被后人称为"亚圣",但在当时命运不济,他学有所成之后,也像他所崇拜的孔子一样去周游列国,推销自己的那一套仁义道德。他游说齐宣王,希望比较强大的齐国能接受自己的治国理论。

齐宣王是个很难缠的主儿,和孟子交谈不少,上至"汤放桀,武王伐纣",下至伐燕之策,该问的都问了,但就是不采纳。《梁惠王章句上》中有一段对话,很有意思,不妨分析一下:

孟子谓齐宣王曰:"王有臣,有托其妻子于友而之楚游者,比其反也,则冻馁其妻子,则如之何?"

王曰:"弃之。"

曰:"士师不能治士,则如之何?"

王曰:"已之。"

曰:"四境之内不治,则如之何?"

王顾左右而言他。

这是一段很美妙的文字。如果译成白话,就是这样一段对白:孟子对齐宣王说,您的臣子中有个人把妻室儿女托付给他的朋友照顾,而自己到楚国游学了。等他回来时,假如看到妻室儿女在受冻挨饿,那么,如何对待他那个朋友呢?宣王说,和他断交。

孟子问,假若管刑罚的长官不能管好下属,那么,该怎么办呢?宣王说,撤掉他的职务。

孟子又问,一个国家假如没有治理好,那么,该怎么办呢?宣王无法回答,只好左右张望,把话题扯到别处。

这里,孟子的咄咄逼人令人下不来台,齐宣王的心胸也让人一目了然。因此,以孟子之直率,以宣王之心胸,孟子在齐国游说碰钉子就是预料之中的结局了。

齐国行不通,孟子又来拜见梁惠王。此时的梁惠王正是"卑礼厚币以招贤者"的时候。为什么呢?因为梁惠王正内外交困,他继任后,"兵三折于外,太子虏,上将死,国以空虚,以羞先君宗庙社稷"。就是说,他当了国君后,三次打了败仗,与齐之战,太子申当了俘虏,得力大将庞涓也战死了;与秦交手,损失了公子卬,割让了河西之地,被迫迁都大梁,弄得国库空虚,实在愧对祖宗和国人。因此,他才"卑礼""厚币"招贤纳士当自己的高参,以图东山再起,成就霸业。"卑礼",就是高礼节;"厚币",就如同今天的高待遇,这种在政治上、待遇上都舍得投入的做法,当然就是为了吸引人才。孟子此时到来,可以说机遇不错,如果孟子能像纵横家那样来一番纵横捭阖,一定会把梁惠王拿下。可是孟子改变不了自己直率的性格,一上来就话不投机,结果当然就"梁惠王不果所言"了。可以看下面一段:

> 孟子见梁惠王,王曰:"叟,不远千里而来,亦将有以利吾国乎?"孟子对曰:"王何必曰利?亦有仁而已矣。王曰,何以利吾国,大夫曰,何以利吾家,士庶人曰,何以利吾身,上下交征利,则国危矣。"

这段孟子初见梁惠王的对话,很耐人寻味,梁惠王渴望得到高参点化的心情跃然纸上,张口就道:"老先生,你不远千里而来,一定会有利于我的国家吧?"

孟子回答说:"大王何必讲利?有仁义也就行了,如果大王说有利我的国家,大夫说有利我的封地,士和百姓说有利于自身,这样上上下下交相追逐私利,那么国家就危险了。"孟子的回答并不是梁惠王所想听的,所以"则见以为迂远而阔于事情"。就是说梁惠王反而认为孟子的见解不切实情,远离实际。

有的学者对梁惠王对孟子的称呼也提出怀疑,一个"叟"字,说好了是"老先生",说白了就是"老头子",这对孟子来说是一个很残酷的称谓。但此说不一定成立,孟子游说惠王时已经垂垂老矣,惠王叫一声叟也可以理解。但孟子的确对梁惠王印象不佳,不然也不会有"不仁哉梁惠王也!"的说法(《尽心章句下》)。

孟 子

梁惠王不信孟子之说，孟子又去了邹、鲁、滕等国，尽管他得到了各国的招待，能获一口赏饭，但没有一个国君肯采纳他的王道仁政。鲁平公甚至只听一个叫臧仓的小吏说了几句孟子的坏话，就打消了去见孟子的念头。滕文公算是个认真听孟子说教的国君，但他除了在发送他的父王滕定公时守了五个月的陵寝外，其他方面也没有实施什么。孟子在周游列国之后，也感到"所如者不合"，只好"退而与万章之徒序《诗》《书》，述仲尼之意，作《孟子》七篇"。

与孟子形成强烈反差的是邹衍。邹衍不是主动上门游说各国，而是被再三邀请才肯大驾光临。他在各国得到的礼遇显然是孟子无法比拟的。请看司马迁的记叙：

是以邹子重于齐。适梁，惠王郊迎，执宾主之礼。适赵，平原君侧行撇席。如燕，昭王拥彗先驱，请列弟子之席而受业，筑碣石宫，身亲往师之。

这段话的意思是：邹衍在齐国受到尊重。到梁，梁惠王远接高迎，同他行宾主的礼节。到赵国，平原君侧身陪行，亲自为他拂拭席位。到燕国，燕昭王拿着扫帚清除道路为他做先导，并请求坐在弟子的席位上向他学习，还为他修建了碣石宫，亲自拜他为老师。司马迁为此发出感慨："其游诸侯见尊礼如此，岂与仲尼菜色陈、蔡，孟轲困于齐、梁同乎哉！"是说邹衍周游列国受到如此礼尊，这与孔子陈、蔡断粮面有菜色，孟子在齐、梁遭到困厄，岂能是相同的！

影响比较

说到孟子和邹衍对后世的影响,不用多说,现在的人都能分出个高低,孟子的许多思想观点、许多名言至今还在被人称道,而能记得邹衍的人寥寥无几,如果不是大学里的教授和那些专家学者,能对邹衍说出个一二的人并不多。分析其原因,不外乎这么几点:

一是孟子的理论务实,邹衍的理论务虚。

尽管孟子的王道仁政不被当时的统治者所接纳,其原因却不是这种理论不适用,而是实践这种理论需要统治者做出牺牲。国君们对别人指指点点很容易,对自己去用礼制来要求这便是一种束缚,没有一个诸侯国的国君愿意从内心里来"克己复礼",所以孟子和孔子遭到了同样的命运,理论好用却不被人用。在这一点上,孟子还不如孔子,孔子毕竟还在鲁国"由大司寇行摄相事",实践了三个月他的治国方略,而且也收到了成效,使鲁国"粥羔豚者弗饰贾;男女行者别于途;途不拾遗;四方之客至乎邑者,不求有司,皆予之以归"。

孟子空有满腹治国之策,他费尽口舌,走断两腿,还是一无所成。但这不能说明孟子的理论不好,在春秋无义战的影响下,孟子的学说不被采纳是很正常的,因为那是一个道德堕落、礼乐崩坏的时代,每个国君都脱离不了急功近利的局限,这是大势所趋。后人在细细品读《孟子》七篇时,越来越能读出些于国于家于人有益的东西,这些东西历时两千余年,经受了时

孟轲与邹衍

间的考验,不失为人类的一笔精神财富,所以他没有被人遗忘。

当我们的社会从上到下都在追逐经济利益的时候,社会公德和诚信问题就凸现出来,这个社会发展的问题其实孟子早就有所预料,"上下交征利而国危矣"!我们在实践中发现了孟子的提醒有道理,便相应地提出了"以人为本"和建设和谐社会的问题。当我们的现实生活中出现了一方面医院、大学在牟取利益,一方面却有人看不起病、上不了学的矛盾时,我们就会想到孟子对梁惠王所说的"养生葬死无憾,王道之始也"的一番话。可见,孟子对后人的影响不可低估,他有很多观点已经成为全民族的共识。

邹衍的学说虽然名噪一时,但正所谓繁华过后成一梦——就热闹了一阵,随着邹衍的死去,他的学说也就很快被人遗忘了。他的《邹子》计有四十九篇、《邹子始终》计有五十六篇,上天入地也找不到了。其实,邹衍的学说讲起来哗众取宠,听起来高深莫测,用起来无从下手,这样的理论就像某种流行的音乐,某一时可能被追星族捧上天,但几年过去就销声匿迹了,那些盲目崇拜者留在心里的只是成熟后回忆中的羞愧。

由此可以想到,舆论是绝不会把"圣人"这个名称轻易给人的,邹衍当时那么风光,也只不过得了个"谈天衍"的头衔,而谈天衍这个名称就是现在来看也脱离不了贬义的质疑。因此,邹衍的谈天与孟子的谈人谁能流传于世,在当时就有了迹象。当然,也不能说邹衍的学说没有任何价值,他的出发点还是好的,正如司马迁所说,"邹衍睹有国者益淫侈,不能尚德","乃深观阴阳消息而作怪迂之变"。其目的还是要引导当时那些国君走上仁义节俭之路,只是"王公大人初见其术,惧然顾化,其后不能行之"。

二是孟子刚直不阿,邹衍虚与委蛇。

圣人之所以是圣人,是因为在浊世中能始终保持一份圣洁,绝不会去阿世媚俗。孟子做到了这一点,这是他高尚的人格所致。孟子的名言:"吾养吾浩然之气"几乎家喻户晓,它成了文人保持气节的座右铭。

梁惠王在出兵侵略赵国前,向孟子请教。孟子给他讲了周代先祖古公亶父——太王的故事,说太王在受到戎狄侵略的时候,为了不让愤慨抗敌的国人遭受战乱之苦,忍痛背井离乡,改迁岐山之下,国人由于爱戴他的德政,也都随之迁居。后来,经季历、武王的发扬光大,终于灭纣建周。孟子的故事显然是不希望惠王出兵,这样的话是纵横家、阴阳家不会说的,只有孟子才能说。

再如,鲁国打算任慎子为将军(欲伐齐),孟子对(慎子)道:"不教民而用之,谓之殃民。殃民者,不容于尧舜之世。一战胜齐,遂有南阳,然且不可。"

这段话的意思是:不教会百姓打仗便把他们推向前线,这叫坑害百姓。坑害百姓的举动,在尧舜时代是不允许存在的。即使一次战役打败了齐国,夺去了他们的南阳,这样也不能干。可以想象,如此直率的孟老夫子会不会讨人喜欢?慎子当将军就是为了打仗,而孟子的话显然不中听。

果然,慎子"勃然不悦",回答道:"此则滑稽所不识也。"就是说你这种说法,实在不能理解。于是孟子又讲了一番周公封地的典故道理。

　　由此看来,孟子对什么问题向来是不隐瞒自己观点的,他光明磊落,观点鲜明,为此,常常惹人不快。孟子本身不是不知道自己的弱点,但他从孔子身上看到了这种弱点其实是君子应有的操守,所以他并没有改变这种性格。

　　齐国人讨伐燕国,战败了燕国。齐宣王问孟子:胜利后有人劝我不要吞并燕国,而有的人则劝我吞并燕国。我一个泱泱大国。有万辆战车,去征讨一个势均力敌的大国,不到五十天就拿下了它,这只凭人力是无法做到的。我如果不吞并它,是不是就违背天意,从而遭到上天的惩罚呢?你看我是不是可以吞并燕国?

　　孟子回答道:如果吞并了燕国而燕国人民感到高兴,你就可以吞并它,古代的周武王就是这么做的;如果吞并燕国而燕国人民不高兴,你就不要去吞并它,古代的圣贤也有这么做的,周文王就是一个。孟子在这个问题上的观点是把人们答应不答应、满意不满意作为了是否占领燕国的标准,这样的话齐宣王是不会愿意听的,因为出发点和落脚点都不在宣王身上。

　　与孟子相比,邹衍就世故得很多,他在各国受到高规格的礼遇,与他善于揣摩君王的心理、能够投其所好不无关系。一方面,邹衍抓住了国人在学术上有一种探奇、居奇、好奇的心理,努力使自己的学说不断玄之又玄,妙之又妙,把自己装扮成了一个无所不知、无所不晓的神秘大师;另一方面,他能够审时度势,不"持方枘欲内圆凿"。

　　司马迁认为孟子就犯了这个毛病,非要拿着方榫头往圆榫孔里放,这怎么能行得通呢?司马迁在写邹衍的时候,没有具体写他如何做,只是举了两个例子。一个是伊尹负鼎而勉汤以王,一个是百里奚饭牛车下而缪公用霸。我们不妨细说一下这两个典故。

前者是伊尹,商朝杰出的军事谋略家。伊尹名挚,是有莘氏在桑树林中拾到的弃儿,因养母居伊水之滨,便以水为氏。伊尹身材矮小,貌不出众,但是足智多谋,聪明异常,志向远大。当时,夏王桀荒淫暴虐,气数已尽,伊尹欲协助汤伐桀,可惜自己身份卑微,求见无门。他便心生一计,背着锅灶充当厨师,以陪嫁的身份随有莘氏来到汤身边,因为他烹调技术精湛,汤很是赏识他,他便借烹调之艺喻天下之事,终于说服商汤,并为汤所用,辅佐汤打败了夏桀的军队,桀逃奔南巢而死,汤在西亳建立了商王朝。

后者说的是百里奚,春秋时期秦的第一名相。后人熟悉百里奚大都是因为百里奚听歌认妻的故事。百里奚是个胸有大志之人,他生于虞国,早年贫穷,流落不仕,游历多国,尝尽人生百味,吃透颠沛流离之苦。他好不容易熬上了虞国的大夫,但虞君昏庸,被晋借虞伐虢所灭,百里奚也就成了晋国的俘虏。后来,晋献公把女儿嫁秦穆公,百里奚被当作陪嫁的小吏随行去秦。百里奚堂堂大丈夫岂能受此大辱,便中途逃跑,不想又被楚国所俘。

秦穆公听说百里奚是个有智慧的人才,就以五张羊皮换回了百里奚,百里奚因此也就有了"五羖大夫"一名。百里奚成了秦相后,果然帮穆公成就了霸业。

据说,百里奚从家中出走后,再没有回家,直至当了秦相,也没有想起他在三十多岁时所娶的妻子杜氏。杜氏听说有个叫百里奚的人当了秦相,便以用人身份进宫想辨个真假,这很像电影《一江春水向东流》里的镜头,只不过,百里奚的老婆处理得很智慧,没有像电影里张忠良的妻子那么当场砸了场子。

一日,百里奚正和穆公一起饮酒,忽听堂下响起歌声:

百里奚,五羊皮!
忆别时,烹伏雌,
舂黄齑,炊扊扅。
今日富贵忘我为?

百里奚,五羊皮,
父粱肉,子啼饥。
夫文绣,妻浣衣。
嗟乎!富贵忘我为?

百里奚,五羊皮。
昔之日,君行而我啼。
今之日,君坐而我离。
嗟乎!富贵忘我为?

已经垂垂老矣的百里奚这才良心发现,出来认了已为老妪的妻子,这是题外之话。所谓百里奚贩牛是指他在周地时,因为见王子好牛,他便以养牛来接近王子,后来果然被王子赏识。

司马迁举了这两个例子,提出"邹衍其言虽不规,倘亦有牛鼎之意乎?"的疑问,说明了他对邹衍行为评价的折扣。当然,孟子对这两个典故有异议,这是另一个范畴的事情,司马迁只是用这两个传说来说明自己对邹衍的看法。

三是孟子箴言易懂,邹衍天论难通。

《孟子》七章是国学的宝库,今天我们生活中的许多观点、许多成语都出自孟子。除了前文中引用的一些外,我们不妨再举一些例句,如:

天时不如地利,地利不如人和。
得道者多助,失道者寡助。
君子不怨天,不尤人。
此一时,彼一时也。五百年必有王者兴,期间必有世者。

《公孙丑章句下》

劳心者治人,劳力者治于人;治于人者食人,治人者食于人,天下之通义也。

《滕文公章句上》

不待父母之命,媒妁之言,钻穴隙相窥,逾墙相从,则父母国人皆贱之。

救民于水火之中,取其残而已矣

《滕文公章句下》

　　自暴者,不可与有言也;自弃者,不可与有为也。言非礼义,谓之自暴也;吾身不能居仁由义,谓之自弃也。
　　人之患,在好为人师。

《离娄章句上》

　　鱼,我所欲也,熊掌,亦我所欲也,二者不可得兼,舍鱼而取熊掌也。生,我所欲也,义,亦我所欲也,二者不可得兼,舍生而取义者也。

《告子章句上》

　　天将降大任于是人也,必先苦其心志,劳其筋骨,饿其体肤,空乏其身,行拂乱其所为,所以动心忍性,曾益其所不能。

《告子章句下》

　　古人有"三不朽"之说,即立德、立功、立言。大凡能名垂青史的人物,除了功德之外,那就是立言了。可以说能彪炳史册的人物,往往是言与名俱存,名与言共荣。读了孟子这些名句箴言,我们感到十分亲切,因为我们生活中常常引用这些话。

相比之下,邹衍的文章流传下来的则很少,我们除了在一个伟人的诗中了解到了"赤县神州"之外,其他的言论很多人都一无所知。所谓"五行"之说,功也不尽在邹衍。从学术的角度看,邹衍的学说没有流传普及开来是件憾事,但从邹衍学说自身的性质来看,这是情理之中的事情,因为历史和时间总会尽到大浪淘沙的职责。

由此可以得出结论,真正立言者,必定是那些不为浮华所惑、不为名利所诱,能严正处世、不阿世苟合的人。

千秋功过董仲舒

对于儒学来说,董仲舒是个了不起的人物,如果没有董仲舒,很难说儒家学说能有两千年的辉煌。因此,研究董仲舒,是研究儒学发展的一块敲门砖,有了这块敲门砖,儒学的户牖就会洞开。

董仲舒(前179—前104)西汉哲学家,今文经学大师,广川(今河北枣强东)人。少年时专治《春秋》,景帝时为博士,潜心钻研孔子学说。曾任江都(今江苏扬州)相和胶西王(今山东高密西南)相。

汉武帝时,举贤良文学之士,他以"天人三策"相对,建议"诸不在六艺之科,孔子之术者,皆绝其道,勿使并进"。要求汉武帝罢黜百家,独尊儒术,为汉武帝采纳,开此后二千余年封建社会以儒学为正统的局面。

他的学说以儒家宗法思想为中心,杂以阴阳五行说,把神权、君权、父权、夫权贯穿在一起,形成封建神学体系。他将天道和人道"相与",论证所谓"道之大原出于天,天不变,道亦不变"。还提出"三纲""五常"的封建伦理。其主要著作收集于《春秋繁露》。

本文并不是综合概述董仲舒的全部理论学说,而只是就大家熟知的一些观点做些评说。

"天人三策"成就武帝大业

公元前140年,汉武帝刘彻即位。经历了"文景之治"的汉王朝正处于上升时期,雄才大略的刘彻希望有更大的作为,因此需要一面比黄老之学更合适的旗帜。为了"欲闻大道之要,至论之极",汉武帝搞了"举贤良文学之士",听取这些知识分子的安国治邦良策。这个时候,在景帝时已经是博士的董仲舒脱颖而出,他对刘彻的三问三答成了史之绝唱,被称为"天人三策"。之所以称为策,是因为当时提出问题都写在竹简上,故称策问,贤良们回答的意见就叫对策。

"天人三策"究竟谈了些什么问题呢?

第一个问题,刘彻是问如何行五帝三王之道。刘彻的疑问是:

夫五百年之间,守文之君,当涂之士,欲则先王之法以戴翼其世者甚众,然犹不能反,日以仆灭,至后王而后止,岂其所持操或悖缪而失其统与?固天降命不查复反,必推之于大衰而后息与?乌乎!凡所为屑屑,夙兴夜寐,务法上古者,又将无补与?三代受命,

其符安在？灾异之变，何缘而起？性命之情，或夭或寿，或仁或鄙，习闻其号，未烛厥理。伊欲风流而令行，刑轻而奸改，百姓和乐，政事宣昭，何修何饬而膏露降，百谷登，德润四海，泽臻草木，三光全，寒暑平，受天之祐，享鬼神之灵，德泽洋溢，施乎方外，延及群生？

刘彻这段话充满了对天命的困惑，他认为在这么长的时间里，多少君王都想效法先王的做法以期对治世有所辅助，但都没有得到先王的真谛。

那么，到底怎样才能达到"三光（日、月、星辰）全，寒暑平"这样的盛世目标呢？文中表达出"欲闻大道之要，至论之极"的迫切心情。

董仲舒的对答主要阐述了天道之理。他认为，天道即国道、人道，国家将有"失道之败"，上天必先以自然灾害来"谴告"之，如果统治者不加改正，上天就又以怪异之事来警示，再不改正，那么亡败之事就劫数难逃了。

从这种现象来看，天道是充满仁爱的，是要维护人君而制止其乱的，如果不是倒行逆施的亡道之世，上天是会扶持并庇佑人君的。上天在欲使谁人为帝王时，并不是自然而然，而是"必有非人力所能致而自至者，此受命之符也"。有了天命所至，天降祥瑞，天下之人就会如同归顺父母一样归顺于王者脚下，这是顺应天道的好处。如果逆天行道，就不能统理群生，诸侯背叛，妖孽丛生，灾异由此而现。

关于皇帝所问的性命之情,他认为"命者天之令也,性者生之质也,情者人之欲也"。三者或夭或寿,或仁或鄙,这都取决于陶冶,不能尽美。尧舜行德则民仁寿,桀纣行暴则民鄙夭,这是因为"上之化下,下之从上"的道理。

在讲了以上这番天命道理之后,董仲舒开始联系实际说事了。他认为天道之大在阴阳,阳为德,阴为刑,刑主杀而德主生,而天是任德不任刑的。王者顺应天意从事,就该任德教而不任刑罚,因为为政而任刑,不顺于天。

由此,他建议皇帝不能废先王德教之官,不能独任执法之吏治民,这是阴阳天道所要求的。

而要兴德教,人君的作用是不可替代的。作为人君,要正心以正朝廷,正朝廷以正百官,正百官以正万民,正万民以正四方。四方得到端正,邪气自然无立足之所,因此就会阴阳调,风雨时,群生和,万民殖,五谷丰,草木茂,四海归附,祥瑞皆至,这就是实现了真正的王道。

在实行了王道之后,接下来的任务就是以教化为最大要务,设立大学以教于国,设庠序以化于邑,渐民以仁,摩民以谊,节民以礼,这样做就会刑律虽轻但百姓不犯,人们明德知礼,社会上盛行好的民风习俗。

这里的大学,是指国办的高层次的学术机构;而庠序则是地方所办的乡学,这种办学方式是西周时期就有的,后来被废弃了。董仲舒的观点十分鲜明,多办庠序,就会少些犯罪,国家就会长治久安,否则就会"教化废而奸邪并出",这是他对教化为治国大务观点的进一步说明。

为了证明自己的观点,董仲舒还列举了秦朝欲灭先王之道禁文学、灭诗书,结果仅历时十四年便"国破亡矣"的反面教训,提出了为政而宜于民者,固当受禄于天,作为王者,只有修饬仁、义、礼、智、信五常之道,才能受天之佑,享鬼神之灵,德施于方外,延及群生。

第二个问题,刘彻的疑问有三:为什么同样的君王,有劳有逸、有宽有严,但结果却能天下大治?为什么说俭者不造玄黄旌旗之饰,而我们要学习的周室却朱干玉戚,用八佾之礼?为什么同样的刑罚,成康用之,四十余年天下不犯,囹圄空虚,而秦用之却死者甚重,刑者相望?

刘彻对自己是应该像周文王那样"至于日昃不暇食",还是像虞舜那样当甩手掌柜的,来个"垂拱无为",他很疑惑,所以请董仲舒不要有所忌讳,要"明其指略,切磋究之",以献良策。

董仲舒在这第二问的回答中充满了辨证的色彩,其治国的思想在第一答的基础上更加具体。

他对答说,虞舜是尧久经考验的五个贤臣之一,尧将王位禅让给他,他以禹为相,又延续了尧的治国之道,自然就比较超脱,用现在的话说是接了个好班,没有矛盾积累,没有棘手问题,虞舜自然可以垂拱无为而天下治。文王之时,因为殷纣逆天暴物,杀戮贤知,残贼百姓,天下去殷而从周,而此时纣尚在上,尊卑昏乱,百姓散亡,可以说文王是受命于危难之时,天下礼纲需正,百废待举,所以文王才日昃而不暇食也。日昃不暇食是时间过了饭时还没有时间吃饭之意。这两件事情说明,帝王之条贯同,而劳逸上的差别是所处的具体情况不同造成的。

对第二个疑问,董仲舒是这样回答的:

> 臣闻良玉不琢,资质润美,不待刻琢,此亡异于达巷党人不学而自知也。然则常玉不琢,不成文章;君子不学,不成其德。

这就是说,常玉和良玉是不同的玉,对于大多数人来说,不琢、不文、不学是不可以的,良玉不琢和非文无以辅德都是正确的,所不同的是针对的对象有差异罢了。制度文采玄黄之饰,其目的不是奢侈,而是为了"明尊卑,异贵贱,劝有德"。这是立制之初所必须做的事情,和孔子所说的"改正朔,易服色,所以应天"是一致的,并不是奢而不俭。

对于此策问中的第三个疑问,董仲舒的解释很干脆:成康(西周周成王、周康王)之时,囹圄空虚四十余载,是教化之渐而仁义之流的结果,不是刑罚所产生的效果。

至于秦朝,因为"师申商(申不害、商鞅)之法,行韩非之说,憎帝王之道,以贪狼为俗,非有文德以教训于天下也",这样,必然就出现百官虚报浮夸,表里不一,"造伪饰诈,趣利无耻"的假话和形式主义问题。加之滥用酷吏、横征暴敛,导致百姓散亡、群盗并起。因此,才有刑者甚众,死者相望的悲惨景象。

在解开了皇帝的疑问之后,董仲舒又建议:希望皇帝能兴太学,置名师,以养天下之士,然后通过考试来选拔英俊之材,来贯彻皇帝的治国方略。

在这里,董仲舒有两个观点令人深思:一是若想求贤,必先养士。的确,人才不是从天上掉下来的,不培养就想获得大批人才,就如同"不琢玉而求文采也"。

二是郡守、县令在教化中角色非常重要,这些地方官是"民之师帅",师帅不贤,则皇上的德政就得不到贯彻,皇恩就不能泽被百姓,如果这些官员再"暴虐百姓,与奸为市",那么皇上的一本好经就被念走了样。为此,他提出要列侯、郡守等荐贤举能,并视举荐情况给予赏罚,做到实试贤能为上,量材而授官,以此"使天下之士可得而官使也"。

第三个问题,刘彻主要是问天人感应的问题。刘彻虽贵为天子,但对自己是否能代表天、如何来代表天还是无所遵循的,所以他此次策问是三问中的关键。

他是这样提出问题的:

盖闻"善言天者必有征于人,善言古者必有验于今"。故朕垂问乎天人之应,上嘉唐虞,下悼桀、纣,浸微浸灭浸明浸昌之道,虚心以改。今子大夫明于阴阳所以造化,习于先圣之道业,然而文采未极,岂惑乎当世之务哉?条贯靡竟,统纪未终,意朕之不明与?听若眩与?夫三王之教所祖不同,而皆有失,或谓久而不易者道也,意岂异哉?

董仲舒的回答相当精彩,这是他天人三策中的点睛之笔。

他就刘彻的三个疑问分别做了阐述。

一是关于"善言天者必有征于人,善言古者必有验于今"的疑问;

二是关于"上嘉唐虞,下悼桀、纣,浸微浸灭浸明浸昌之道,虚心以改"的疑问;

三是关于"夫三王之教所祖不同,而皆有失,或谓久而不易者道也,意岂异哉"疑问。

关于前者,他认为:天是万物之祖,圣人法天而立道,博爱而无私,布德施仁以厚之,设谊立礼以导之。天人之征,乃古今之道,春夏秋冬都与现实中的事务相对应。他又提出:天令之谓命,命非圣人不行;质朴之谓性,性非教化不成;人欲之谓情,情非度制不节。所以王者对上应谨承天意,以顺天命;对下应明教化民,以成仁性;应该制定法度礼仪来加以约束和规范人的情欲,这三点抓住了,就抓住了根本。

董仲舒还提出了一个十分宝贵的观点:人受命于天,所以是万物之灵。他引用了孔子"天地之性人为贵"的说法来证明自己的观点,从而使以人为本的思想达到了无所附加的高度。

对第二个疑问,他阐述了一个"渐变"的理论。就是说凡事都有一个由小致大、由量变到质变的过程。

因此,圣人莫不以暗致明,以微致显。尧舜行天之道,尽孝之礼,所以是浸明浸昌之道。

浸是渐渐之意,浸明浸昌就是国家渐渐地往清明昌盛方向发展。而桀纣积恶在身,暴逆不道,所以恶日显,国日乱,这便是浸微浸灭之道。

董仲舒认为,上天让无道之君灭亡也不是一日而亡,也是有一个渐变的过程,这就是为什么一些倒行逆施的政权还能存在的原因。

第三个疑问董仲舒的观点非常明确,道既然是真理,就没有变来变去的道理,朝代的更替只是形式的变化,王者有改制之名,无变道之实,就是说不能动摇天道。

他提出"天不变,道亦不变"的观点,认为尧舜禹三圣相受而守一道,这是继治世者其道同的道理,而周替暴纣,则崇尚夏、殷忠敬之礼,这是继乱世者其道变的道理。

天不变,道亦不变,不是说治国之策不能改革,而是说治理国家的原则不能违反规律,这个规律就是天命。

天命,在董仲舒的文章里所包含的是自然、宇宙,而大自然本身在运行中已经形成了一种万物和谐的形态,这种形态背后所隐藏的道理与人类社会的道理是没有什么两样的。

为此,他举了一个例子来说明天的公平:说"夫天亦有所分予,予之齿者去其角,傅其翼者两其足,是所受大者不得取小也。"什么意思呢?就是说天是很公平的,长了尖利牙齿的动物,就不让你长犄角;给了你翅膀的就让你少生两条腿,所以说大与小要相互兼顾而存在,因为所有生灵都是相互依存的。

进而,他根据这个道理又提出了"食于禄者,不食于力,不动于末"的观点。末,在这里指工商业。就是说,作为国家工作人员,已经有了国家的俸禄,就不能再染指其他牟利的工商业。

这种观点在今天仍有积极意义,想想看,同样开酒店,官员家的和百姓家的肯定会存在不平等竞争,所以自古有官不与民争利的说法。其实,这种思想的背后就是一种天道平衡的世界观,当官的总要给民留个谋食的空间,否则你又生利齿又长犄角,还会有别人的活路吗?

在该对策的最后,董仲舒提出了著名的独尊儒术之说,这一建议得到了汉武帝的采纳,从而影响了中国社会两千余年,使儒学成为了名副其实的国学。他是这样建议的:

《春秋》大一统者,天地之常经,古今之通谊也。今师异道,人异论,百家殊方,指意不同,是以上亡以持一统;法制数变,下不知所守。臣愚以为诸不在六艺之科孔子之术者,皆绝其道,勿使并进。邪辟之说灭息,然后统纪可一而法度可明,民知所从矣。

这就是"罢黜百家,独尊儒术"的原始出处。当然,武帝对百家的罢黜,不是像秦始皇那样搞焚书坑儒,也没有迫害知识分子,因为董仲舒在对策中曾列举了秦"重禁文学,不得携书"的愚民政策,所以他不会重蹈暴秦覆辙。他所建议的是在官学中确立儒学的权威指导地位,从而避免指导思想上的混乱。汉武帝之所以能成为一位有作为的帝王,与他在指导思想上的大一统有很大的关系,在这方面,董仲舒可以说是功不可没。

"灾异"说的合理因素

"灾异"说是董仲舒学说的一个重要方面。"灾异"并不是

孤立的,它是天人感应思想的一个具体体现,是"天谴""天怒"的表现形式。董仲舒因为妄议灾异而获罪实在是冤枉,其实,如果刘彻接受了董仲舒的三策,那么他就应该理解董仲舒对灾异的说法。更何况灾异说并不是董仲舒的独创,只是对前人阴阳学说的一种发展而已。

董仲舒因议论灾异而获罪的问题其实是一个误会,也是小人主父偃的陷害。当时,董仲舒从研究天人感应和五行变化的角度,对一些非人力所能为的灾害做了记录,并进行了推测,这就是很有名的《灾异之记》。此书尚在草稿之时,辽东高庙和长陵高园殿发生火灾。董仲舒在书中记录并评论了这些灾异之事。

陷害之事往往来自身边的人,董仲舒的朋友主父偃到他家中做客,趁董不在,偷看了这本尚在写作中的《灾异之记》。本来偷看也就罢了,可是这个主父偃偏偏对董的学问十分嫉妒,就把这书偷出上奏给了皇上。

皇上还算民主,没有自作主张给董仲舒定罪,这一点汉武帝要比清代搞文字狱的康乾二帝大度和民主了许多,他召来当时有些名气的知识分子,把这本《灾异之记》交给大家,让大家发表意见,这很类似现在的评论鉴定会之类的场面。

事情也该董仲舒倒霉,诸儒中有一个他的学生叫吕步舒,因为不知道这书是自己老师写的,就对该书进行了好一番抨击,此头儿一开,对诸儒产生了一个不好的导向作用,儒生们纷纷批评此书,认为该书有讥讽朝政之意。

吕步舒的教训告诉我们:在各类审定、评判之类的会议上,第一个发言的不可忽视,他抛出一块玉,引出的可能是金银;他抛出的是石头,引出的就可能是一堆板砖。

诸儒的意见就如同现在专家学者的意见,刘彻怎会充耳不闻?于是,就把董仲舒交给法官论罪,法官依律判了他死刑。

刘彻归根结底还是不想杀董仲舒,因为天人三策给他的印象太深了,更何况他在董仲舒的理论影响下,对灾异之说也有某些思想上的默认,于是就又下诏赦免了董仲舒,使这个王佐之材、清官巨儒免遭杀身之祸。

但遗憾的是,董仲舒从此再不敢研究灾异之说,我们的历史中由此少了一门人与自然如何才能和谐相处的学问。

那么灾异之说就是没有根据的迷信吗?用迷信来对董仲舒这样的大儒下结论未免草率。董仲舒所崇尚的孔子都提倡敬鬼神而远之,作为苦读《春秋》的董仲舒不会不明白这个道理。那么他为什么对灾异之说的研究产生了兴趣?

这正是董仲舒举一反三治学方法的运用。他在研究《春秋》时,对《春秋》中所记载的灾异之变进行了归纳,发现这些灾异的出现不是偶然的,都是某种规律性的表现,于是他把这些灾异之变和阴阳变化的规律做了对比,从中发现了结论性的东西——应该遵循的中庸之道。

他把这一思想方法应用于实践,可以说是屡试不爽,这就更加坚定了他对天人感应理论的坚信。班固在《汉书》中有这样一段记载:

仲舒治国,以《春秋》灾异之变推阴阳所以错行,

故求雨,闭诸阳,纵诸阴,其止雨反是;行之一国,未尝不得所欲。

这种思考问题的方法现在来看也是十分科学的,我们的人工降雨不是这个道理吗?如果我们打到云层里的不是凝聚水气的炮弹,而是烈性TNT,那么别说是降雨,连云彩也早就炸飞了。

董仲舒在《春秋繁露》中所细数的求雨、止雨的办法是当时的历史条件所致,我们不能求全责备,但从其"闭诸阳,纵诸阴"的思路和"行之一国,未尝不得所欲"的实践效果来看,他的做法值得揣摩,比如春旱求雨时"无伐名木,无斩山林"的要求就很有道理。

用现在的观点来看,董仲舒的灾异之说合理的成分很多。比如我们生活中的山洪暴发、泥石流,这是自然灾异,看上去这是天灾,但与自然联系起来一看,这些灾异就不是独立的自然灾害了,其背后往往有"人祸"的成分。

如果不是过度的滥砍滥伐,如果不是无限制的破坏自然植被,这些灾祸也许就会避免。即或不是滥砍滥伐破坏植被所致,那么你在居住地的选择上也是失误的,古人讲风水,就是防风防水,你把住房建到河床上、山坡下,这就违背了孔子"危邦不入,乱邦不居"的告诫。孔子有"贤者辟世,次者辟地"的说法。所谓辟世,就是逃避恶浊社会而隐居;辟地,就是择地而居。

再比如宫殿因火而毁的灾异,看来是雷电所致,但仔细分析也会发现问题。建筑避雷之术古已有之,应该不成问题。

作为皇家宫殿,如果这个问题解决不好,只能说明两个问题,一是官方对建筑工程疏于督管;二是工匠故意捣鬼,这两个问题都是人为的因素。所以说灾异的背后还是有人祸存在。

人类社会对自然的认知目前还是有局限的,生活中至今有些问题尚不能早下结论。济南有个五龙潭据说就有预测灾异之功能。该泉自古就有"天尤怒,潭自危"之说,史书上对此有所记载。然而,此泉为什么会浮现宫殿、飘出古书、天大旱潭水面临竭泽之时大量潭中的鱼龟遁至何处?这还是个未解之谜。

古代有"黄河清,圣人出"一说,恐怕也不是空穴来风,圣人出世,天降祥瑞,这是历史上无数次被证实的事情,一代又一代的史官出于文人的操守,是不会以讹传讹,胡乱杜撰的。

佛经里讲释迦牟尼诞生之时,天现五彩,这与周代的历史记载恰好相一致,难道杜撰的事情会如此巧合?

明熹宗天启六年五月初六(1627年5月30日),北京王恭厂发生了一起神秘的大爆炸,方圆十几里的建筑被夷为平地,造成数万人死伤,从乾清宫跑出来的皇帝差一点被空中落下的瓦砾击中,皇帝躲过了劫难,他当时身边唯一的内侍就不那么幸运了,一块飞瓦正巧砸中了他的脑袋,当时就把他砸得脑浆迸裂。

据明朝司礼太监刘若愚记载,当时的死伤者不论男女,尽皆裸体。令人奇怪的是大街上一顶轿子尚完好,轿里面的女子也没有受伤,其身上却一丝不挂。还有人看到有红色火球飘于京城上空,降落后又升腾而去。这一大爆炸被后人称为人类历史上三大神秘爆炸疑案之一,对此解释众说纷纭,似乎都有道理,又似乎都解释不清。

如果用董仲舒的灾异说检讨一下,明王朝当整顿朝纲、整饬吏治,因为当时的朝政被魏忠贤搞得一塌糊涂,内忧外患此起彼伏。明熹宗朱由校是个"至愚至昧"的皇帝,整天和一帮太监做木匠泥瓦活,朝政就交给大太监魏忠贤。魏忠贤凭借权势,制造了历史上臭名昭著的"阉党专政"。一个从小不务正业、因欠赌债走投无路的文盲混混,靠阉割自己混进宫中,通过巴结皇帝的奶妈爬上了大太监的高位,得势后到处建生祠,甚至配祀孔子,在朝中大搞结党营私、惩罚异己之事,他把持的东厂特务遍及朝野,官民人人自危,山西、陕西因大旱赤地千里,已经出现了"人相食"的悲剧。

这样的恐怖统治,这样的违背天理之事,哪有不遭天谴之理?可惜的是这场灾难并没有让明王朝警醒,大爆炸的当年,熹宗便一命归西,崇祯上台后,便纵有千般勤勉,也支撑不起这将要倾覆的大厦。结果不过十几年,这个千疮百孔的朝廷就在李自成的马蹄下灭亡了。

再以火山、地震这样的灾异之事来看,董仲舒的观点并不是说要改变这种人类无法避免的灾害,他意图在于这种灾害对统治者的警示必须高度重视。火山、地震对于统治者来说自古至今都是个严峻的考验,因为这两种自然灾害最容易引起社会的动荡。

作为统治者以一种如临深渊、如履薄冰的谨慎来高度重视这种灾异之变,进而未雨绸缪、防微杜渐,以此来保住社稷江山,这是最科学的选择。

2004年末发生的南亚印度洋海啸灾难,如果预警机制健全的话,恐怕不会有那么多的人葬身海底,从这一角度看,天灾危害的同时,也有人祸的因素存在。因为从古到今,关于海啸的记载并不缺少,这种灾害摧毁性的破坏力量令人闻之色变,但南亚沿海诸国并没有重视海啸的危害,似乎这是离自己国家很遥远的事情,结果海啸真的来袭时,还有许多游客竞相跑去海边看光景。

董仲舒认为,天心是仁爱人君而欲止其乱,是"欲扶持而全安之",因为天的规律是和谐平衡的。灾害是对失道的谴告;怪异是对失道又不自省的警惧,做到这两点,说明天已经仁至义尽了,无道之君再倒行逆施,那么只能是一个灭亡的下场。关于灾异以及如何对待灾异之说,董仲舒有段原文可供欣赏:

> 五行变至,当救之以德,施之天下,则咎除;不救以德,不出三年,天当雨石。木有变,春凋秋荣,秋木在,春多雨,此繇役众,赋敛重,百姓贫穷叛去,道多饥人;救之者,省繇役,薄赋敛,出仓谷,振困穷矣。火有变,冬温夏寒,此王者不明,善者不赏,恶者不绌,不肖在位,贤者伏匿,则寒暑失序,而民疾疫;救之者,举贤良,赏有功,封有德。土有变,大风至,五谷伤,此不信仁贤,不敬父兄,淫泆无度,宫室荣;救之者,省宫室,去雕文,举孝悌,恤黎元。金有变,毕昴为回三覆,有武,多兵,多盗寇,此弃义贪财,轻民命,重货赂,百姓趣利,多奸轨;救之者,举廉洁,立正直,隐武行文,束

甲械。水有变,冬湿多雾,春夏雨雹,此法令缓,刑罚不行;救之者,忧囹圄,案奸宄,诛有罪,夐五日。

《五行变救第六十三》

这段文字大致的意思是:五行变化到极点,应当用德行去救助它,再将德行布施到普天之下,罪过就免除了。不用德行救助,不过三年,上天就会落下陨石。

木发生变化,就会春季凋零而秋季开花,秋季树木结冰,春季多雨。这是因为徭役繁重,赋税太多,百姓贫穷背离家乡,道路上到处是饥荒灾民。救助的办法是简省徭役,减轻赋税,开仓赈民。

火发生变化,就会冬暖夏寒。这是因为君主不明察,对好的不奖赏,对坏的不惩罚,无能的在位上当政,有才能的隐退,就会寒冷暑热失去常序,百姓多疾病瘟疫。救助的办法是举贤任能,奖赏有功的人,授给有德行的人以称号。

土发生变化,大风就会到来,五谷受到伤害。这是因为不信任贤能和仁爱的人,不尊敬父兄,荒淫过度,宫室豪华。救助的办法是减省宫室,去掉雕饰彩绘,举拔孝悌,抚恤好人。

金发生变化,天上的毕宿、昂宿就会发生回旋,两宿多次相覆盖,有战事发生,多战事,多贼寇作乱。这是君子抛弃正义、贪图财物、轻视百姓性命、重视财货,百姓只知追逐利益、多犯法作乱的结果。救助的办法是举拔廉洁公正的人,确立正直的人,停息战火多行文明之事,把刀枪入库。

水发生变化,冬季潮湿多雾,春夏两季下冰雹。这是因为法令失之于宽,刑罚不能执行。救助的办法是要研究监狱之事,查办犯法之人,诛杀有罪之人,进行拉网大搜捕五天。

读罢这段文字,我们会发现董仲舒实在是用心良苦,他知道无法直接来劝诫号称天子的皇帝,就只好利用这种自然现象来时时提醒皇帝要施仁政。

比如:"木有变",这本是自然中常有的事情,本来是气候因素所致,但董仲舒却由此联系到了"徭役众,赋敛重",因此要省徭役、薄赋敛,开仓出谷,济困救穷,以防百姓贫穷叛去,背井离乡。自然之变四季皆有,如果每每都能使统治者反省自己的施政问题,从而避免与天道不和谐的做法,大同社会何愁不来?这大概就是董仲舒研究灾异的初衷吧。

"三纲""五常"不能全盘否定

"三纲""五常"作为中国传统文化中的道德观,在"五四"运动以后遭到了普遍批判,人们把种种罪名强加于它的头上,以至于提到"三纲""五常",就是封建禁锢的代名词,能辩证地说一点不同意见的,都成了封建卫道士,于是大家都人云亦云地大谈它的危害,而对于它几千年来维系中华社会与文化的统一作用却避而不谈。

应该说,这种对待历史的学术态度是值得怀疑的,至少不是全面的。"三纲""五常"思想道德体系如果没有其合理性,绝不会存在几千年而不衰;任何敢于直面现实的人不得不承认,这种思想道德体系至今还在深刻地影响着我们的社会生活。

董仲舒

　　"三纲""五常"思想产生于孔子的"君君、臣臣、父父、子子"之说。后来,韩非对其具体化,提出:"臣事君,子事父,妻事夫,三者顺则天下治,三者逆则天下乱,此天下之常道也"(《韩非·忠孝》)。

　　由此看来,就是"三纲""五常"真是什么洪水猛兽,董仲舒也不能负完全责任,董仲舒在《春秋繁露》中只是把韩非的思想加以形象化的引申,这就是后来的批判者们所说的神化。

　　董仲舒在《基义》中是这样表述的:"天为君而覆露之,地为臣而持载之;阳为夫而生之,阴为妇而助之;春为父而生之,夏为子而养之;秋为死而棺之,冬为痛而丧之。"

　　大意是:上天替国君关心爱护,大地为臣下秉持承担;阳气为男人而产生,阴气为妇人而帮助阳气;春天为父亲而生出,夏天为儿子而养成;秋天为死亡准备棺材,冬季为痛苦而丧痛。

　　分析这段文字,我们似乎找不到所谓的"神化",董仲舒是在用天地、阴阳、春夏这三对矛盾关系,说明主要矛盾的重要性。

　　唯物辩证法告诉我们,任何矛盾的双方都不会静止不动,在运动当中必定有一方是主要矛盾,对事物的认识如果不能看到主要矛盾的存在,这种认识就是片面的。

　　董仲舒以天喻君,并不是他的发明创造,这是传统使然;以地喻臣也不是对臣的轻视,从现实意义讲,地要比天更重要,因为古代的人们就是以土地为生,这是为什么北京有天坛也不能没有地坛的原因。

　　以君臣的关系而言,占主动的一方自然是君王,因为君王是最高统治者,是决策者,而臣是决策的贯彻者,因此,在这一对矛盾中,君是主要矛盾,要想治国治天下,君的影响至关重要。但董仲舒在说地为臣时用了"持载"两个字,这精辟的两字把臣的作用说得十分透彻。

持,当然是支持,载,是承载,天固然重要,但高高在上的天如果没有支撑,难保不塌下来,这就是把忠臣良将称为"国之栋梁"的原因。

说到承载问题,人们自然就会想到李世民的"水能载舟,亦可覆舟"的名言,董仲舒在此要表达的也是这个道理。

据史料记载,明末李自成攻破京城之时,崇祯皇帝在紫禁城擂鼓聚臣商议对策,可是几遍鼓响过,竟无一个大臣来上朝,连跟随左右的太监也在忙着乔装逃命,成了孤家寡人的崇祯只能手刃皇后,自己逃到煤山(景山)上吊而死。君的存在靠臣的托浮,如果众叛亲离,像崇祯皇帝那样怎么擂鼓也无百官上朝,那么所谓的君也难逃自挂东南枝的厄运。

以阴阳喻夫妻这是人们普遍接受的说法,很难说董仲舒这么比喻就是对妇女的不敬。

在农耕时代,男人理所当然地要承担起户主的责任,而妻子作为辅助者也并不是地位不重要,这是常理,也就是韩非所说的"天之常道"。

即使现在的家庭,大多也遵循这么一个常道,夫妻两人,主外主内,分工明确,各司其职,相济相成,使家庭和睦社会稳定。既然夫妻是一对矛盾的关系,就不是不能变化的,丈夫的主要矛盾的地位有时也会发生变化,比如丈夫因病不能承担养家活

口的责任,或者像现在的下岗失业,那么如果妻子有承担的能力,妻子就可能上升为主要矛盾的地位。

但这种情况并不是具有普遍意义的,撒切尔夫人毕竟只有一个,全国三十多个省市,女性掌门人寥寥无几。所以从总体上看,这种夫妻间矛盾关系的划分还是合理的。《易经》里有"女壮,勿取此女"的说法,大概也是不想违背这种"常道"。

现在很多国家以"全职太太"为时尚,并没有人说这就是封建的东西,相反,这倒是一种对女性的责任和呵护。当然,做怎样的选择要取决于女性的意志,不可强加于人。

以春夏来说明父子关系也是十分贴切的,春夏无非是时间上的顺序而已,如果不言血统关系,父子就是年龄上的先后,儿子在将来也会成为父亲。但既然是有年老和年轻之分,父亲生养儿子,儿子长大后赡养父亲,这就是理所当然之事,因为人类就需要这样一代代生息繁衍。

对儿子而言,父亲居主要矛盾的地位,这是常理;儿子在娶妻生子自立门户后,又成为一个新的家庭关系中的主要矛盾,这样也很正常,但不管怎么变化,赡养父母的地位不能改变,这如同春夏之间的生与养的关系一样,是自然所赋予的。

如果说"三纲"在为封建等级制度制造舆论的话,那么谁又能提出一个新的更好的理论来取而代之呢?

"三纲"无可厚非,"五常"也难挑剔。仁、义、礼、智、信,哪一条不是人类所需要的?

仁,用今天的话讲,就是"以人为本"。在孔子的思想体系中,仁就有以下几层意义:

1. 亲和爱的含义。"仁者,爱人。"(《论语·颜渊》)
2. 修身的含义。"克己复礼为仁。"(《论语·颜渊》)
3. 人本含义。"仁者人也。"(《礼记·中庸》)

仁作为孔子哲学思想的核心内容,被贯通到伦理学、政治学、教育学各个领域,成为中华文化最精华的内容之一。仁的方法论的产物就是"中庸"。中庸思想最终目的是保持统一、平衡和稳定。我们今天实施"以德治国""精神文明""和谐社会"等等,都有着"中庸"影响存在,只不过赋予了它新的时代内容。

义,是做事做人的原则。原则问题是不容妥协的,也是不能违背的。董仲舒认为"立义以明尊卑之分"(《盟会要》),一个尊卑就点出了人伦关系的要义。比方说,我们在外交当中,涉及主权问题,涉及尊严问题,这都是大义,不能有任何讨价还价的余地,否则,就是不义。

义在不同层次有不同的含义,但总的来说是原则性的规定,这种规定要符合大局的需要,要符合传统审美的需要,要被大多数人所接受。所谓深明大义,就是一种为了大局或整体利益而做出某种牺牲的行为。

礼,是仁的表现形式,是人类进入文明的重要标志。用董仲舒的话说就是"继天地,体阴阳,而慎主客,序尊卑贵贱大小之位,而差外内远近新故之级者也"(《奉本》)。没有礼,社会就会没有秩序,没有秩序,文明就无从谈起。社会法规的增加,绝不是封建的体现,而恰恰是社会进步的表现,这是文明社会为什么总在加大立法步伐的原因。

美国的各种法规数量之多是惊人的,律师之多也是惊人的,从这个角度看,美国是世界上"礼数"最多的国家,可是谁能说美国是个封建国家呢?当然,随着时代的发展,礼也在不断地变化和丰富,这是很正常的事情,不能在这个问题上抱残守缺,拘泥于成制而裹足不前。

智,是最不该有争议的"一常"了,因为智是对知识能力上的要求,用今天的话讲就是"业务素质"。董仲舒在《必仁且智》篇中说:"不智而辩慧狷给,则迷而乘良马也",意思是说,如果不具备智却一意孤行,好比迷路骑马,马越好可能迷路走得越远。可见智的内涵还包括知识的正确性。

我们今天对学生讲的智育,就是在智方面的教育要求,对教育而言:如果说仁和义是德育范畴,那么智就是知识和技能。反对"五常"的人,有什么理由来反对"智"呢?现在,智的内涵越来越丰富,它包含了人类所有的文明成果,把它作为人类伦常关系的重要一极,这应该是时代的需要。

信,是诚信。当社会缺乏诚信的时候,人便会缺乏安全感,没有安全感就会人人自危,而一个人人自危的社会不会是一个和谐的社会,从这一方面来看,诚信是人类社会不可或缺的信条。

中俄刚刚兴起边境贸易的时候,中方的一些从业者不讲诚信,以次充好,将一些假冒伪劣商品兑换过境,有人甚至用工业乙醇兑成白酒销往黑龙江对岸,结果失了对方的信誉,给本来很有前景的边境贸易带来了挥之不去的阴影。

我们国内企业界普遍存在的信用危机问题已经严重制约

了企业的发展,中小企业融资难成为各级政府久攻不破的难题,其原因是什么?就是一个信用问题。银行在不讲信用的企业面前,如履薄冰,生怕坠入借贷不还的陷阱,而本来有诚信的一些企业,在这样的大环境里,也遭到了与无信者一样的惩罚。

因而,强调诚信是一种对自己、对他人、对社会都负责任的行为,正所谓无信不足以立身,只有建设诚信社会,才能铸成真正意义上的和谐。

由此看来,"五常"并不是像某些批评家所说的如同洪水猛兽一般,其本来面目不但不狰狞,而且十分可爱,我们有必要把它作为民族的核心价值观重新梳理一下,让更多的人自然地亲近它,而不是先入为主地否定它。董仲舒的话今天读来,还很令人回味:"夫仁义礼智信五常之道,王者所当修饬也,五者修饬,故受天之佑,而享鬼神之灵,德施于方外,延及群生也。"

"性三品"之划分目的何在

董仲舒有一个著名的理论,就是"性三品"之说。他把人性分为三种,即"圣人之性""斗筲之性"和"中民之性"。他的这一人性论,既区别于孟子的性善说,又不同于荀子的性恶说,是一种在强调了先天善恶这一基础的同时,又注重教化的一种观点。

所谓"圣人之性"是与生俱来的善良本性,具有圣人之性的人就是孔子所说的"生而知之者"。董仲舒之所以不否定这种圣人之性的存在,是因为确实有这样的榜样。比如说历史上的舜帝,他的孝道、善良似乎就是与生俱来的,他对于三番五次谋害自己的亲人能做到以德报怨,这是常人很难做到的。

然而,具有圣人之性的人不是普遍的,董仲舒和孔子只是不否定他们的存在,具体生活中则很难对号,孔子本人也从不承认自己是圣人。清代大儒纪昀曾有过这样一个观点,民间都说狐媚有迷惑人的本事,但并不是所有的狐媚都有这种本事,一千只狐狸能有一只具有此功夫也就不错了。所以,大量的狐狸都是普通的狐狸,并不具有某些超乎自然的能力,而即使千里挑一的这一只,也是各种复杂因素的综合作用,否则,狐狸养殖场成千上万等着屠宰的狐狸何不发功报复?人也是如此,说有这种人性的存在,从某种意义上说更多的是象征作用。

所谓斗筲之性是小人之性,"斗筲"是一种很小的容器,用于此处就是说气量、心胸都十分狭小。我们说有的人的确天生顽劣,他的"性恶"不是后天形成的,而是遗传中哪个基因发生了变异,导致生来就心狠手辣。

笔者在中学读书时曾亲历一件事情:在故乡的一个池塘边,几个四五岁的孩子抓住了一只小猫,别的孩子都在抚摸小猫,表现出一种孩子的好奇和对小动物的爱怜,可是却有一个孩子,一下子把小猫抢过来抛到了池塘里,小猫拼命地游到了岸边,这个孩子又抓住它再次扔到水里,这样往复几次,那只可怜的小猫终于在一群孩子们的目光里活活淹死了。那个孩子在实施他的暴行的时候,别的孩子都吓得说不出话来,也没有一个人参与他的暴行。

这一幕过去已经三十多年了,至今还常常在我眼前浮现出来,令我思考一些人的本性问题。后来,我打听到了这个孩子成年以后的一些事情:他结婚后把年老的父亲赶出家门,使老父沿街乞讨,死于野外;在他不到三十岁的时候,因赌资纠纷杀人,结果被判了死刑。这样一个人就应属于董仲舒所说的斗筲之人,属于那种油盐不进、不可教化之人。当然,这种人也不是很多,但少并不是没有,董仲舒承认这种人的存在,是一种比较客观的学术态度。

既然圣人之性和斗筲之性都是凤毛麟角,那么其他的绝大部分就是所谓的中民之性了。中民之性是董仲舒性三品之说的核心,他真正要强调的是这个问题。他认为:

> 善如米,性如禾,禾虽出米,而禾未可谓米也;性虽出善,而性未可谓善也。米与善,人之继天而成于外也,非在天所为之内也;天所为,有所至而止,止之内谓之天,止之外谓之王教。

他的这段话的意思是:善如同米一样,本性如同禾苗一般。禾苗虽然能生出米,但禾苗不可以叫作米。本性虽然可以培养出善,但本性不可以叫作善。米和善,是人继承天命而在上天之外形成的,不是上天自己完成的。上天的作为,达到目标就可以停止。在作为之内停止的就叫上天的本性,在上天作为之外停止的,叫作天子教化的结果。他的这段话没有谈及圣人之性和斗筲之性,他认为圣人之性和斗筲之性是都不能为性的,只有中民之性,才可以名性,因为前两者都是不可改变的,能通过教化改变的只有后者。他说,普通百姓的本性如同蚕茧和鸟卵,鸟卵要等孵化二十天后才能变成雏鸟,蚕茧须等到缫丝后才能成为丝,本性须等到逐渐地进行教化之后才能变成善。

董仲舒如此划分人性,其目的不在于说前两种人性如何如何重要,从他对中人之性的分析看,其实人性很难跳出从禾苗到谷米的过程,他之所以列出个现实中很难对应的圣人之性,无非是给君主们一个自欺欺人的理由,因为号称天子的君王一向认为自己是和凡人不同的,自己的一切都应该是天赋的。董仲舒如果不这么来划分,那么他的理论首先就过不了皇帝这一关。所以,他性三品划分的真实目的在于规劝当政者必须注重教育,注重对百姓的引导,在于强调君王实施教化民众的重要性。

人格魅力,儒家典范

董仲舒的人格魅力对后来的儒生影响很大,他的人生轨迹成了众儒仿效的榜样,究其原因,大致可罗列出以下几点:

一、治学专一,成就非凡

董仲舒在《春秋》公羊学方面是公认的大师,这是因为他在研究中悟出了《春秋》的真谛,成就了一家之言。他精心治学达到了痴迷的程度,竟三年"不观于舍园",可见他研究《春秋》已经到了忘我的境界。他流传于后世的著作有很多,"上疏条教,凡百二十三篇","说《春秋》得失,闻举、玉杯、繁露、清明、竹林之属,复数十篇,十余万言,皆传于后世"。跟随他学习的弟子褚大、殷忠、吕步舒等也都学有所成。

二、为人廉直,政绩卓著

与董仲舒同为学人的公孙弘是个善于逢迎的斗筲之辈,他嫉妒董仲舒在研究《春秋》上的学问,就向皇帝建议把董仲舒派往胶西王那里为相。胶西王是个骄横的皇兄,给他做相无异于与狼共舞,但董仲舒凭自己的学问和人品赢得了胶西王的信任。在任中,他"正身以率下,数上书谏争,教令国中,所居而治"。卸任后,他"终不问家产业,以修学著书为事"。这样的官吏,就是在今天也称得上是好干部,在位鞠躬尽瘁,卸任潜心治学,不为名利所惑,不受世俗所扰,做到了"穷则独善其身,达则兼济天下"。

三、赤胆忠心,报效国家

从董仲舒的天人三策,到他灾异之说,他关心的是天下大事,这看出了一个儒学大师的胸襟。他辞官后并不像很多人那样有一种天塌下来与我无关的思想,而是尽量使自己的学问用于国家的治理。据《汉书·董仲舒传》记载:"仲舒在家,朝廷如有大议,使使者及廷尉张汤就其家而问之,其对皆有明法。"可见,他没有囿于"不在其位,不谋其政"的儒家教条,做到了学以致用。

总之,对董仲舒的研究是研究儒家学说的重要途径,其研究价值不仅仅在于历史,从这位改变了历史的大儒的思想深

千秋功过董仲舒

处,我们可以发现很多值得珍惜的东西,这是一些曾经被我们很不负责的抛弃过的东西。千百年过去了,不管人们把它置于何等污秽之所,只要捡起来擦拭一下,它仍然熠熠闪光。

今人当识古礼

孔子有句名言,叫克己复礼。是说一个君子,必须时刻要求自己的言行要符合礼制。孔子的要求自然是有道理的,否则,这句名言也不会影响这么深远,成为古往今来众多儒者的座右铭。

那么,在与时俱进的今天,我们为什么还要了解古代礼制的一些规定呢?这种识古礼的要求是不是在白白地浪费时间和精力呢?回答当然是否定的。今人要了解古礼,这不仅是文化学习的需要,而且是传统传承的需要,更是保持民族文脉的需要。中华民族之所以保持强大的影响力和顽强的生命力,我们所共同遵循的礼制起了很好的凝聚作用。仅以春节、中秋等节日为例,很难想象一个华人会不过春节和中秋这样的节日。

中华民族如此,其他民族也是如此,世界很多发达国家,仍然在沿用一些明显落伍于时代的旧礼,而不是以改新的名义将一切旧礼统统埋葬掉,其用意当然也是在保持一种文脉,保卫一种民族文化的安全。因此,一个对自己民族有感情的人,是不会对民族的传统无动于衷的,这反映了一种文化上的责任感。

本文以《礼记》为例,就古礼的合理因素作一些解析,期望以此引起人们对两千多年前古代礼制规定的兴趣。

官礼如炉

好的社会风气不是自然形成的,需要官方作出一些强制性的规定,加以引导和规范。《礼记·曲礼》有这样一段文字:

> 道德仁义,非礼不成;教训正俗,非礼不备;纷争辨讼,非礼不决;君臣、上下、父子、兄弟非礼不定;宦学事师,非礼不亲;班朝治军,莅官行法,非礼威严不行;祷祠祭祀,供给鬼神,非礼不诚不庄。是以君子以恭敬撙节退让以明礼。

这段文字的大意是说:道德仁义不通过礼就不能有成效;教育纠正习俗要依据礼才能完备;判断纠纷诉讼如果不依据礼就不能决断;君臣上下,父子兄弟,如果不依据礼就无法确定名分;学习做官,研习六艺,侍奉老师,没有礼就不能得到亲授;确定朝官品级,治理军队,担任各种职务的官员到位执法,不依据礼,威严就不能树立,法令就不能实行;祭祀祖先,向神祈福,上供还愿,等等,不依据礼就显得心不诚,不庄重严肃。所以,君子用恭敬、谦抑、退让的精神来显示礼。

这段文字的最后两个字,很容易让人联想到我们今天的《公民道德建设纲要》,在《纲要》屈指可数的 20 字中,就有"明礼诚信"的要求。那么如何明礼？在上面这段文字里已经说得很清楚了。无论是思想道德领域,还是社会各行各业,都离不开礼的规定作用,如果没有礼的约束,社会就会乱成一锅粥,那么每个人的利益也就无法得到保障,所以说,礼是约束每一个人的,也是保护每一个人的,一个人的素质高低,就是通过"明礼"的程度来体现的。

《礼记》中有"入境而问禁,入国而问俗,入门而问讳"的说法,其目的不仅是避免出洋相,而且也是安全的需要。孔子周游列国,对这样的规定应该最有体会,国与国之间法律不同,风俗不同,如果不问清楚就贸然行动,受到责罚是小事,弄不好还会掉脑袋。俗话说"入乡随俗",也是这个道理。你在国内乱吐口香糖,最多受到众人的鄙视,如果你到了新加坡还这么做,恐怕就要挨鞭子抽了。在中东和非洲一些国家,男子可以一夫多妻,而我们国内的一些女子不了解这一规定,等嫁过去才傻了眼,只能给人家当妾,连归国探亲都没有了颜面和勇气。到别人家做客,不问清楚民族饮食等方面的忌讳,就容易惹麻烦,出现尴尬局面。

《礼记》中还对国君、大夫和士应该为什么献身提出了要求:"国君死社稷,大夫死众,士死制。"意思是说,一国之君,应该为江山社稷而献身;一个大夫,应该与士卒共存亡;而一个士,应该为执行国君的政令而鞠躬尽瘁。

这样的要求,就否定了那些"冲冠一怒为红颜",而置江山社稷于不顾的国君。历史上不乏贪恋美色而误国的国君，对这样的国君，无论当朝还是后代的史家在评价他们时观点不会有大的出入，原因就在于《礼记》早已有了这种规定。

大夫是具体指挥士卒的将领，一个将领如果不能和自己的士卒共存亡，那么他又怎么来带兵征伐？无论在古代还是现在，临阵抛下部队自己逃命的将领，恐怕都会被军法惩处。

士是最基层的官员，所以他的使命就是不折不扣地贯彻国君的政令，就是要为工作而献身，做到了这一点，就是做到了尽职尽责。

不同级别的官员，都能执行官礼，那么，国家才会健康发展。因此，《礼记》中有"大臣法，小臣廉，官职相序，君臣相正，国之肥也"的说法。为什么要求大臣守法，而小臣廉洁呢？这是因为大臣位高权重，一旦不守法，就会酿成大祸；而小臣是低级官吏，直接与老百姓打交道，如果小臣不廉洁，直接受害的是穷苦百姓，所以危害会更重。

现在的情况也是如此，一个高官目无法纪，就会卖官鬻爵，独揽工程，干预司法，贪污公款。而一个乡村干部如果不廉洁，那么遭殃的则是农民，因为他无公款可贪，也无官职可卖，更无工程可包，所以他只会挖空心思去搜刮农民。

官职相序，君臣相正是说官职安排合理，君臣相互监督，这也是非常重要的问题。官职安排过多过滥绝不是国家、人民之福，因为官要靠民来供养，官职越多，人民负担越重，这个道理不难理解。现在有的县市，一个局竟有七八个副职，美其名曰，叫"加长板凳"，这样做，板凳是加长了，可是，纳税人的负担也就随之加重了。君臣相互监督是更有必要的，所以，古代设御史、设谏官，可以直接指出皇帝的过失。能做到以上四点，国家就会健壮强大，就会天下大顺。

《礼记》中还有些影响甚广的说法至今被人们所接受。如关于人生大体几个阶段的规定：

> 人生十年曰幼，学。二十曰弱，冠。三十曰壮，有室。四十曰强，而仕。五十曰艾，服官政。六十曰耆，指使。七十曰老，而传。八十九十曰耄，七年曰悼，悼与耄，虽有罪，不加刑焉。百年曰期，颐。

这段文字似乎简易，却规定了人生每个阶段最为重要的事情。十岁以前，是幼儿阶段，称为"幼"，开始学习；二十岁，称为"弱"，要举行加冠之礼，冠礼是成人的标志，头发束起来，戴上了帽子，就不能再像小孩子那样无拘无束地撒野了。所以，儒家用一个帽子来标志人的成年，要比那些用割包皮方式举行成人仪式的习俗文雅了许多。

三十岁，称为"壮"，既然已经是壮年了，当然要娶妻生子，担当起一家之主的责任。一个人，如果具备条件而年过三十还不成家立业，是一种缺乏责任感的表现，因为人生还有一个责任就是生生不息，如果都图自己潇洒快活，不去为社会为家庭尽一份责任，那么这个社会将会出现很多问题。

四十岁，称为"强"，是身体和经验都比较好的人生阶段，可以出来做官，为国家、为社会多做一些工作。

五十岁，称为"艾"，艾是头发花白的形象比喻，说明身体已经走下坡路。这个阶段，可以做领导大夫的工作，也就是说不再是具体的机关工作，这也是男儿五十愁封侯的道理所在。

六十岁，称为"耆"，这个阶段只能是指使别人，不能自己再去做什么事情了，我们今天公务员六十退休的规定，最早应该出于此处。

七十岁，称为"老"，到了这个阶段你就是有天大的事业、亿万的家财，也该向儿子交接班了，因为人生到了老的阶段，如同瓜熟了一般，不知何时就会有蒂落的危险，为了不出现什么意外，还是早做打算为好，哪怕身体再结实，也不能违背这种责任规律。

八十九十岁的时候，称为"耄"，幼儿七岁称为"悼"，把耄和悼相提并论，是说这两个阶段有相同之处，人老到一定的阶段，智力、反应、记忆等等都会退化，所以有"老小孩"之说，应为这个因素，他们即使犯了罪，也不能加以刑罚，要予以区别对待。

一百岁称为"期"，这样的寿星就需要人来奉养了。因为这么一条规定，古代历朝历代都有国家奉养老叟的规定，有的皇帝为了彰明此礼，还举办"百叟宴"，以倡导尊老爱幼的社会风尚。

由此看来，从官方的角度制定一些礼的规定是极其必要的，这种官方礼制对百姓是一种陶冶，是保持社会明礼有序的基础。

祭礼如法

祭礼的制定本意在于缅怀前人的功德，凝聚人心，鼓舞斗志。因此，祭礼的制定标准极为严格，不能有含糊的地方。《礼记》中对祭礼的规定突出了很强的可操作性和现实性。

> 夫圣王之制祭祀也：法施于民，则祀之；以死勤事，则祀之；以劳定国，则祀之；能御大灾，则祀之；能捍大患，则祀之。

从这段文字看，祭祀的对象除了许多神祇外，再就是以上五种有功德的人。即有功德于人民的人；为国家捐躯的人；是开国元勋的人；能抗御重大自然灾害的人；保护庶民不受祸患的人。这五种人都可以称为英雄，称为仁人志士。祭祀这样的英雄，就是希望人们以这些人为榜样，成为对国家社稷有贡献的人。

但是，祭祀毕竟是一种象征，不可不祭，又不能繁琐，要恰到好处。所以，《礼记》中要求：

> 祭不欲数，数则烦，烦则不敬。祭不欲疏，疏则怠，怠则忘。是故，君子合诸天道，春禘秋尝。秋，霜露既降，君子履之，必有凄怆之心，非其寒之谓也。

春,雨露既濡,君子履之,必有怵惕之心,如将见之。

乐以迎来,哀以送往,故禘有乐而尝无乐。

意思是说,祭礼不要频繁,频繁就会疲劳,疲劳了就会失去恭敬的心情。这一点说得非常好。我们在参加一些重要的场合时,本来是满怀恭敬和喜悦的心情而去,但因为久等某位领导或明星,往往在疲惫的等待中坏了心境。一些会议也是如此,短而紧凑的会议总是能得到与会人员的好评,而再重要的会议如果冗长拖沓,都会引起一片牢骚声。

祭礼不能稀疏,稀疏了就会使人怠慢,怠慢了就会使人淡忘。所以有才识的人就把祭礼和自然运行的法则相配合:春天和秋天进行祭祀。

秋天,霜露已经降临大地,有才识的人走在上面,就会产生凄凉的感觉,这种感觉不是因为寒冷,而是因为思念故去的亲人。

春天,雨露已经滋润大地,有才识的人走在上面,就会有警醒的心情,好像逝去的亲人又要重返人间与其相见。人们用欢快的心情迎接亲人的到来,用悲哀的心绪送别亲人离去,所以春祭用乐舞,而秋祭没有音乐。

这样对春秋两祭进行大致的规定,并说明祭祀的节气原因,就避免了祭祀的随意性和人为的繁琐。否则,不分节令进行祭祀,祭祀时又配以鼓乐舞蹈,不仅耗费太多,而且也太牵扯人的精力。

不仅如此,《礼记》中对什么人祭祀什么也做了规定。对天帝，只有圣人才可以祭祀。而大多数百姓，只能祭祀自己的亲人，即"唯圣人为能飨帝，孝子为能飨亲"。所以，我们在民间，看不到老百姓祭祀上天的祭礼，这也避免了百姓在祭祀上的负担，而祭天这样的大祭奠，只能由帝王去承担。

至于具体的祭祀活动及意义，《礼记》规定也比较明确。

孝子祭亲，主要是追念先祖。祭祀前，要"虑事不可以不豫，比时具物，不可以不备，虚中以治之"。就是说，孝子将要举行祭祀，一切事情都要预先考虑好，到时候所需要的器具物品，要预先备全，要心无杂念、专心致志处理这件事情。

祭祀时，要"尽其悫而悫焉，尽其信而信焉，尽其敬而敬焉，尽其礼而不过失焉"。就是说，孝子在举行祭祀时，要竭尽诚心而表现出心诚的样子，竭尽信念表现出确信有神灵的样子，竭尽敬意表现出敬事鬼神的举动，竭尽礼节而没有过失。

天子祭天，主要是回报大自然的恩赐。祭祀的主要对象是太阳，以月亮相配。这是因为天下之礼，其意义主要有以下五点，即"致反始也，致鬼神也。致和用也，致义也，致让也"。意思是说，天下之礼，一是使人报答上天；二是沟通鬼神；三是财用丰足；四是建立伦理；五是辞谢谦让。

报答上天是为了"以厚其本"；沟通鬼神，是为了"以尊上也"；财用丰足是为了"以立民纪"；建立伦理是为了"上下不悖逆矣"；辞谢谦让是为了"以去争也"。"合此五者，以治天下之礼也，虽有奇邪，而不治者则微矣。"是说兼备这五种意义可以用来治理天下的礼，那么，既然出现奇异邪恶，不能治理的事情就很少了。这便是天子祭天的主要目的。

王 阳 明

祭祀的意义在于"十伦",即"见事鬼神之道焉,见君臣之义焉,见父子之伦焉,见贵贱之等焉,见亲疏之杀焉,见爵赏之施焉,见夫妇之别焉,见政事之均焉,见长幼之序焉,见上下之际焉。此之谓十伦"。

这十伦译成白话是:一是可以看到奉侍鬼神的道理,二是可以看到君臣的要义,三是可以看到父子关系,四是可以看到等级差别,五是可以看到亲疏关系的递次降减,六是可以看到爵赏施与,七是可以看到夫妻的区别,八是可以看到政事的和谐,九是可以看到长幼的秩序,十是可以看到上下的分界。这就是祭祀的十种意义。

对祭祀意义的理解表现出一个人是否有贤德。《礼记》中阐明了这样一个观点:在所有的礼中,没有什么比祭礼更重要,因为祭礼是一种发自内心的举动,不是一种例行公事的活动。所以,君子在将要举行祭祀的时候,要斋戒,要整齐身心,停止嗜欲,不听音乐。这样做的目的是摒弃一切杂念,至诚至信,安定心志。

遵守祭祀的礼数是对一个君子的考验,所以古代没有哪一个士大夫敢对此草率敷衍。鲁迅笔下的《祥林嫂》,留给读者深刻印象的除了人物的刻画外,再就是祭祀场景的描写,在孔子时代过去了两千多年以后,鲁迅先生能以文学的形式表现出这样的场面,足以说明幼时的他没少亲历这种祭祀活动。

亲礼如谱

礼是用来制定人际关系、判断事情嫌疑、分别物类同异、阐明道理是非的。尤其是在制定亲族的关系上,礼的作用不可或缺。一部《礼记》,使人们的伦理关系有条不紊,疏朗明晰,如同悬之于中堂的族谱一样,人人寻得自己的位置,不可越位半步。

《礼记》中说道:鹦鹉虽能说话,终究是飞鸟。猩猩虽能说话,终究是禽兽。现今之人如果无礼,虽能说话,不也是禽兽之心吗?因为禽兽无礼,所以父子同妻。因此,圣人要出来制定礼仪,用来教化人类,使人有礼,知道自己区别于禽兽。

亲礼的重要性在于规定了晚辈对长者应有的行为规范。这种规范其实具有普遍的适应性,因为对于每一个具体的人来说,都是长辈的晚辈,所以规定了晚辈的义务,亲情的礼数就明确了。

对于人子来说,怎么样对待父母?《礼记》中的规定很耐人寻味。比如:

> 凡为人子之礼,冬温而夏清,昏定而晨醒,在丑夷不争。

这句话的意思是说,作为子女的礼节,冬天要使父母温暖,夏天要使父母清凉,晚上要服侍父母安寝,早晨醒来后要问候请安。与平辈的人相处要和谐,不发生争执。

这个要求似乎很简单,但常年做到并不易。有些人不理解,认为冬温夏清昏定都很有必要,而晨醒这样的程式化的举动是否有必要?其实,对于老年人来说,儿女早晨请安是很有道理的,在医疗条件几乎是原始状态的古代,老人去世的时间大都在黎明时分。老年人睡眠轻,如果早晨卧床不起,很可能是身体不适,分室而居的子女过来看望一下,一旦有意外,会处理得更主动一些。由此看来,古人制定得这些礼数,并不是随心所欲,而是根据生活中的经验得来。

还有一条对儿童的礼数规定也很有教育意义,我们现在的幼儿园都应该有所借鉴。

> 幼子常视毋诳,童子不衣裘裳,立必正方,不倾听。长者与之提携,则两手奉长者之手,负剑辟咡诏之,则掩口而对。

这段文字的意思是:不要用谎话教示儿童,儿童不穿裘皮和裙子。站着时一定要端正,不要歪着头听话,长辈和自己拉手,要用双手来握。长辈俯身耳语时,要用手来掩口回答。

这样的要求对孩子的成长十分有好处。谎话示儿不利于孩子的诚信品德,人们很好接受;而儿童不穿裘皮和裙子的要求,现在许多家长很难理解,裘皮可以使孩子少受寒,裙子夏天穿着也是理所当然的事情,为什么要禁止呢?其实,这样的规定是古人在对孩子进行一种俭朴教育。俭朴,是儒家提倡的一种美德,这种美德修养需要从孩子抓起。裘皮,无论在古代还是现代,都是一种奢侈品,而裙子也不是一般家庭孩子能穿的,用现在的说法,裙子当属于品牌服装。一个未成年的孩子,过早地被名牌服装所包裹,对于孩子的成长绝不会是一件好事。

因此,《礼记》中才有了这样的规定。可惜的是,我们现在的一些家庭不明此礼,孩子们比阔斗富心理日盛,导致了孩子们过早的去体验成人的生活,乱了人生的谱系,这种现象对于孩子、对于社会,都是无益的。

古人没有现代的医学知识,但从生活经验的积累中得出一些教训和结论,把它用礼的形式规定下来,避免了一些问题的出现。比如说娶妻不娶同姓的规定,这是很有必要的,避免了近亲结婚的后果。大概是生活中同姓人的一些结合,出现了后代痴呆的问题,因此才有这么一条规定。

《礼记》中关于父母有疾病,儿女该如何行事的规定也很有道理。

> 父母有疾,冠者不栉,行不翔,言不惰,琴瑟不御,食肉不至变味,饮酒不至变貌,笑不至矧,怒不至詈。疾止复故。

父母病了,做儿女的当然要费神操心,一个心情忧虑的人,怎么能有闲心把自己打扮得溜光水滑?走路又怎么能兴高采烈?这个时候说话要小心谨慎,不要让父母有不安的想法,不能再弹奏琴瑟,吃肉也不能狼吞虎咽,尝尝味道也就罢了,喝酒也不能满脸涨红,笑的时候不能开怀大笑,生气发怒的时候不能骂人。这种情况要等到父母康复之后再恢复到原来的样子。今天,一般的人不难达到这一要求,而且也不会认为这种要求过分,因为这是人之常情。我们在观看韩国、日本等国一些热播的电视剧时,常常看到有这样的镜头,就是下班或放了学的子女,一进家门就喊一声:我回来了。这个礼数其实是我们古人在《礼记》中规定的,原文是"夫为人子者,出必告,返必面"。只不过日本、韩国等国学习了儒学后,一直坚持了它的传承,这让我们看来很是亲切。一段时期以来,韩国电视剧在中国的流行,从某种程度来讲,其实是国人对儒家家庭伦理观念的一种回归。

亲礼的规定尽管有时候多一些,有的连衣服的颜色、说话、赴宴的一些细节都做出规定,但只要结合当时的社会背景仔细分析一下这些规定,并找不到有什么难为人的地方。这说明制定者还是能做到以人为本的,这是儒家思想中很让人感动的地方。

学礼如诗

关于学习方面的礼数,是一个人在成长中必须掌握的内容。儒家注重学习,对学习之礼也就格外重视,《礼记》从诸多方面对学习之礼做了阐述,这些阐述都围绕着一个最基本的观点,千方百计调动学习者的主观能动性。用今天的话说,就是素质教育。

因此,说儒家是死读书、读死书的观点是不正确的,是对儒学之礼的不了解,如果说在宋以后存在一种死记硬背"四书五经"的表现,也只能说是科举制度的不良后果,并非儒家经典理论使然。具有讽刺意味的是,我们现在倒是不乏死读书的现象。针对当前的教育现状,有的教育学家曾形象地说现在的中考和高考,出题者和应考者就像两者在捉迷藏一样,一方在拼命地躲和藏,一方在拼命地找和掘,至于这些偏题、怪题对学生的素质提高有何益处,则全不在乎。翻开《礼记》看看,这样的做法早在古代就已经遭到批判。不幸的是,我们现在很多学校的学生还在遭受这种无礼之学的煎熬。

《礼记》中学习之礼的描述充满诗意,给人以不尽的联想。就教育的作用而言,认为:"君子如欲化民成俗,其必由学乎!"是说教育是国家大事,移风易俗,转变民心,必须从教育入手,通过教育使人民知书达理。因为"玉不琢,不成器;人不学,不知道。是故古之王者建国君民,教学为先"。美玉不经雕琢,不会成为有用的玉器;人不学习,不会懂得道理,因此,古代的圣明君主在建国后的诸多大事中,把教化和学习放在首位。

为了进一步说明学习的重要性,《礼记》中列举了四个事例:"不学操缦,不能安弦;不学博依,不能安诗;不学杂服,不能安礼;不兴其艺,不能乐学。"

意思是说,不练习指法,就不能弹好琴瑟;不学习比喻修辞,就写不好诗章;不学好生活中的人情世故,就不能尽到礼节;不喜欢学习技艺,学习的兴趣就不会高。

《礼记》不仅说明了学习的重要性,还就学习的方法有所阐述:"大学之法,禁于未发之谓豫,当其可之谓时,不陵节而施之谓孙,相观而善之谓摩。此四者,教之所由兴也。"是说大学的教育方法,在学生不正当的欲望发生前就加以制止,这叫作防患于未然;抓住最恰当的时机进行教育,这叫作合乎时宜;不超越正常的顺序进行教育,这叫作循序渐进;学生相互观摩,取长补短,这叫作切磋琢磨。这四条是教育成功的方法。应该说,这四条教育方法,没有一条是僵化的,是教条的,每一条都充满灵性,体现出了制定者的智慧。

不仅如此,《礼记》对教师提出了要求:"君子之教喻也,道而弗牵,强而弗抑,开而弗达。"是说老师在教育学生的时候,要加以引导,而不是拉着逼他前行;对学生要多加鼓励,而不是使他沮丧压抑。讲解问题时,要善于启发,让学生多自我感悟,不要一下子都讲出来。这是因为,一个好的老师,对学生不只是单纯的传授知识,应着重于学生能力的培养,使学生能够举一反三,独立学习。正所谓"善歌者,使人继其声;善教者,使人继其志"。

《礼记》还对老师中存在的一种"填鸭式"的教学方式提出了批评:"记问之学,不足以为人师。"是说那些只知道记诵不懂得领会的人,不配给人家当老师。因为这样的老师不仅不能教给学生学习的方法,而且容易挫伤学生的学习兴趣。

《礼记》又提出:"教也者,长善而救其失者也。"作为教育者,就是要培养、发扬学生的优点,挽救他们的过失。这样的要求仍然是我们教育工作应遵循的原则,如果做不到这一点,那就是人才的浪费、社会的悲剧、教育的失败。

在对老师提出了要求之后,《礼记》对学生也提出了相应的要求:"凡学之道,严师为难。师严然后道尊,道尊然后民知敬学。"这里着重强调尊师的重要。因为,老师得到尊敬,老师所传授的道艺才能受到尊重,道艺受到尊重,人们才能更加注重学习。这是一个良性的循环,是一种引导。

正因为这一点,古代的君主只有两种情况对臣子是敬拜的,一种是当臣子做祭祀时的"尸"时,一种就是做老师时。古代太学礼制规定,老师给君主授课时,不必面北居臣位,就是为了突出对老师的尊重。几千年来,人们一直把"天地君亲师"相并列,也说明这种尊师的观念已经深入人心,成为传统。

学生也不是天资一致的,好的学生对老师所讲知识领会快,这是善于学习的学生,能起到"师逸而功倍"的效果,这样的学生往往还把学习的成绩归功于老师。而不善于学习的学生往往"师勤而功半",就是说老师很辛苦,可教学效果却只有一半,而且还把责任推到老师身上。这应当是做学生的大忌。

乐礼如风

作为六艺之一的乐,曾经是儒家文化的一大特色,可惜的是这方面流传的东西很少,《乐经》已经失传,今人对古乐的研究也就少了途径。但读《礼记》,关于乐之礼,记录还算明确,这些记载,给人一种悠悠古风拂面的感觉,很值得琢磨品味。

说乐礼如风,是因为风不同,乐也不同。风有和风、细风、春风、秋风、狂风等等之分,乐也有喜乐、哀乐、燥乐、淫乐、和乐等等之别。从盛行的音乐中,可以像从流行的风中一样,能看出季节的变化。为此,《礼记》分几个层次说明了音乐的内涵。

首先,从音乐的产生来看,音乐是由心而生的。

> 凡音之起，由人心生也。人心之动，物使之然也。感于物而动，故形于声。声相应。故生变；变成方，谓之音。比音而乐之，及干戚羽旄，谓之乐。

这段文字的意思是：凡是声音的发出，都是内心活动而产生的。人的内心活动，是受到了外物的刺激作用。对外物的刺激产生感应而活动，就表现为声音。不同的声音相互应和，就会发生变化。抑扬顿挫的变化，使五声俱全，交响成歌曲。比照歌曲而用乐器演奏，再文武之舞，这就是乐。从这段文字可以看出，乐，不是单纯的歌或舞，它是歌、舞、器、人综合起来的表演。

既然乐生于心，那么乐之特点就应该以能打动人心为根本标准，不能动人心弦的音乐，不会是好音乐。不同的心境当然会对外物有不同的感受，所以，其乐也就会有所不同。

《礼记》中说："其哀心感者，其声焦以杀；其乐心感者，其声啴以缓；其喜心感者，其声发以散；其怒心感者，其声粗以厉；其敬心感者，其声直以廉；其爱心感者，其声和以柔。"说的就是这个道理。其大意是：内心产生悲哀的感应，发出的声音急促而低微；内心产生快乐的感应，发出的声音平和舒缓；内心产生愉悦的感应，发出的声音高昂而悠扬；内心产生愤怒的感应，发出的声音粗壮而猛烈；内心产生恭敬的感应，发出的声音纯正而单一；内心产生爱慕的感应，发出的声音温和而柔顺。

《礼记》中规定的这六种特征，已经成了音乐的环境标准，至今还在影响着各类音乐作品的创作。小提琴协奏曲《梁祝》就是一个典型的例子，这个曲子的各乐章几乎包括了以上全部六种感应，正因为如此，《梁祝》才成为不可多得的经典之作。

音乐作为社会的一面镜子，完全可以和政治联系起来。古人认为，听其乐，可以知其政，这也是被历史所证明的事情。所以《礼记》中说："治世之音安以乐，其政和。乱世之音怨以怒，其政乖。亡国之音哀以思，其民困。"先王之所以制定礼乐，并不是仅仅为了愉悦，为了满足人们口腹耳目的欲望，其真正的目的在于教化，用礼乐来教导百姓爱憎分明，回归人之正路。因为礼乐的作用不可低估，有了礼乐的流行，人们心中就不会有怨恨，社会因此就会和谐。所以说："王者功成作乐，治定制礼。"意思是说王者大功告成的时候才作乐，政治安定才制礼。

那么音乐的本质到底是什么？这个问题《礼记》中也做了解释。

> 故歌之为言也，长言之也。说之，故言之；言之不足，故长言之；长言之不足，故嗟叹之；嗟叹之不足，故不知手之舞之，足之蹈之也。

这段文字的大意是：唱歌其实也是一种语言，只是把语言的音调拉长罢了。心中喜悦就用语言来表达，语言不够用，就拉长其音调，拉长音调不够，就发出咏叹，咏叹不够，就不知不觉地手舞足蹈了。

从这段话里我们不难发现，古人对乐的解释就是语言的一种发挥，归根结底还是内心情志的一种表达。因为只用诗歌来表现语言传情达义的功能毕竟有所局限，所以需要诗、乐、舞三位一体,来综合表达内心的情志和喜怒哀乐。这种三位一体的表达反映了一个人的思想境界,正如《礼记》中所说:"德者性之端也;乐者,德之华也。金石丝竹,乐之器也。诗言其志也。歌咏其声也,舞动其容也。三者本于心,然后乐气从之。"

人,要懂一些音乐,这不仅仅是个爱好的问题,而是一个文化素质的问题。反映心声和伦理的音乐能给人以启迪和教化。《礼记》中有个很值得注意的观点:"知声而不知音者,禽兽是也;知音而不知乐者,众庶是也。唯君子为能知乐。是故,审声以知音,审音以知乐,审乐以知政,而治道备矣。"

这里的禽兽和凡人是相对于君子而言,意在说明懂得音乐的重要性。一个人只有能分辨声音才可以懂得音理,能分辨音理才能知道音乐的作用,能辨别音乐的作用可以了解政事的治理。在这种启发之下,就会找到一套治理国家的好办法。从这一点引申开来,就得出了不知道声音的人,不可以和他谈论音理;不了解音理的人,不可以和他谈论音乐的作用,因为一个不知道音乐作用的人,不会是一个和谐的人。

正因为音乐的特征能够反映国家国民的审美取向,所以,不同的国家所崇尚的音乐也就会有所不同。"德音之谓乐"的国家,必然会"移风易俗,天下皆宁"。而崇尚"溺音之谓乐"的国度,风气自然不会端正。

子夏曾评价说过:"郑音好滥淫志,宋音燕女溺志,卫音趋数烦志,齐音敖辟乔志;此四者皆淫于色而害于德,是以祭祀弗用也。"这种评价是史家所公认的。郑音轻佻,使人心志放荡;宋音耽情,使人心志沉溺;卫音急促,使人心志烦乱;齐音傲僻,使人心志骄逸。这四种音乐都偏重情欲而戕害人们的德性,因此,祭祀时不用这类音乐。《礼记》将古代郑卫地方的音乐称为乱世之音,将桑间濮上的音乐称为亡国之音,就是因为这些音乐宫、商、角、徵、羽五音相互混杂,交相侵凌,结果"其政散,其民流,诬上行私而可止也"。意思是说政治腐败,百姓流离失所,官吏欺上瞒下,各自为政而无法制止。国人一直有抵制所谓"靡靡之音"的观念,理论根据大概亦出于此。

儒礼如山

《礼记》所述诸多礼数,都是儒者应遵循之礼,但对于儒者来说,还有一些原则性和普遍意义的要求,这些原则像巍巍泰山一样不可撼动,这就是儒行之礼。

在服饰方面,儒礼表现出应有的随意性和宽容性。儒家不像道家那样几百年服装统一,打扮一致。儒家主张在服装方面要入乡随俗,只要"衣冠中",即穿戴适中,不异于众,不流于俗就可以。孔子本人对儒服的说法是,"其服也乡",至于其他的要求他也不知道。可见,儒礼并无特殊的穿着规定。

对儒服没有要求,但对儒者行为上的标准就比较明确。孔子曾形象地比喻说:儒者就像席上的珍品等待聘用,努力地学习以待请教,心怀忠诚等待举荐,勉力而行等待有识者的录用。这是强调儒者的修身和立身问题。儒者在这个问题上始终把出发点和落脚点放在内因上,所以,儒者不会怨天尤人,不会为讨条捷径而节省力气。一个真正的儒者,是不会不择手段地去跑官买官的,他们"爱其死以有待也,养其身以有为也",意思是说爱惜生命以等待时机来临,保养身体时刻准备有所作为。

儒者行为上保持一种不偏不倚的中庸态度,言必先信,行必中正,慎微慎独。所以如果一个儒者驾车,哪怕是在无警察无路人的半夜,他也不会闯红灯,因为他的行为信条是"克己复礼"。一个以"克己复礼"为信条的人,必定会"幽居而不淫,上通而不困",就是说独处时不会放纵自己,通达于礼而不会精神委靡。

儒者对财富的要求也是低调的。"儒有不宝金玉,而忠信以为宝;不祈土地,立义以为土地;不祈多积,多文以为富。"金银玉器在儒者眼里不算是宝贝,儒者眼里看重的是忠信;儒者不祈求占有多少土地,而是把占有道义作为立身之地;不以攒有多少金钱为财富,而是把多学习到的知识作为财富。这就是儒者的金钱观。

当前,在市场经济浪潮的激荡中,人们的金钱观发生了一些相应的变化,这固然可以理解,但把金钱作为衡量一切的唯一尺度,其负面影响就显而易见了。在这方面,儒者的金钱观是可以借鉴的。儒者"有委之以货财,淹之以乐好,见利不亏其义;劫之以众,沮之以兵,见死不更其守"。要达到这种境界,说明儒者的思想意志是坚定的,是有着钢铁一样操守的。哪怕你用金钱、股票、名牌商品来贿赂,哪怕你用美女、豪宅、奇珍异宝来腐蚀,儒者仍然能做到"见利不亏其义",就是说不会使原则问题受到损害。哪怕你用一批地痞、流氓、黑社会来威逼,哪怕你用利刃抵住脖子来恐吓,儒者也不会因怕死而改变操守。这是儒者的气节,是中国古代读书人所共同追求和崇尚的气节。

明代名儒方孝孺,宁肯诛十族也不弃儒者操守,为朱棣起草即位诏书,便是一个可歌可泣的例证。

儒者对贫困的态度是豁达的。"其居处不淫,其饮食不溽"就可以了,这里的"不淫",就是不奢侈,"不溽",就是不厚味,是指生活简朴,粗食淡饭。《礼记》中还具体描绘了一个儒者居住的地方。

儒有一亩之宫,环堵之室,筚门圭窬,蓬户瓮牖;易衣而出,并日而食,上答之不敢以疑,上不答不敢以谄,其仕有如此者。

从描述中我们看到儒者在生活上的要求是很容易满足的,能够安于清贫,安贫乐道。一亩之宫,是长宽各十步的墙垣,也就是说院落很狭小。堵,是指很窄的面积。筚门圭窬,是说正门是荆竹编成,旁门则是在墙上随意挖了个"圭"形的洞。用草编的屋门,用瓦瓮做窗,外出时方能换上一身体面点的衣服,两天吃一日的粮食。君主采纳自己的意见,不怀疑自己的能力;君主不接受自己的意见,也不低三下四,谄媚讨好。儒者即不因贫贱而困迫失志,也不因富贵而骄奢失节,要有一种穷且益坚,不坠青云之志的精神。《礼记》中的这一记载,似乎就是在写颜回,在对待贫困的态度上,颜回是一个难得的榜样。

在对待大局方面,儒者的原则是国家利益高于一切。过去,有文人相轻的说法。其实,真正的儒者是"同弗与,异弗非也",就是说不和见解相同的人结党,也不诋毁见解不同的人。

要"苟利国家,不求富贵"。在举荐人才方面,要有儒者胸襟,做到"内称不辟亲,外举不辟怨",一切以人才为重,以大局为重。国君如果有过失,要委婉地提出并加以劝诫,不能装聋作哑,更不能为虎作伥。

在对待朋友问题上,儒者"可亲而不可劫也,可近而不可迫也,可杀而不可辱也",要保持一种和而不同的独立人格。但对于朋友,要表现出高度的负责精神。"儒皆闻善以相告也,见善以相示也;爵位相先也,患难相死也;久相待也,远相致也"。这是说儒者听到有益的话要告诉朋友,见到有益的事要告之朋友,有提拔的机会,相互推让,要患难的时候,争相赴死。朋友在他国不得志,哪怕路途再远也要招来共同发展。

这一点,很有些"苟富贵,勿相忘"的意思,这不是一种无原则的帮助,而是一种共同志向间的提携,因为儒者交朋友有个前提,那就是"儒有合志同方,营道同术:并立则乐,相下不厌;久不相见,闻流言不信;其行本方立义,同而进,不同而退"。是说儒者交朋友,要有相同的志向,研究道艺有相同的方法。彼此有建树都为之高兴,不发迹也不能相互厌弃。如果很久没有见面,有流言蜚语也不要盲目相信。儒者这种交友之道是很正确的,既然志同道合,成了朋友,就应该同甘苦、共患难,不要再以金钱、地位来影响相互间的友谊,更不能无端地听从别人的挑拨、猜疑、怀疑朋友。志向相同就好好相处,志向相异就平静地分手。现在一些人,做朋友时关系甜如蜜,分手后相互视为仇,这实在大可不必,对人,应该有一种儒者的宽容,更何况曾经是朋友一场,留一份记忆总比多一份嫉恨要好。

国风何年再流行

　　《诗经》是我国第一部先秦乐歌总集,早在两千五百年前就已经汇集成书。先秦时期,它被称为《诗》或《诗三百》,汉以后,因为"独尊儒术"的原因,它被尊称为《诗经》。

　　《诗经》创作的年代,大约是从周初期到春秋中叶,即公元前十一世纪至公元前六世纪之间。这个时期正是社会转型、各种矛盾动荡转化时期,因此,《诗经》的内容比较全面地反映了当时的社会现实,是我们了解那个时代相当重要的历史文献。《诗经》由风、雅、颂三部分组成。风,是指国风,即十五国的国风,基本是民歌;雅,相对来说是官方的语言和音乐,可以理解为贵族的乐歌;颂,是"镛"的通假字,镛是一种大钟之名,用这种音色庄重的大钟伴奏,再配以舞蹈演唱的祭歌、祝歌就是颂。

　　我在读《诗》的时候,比较偏爱国风。通过国风,我感到我们的祖先其实在很早以前,就提倡言论自由了,如果统一的秦王朝能吸取这一做法,大泽乡的揭竿而起恐怕就不会出现了。汉注意了这方面的建设,有了"立乐府,采诗夜诵"的制度,所

以汉的统治延续达四百多年,在我国的封建王朝中算是比较长的。

《诗》是孔子在晚年整理的,孔子在他的著作中反复引用《诗》中的句子,说明孔子对《诗》的喜爱程度极高。那么孔子为什么如此认同这种大多是出自平民的文学呢?这种已经流传了几千年的诗对于我们今天有哪些启示,这是本文要探究的问题。

民声成国风

孔子曾经问儿子孔鲤,最近是否读《诗》,孔鲤说没有,孔子批评了他一句流传千古的名言:不读诗,无以言。那么《诗》是教人如何说话的吗?显然不是,孔子所说的无以言是指说话的内容,《诗》是了解社会的有效途径,你不了解社会,你又能说什么呢?即使说了,不也是空话、废话吗?

孔子时代生产力水平还十分低下,没有什么报刊等新闻媒体,了解民情民意的唯一渠道就是倾听老百姓的呼声。而作为读书人,不可能有更多的时间去民间亲自了解,所以从前人编采的《诗》中来间接了解社会、了解下层民众的呼声就十分重要。注重实践和学用结合的孔子鉴于对社情民意的重视,才说出了这句令孔鲤汗颜的话。孔子曾经对他的弟子们说:"小子何莫学夫《诗》?《诗》可以兴,可以观,可以群,可以怨;迩之事父,远之事君;多识于鸟兽草木之名。"这段话的意思是:学生们为什么不学习《诗》呢?读《诗》,可以培育想象力,可以提高观察力,可以增进团结,可以排遣心中郁闷;浅显的道理可以尽孝侍父,深远的道理可以尽忠侍君;还可以多了解一些自然方面的知识。

今天读《国风》,很多篇章所表达出思想的尖锐性很令人钦佩。不知当时的编纂者怎么有胆量采集,也不知当时的统治者怎么有胸怀来看,更不知一贯以维护周朝礼制为己任的孔子为什么还会对此大加赞赏。比如反映征战内容的《邶风·击鼓》一诗:

> 击鼓其镗,踊跃用兵。
> 土国城漕,我独南行。
> 从孙子仲,平陈与宋。
> 不我以归,忧心有忡。
> 爰居爰处?爰丧其马?
> 于以求之?于林之下。
> 死生契阔,与子成说。
> 执子之手,与子偕老。
> 于嗟阔兮,不我活兮。
> 于嗟洵兮,不我信兮。

这是一首很著名的诗,是写征夫情怀的。译成白话大概是这个样子:

> 大鼓击打咚咚响,跳跃劈刺练刀枪。

国风何年再流行

修城壕,筑城墙,我只身从军赴南方。
跟随元帅的孙子仲,联合陈与宋。
不让我回归家园,我忧心忡忡。
何处居住何处驻?我的战马将死何处?
到哪里来寻找我啊?埋葬我的是山林下的黄土。
生离死别情感不移,与你许下的诺言山盟海誓。
当时牵着你的手信誓旦旦,一定与你白头偕老。
嗟叹分别的长久啊,我们无法相见;
嗟叹路途的崎岖啊,辜负了我的诺言。

不要说是在那个忽视生命的征战年代,就是在提倡以人为本的现在,如果哪个战士如此以诗的形式来暴露思想情感,这都是让领导光火的举动。什么觉悟不高、不讲政治、趣味低下等等一大堆帽子会无情地砸将下来,弄不好还会有动摇军心的罪名在后头。但是,这样的诗为什么会被统治者接受呢?除了统治者也厌战外,很难找到其他理由。其实,统治者也并不是都喜欢征战,因为有战就会有胜负,没有哪个诸侯国能保持常胜不败。但受政治因素的制约,有时候又不得不战,为了同盟、为了王道,甚至为了面子,战争总是不可避免。

宫廷之所以辑录这首《击鼓》,是因为政府的脉搏与百姓的声音在某一个点上产生了共鸣。所谓"春秋无义战",这是一个在孟子时代就已经看透的政治问题,当时的国君们怎么会没有思考?所以,呼唤和平这是《击鼓》所发出的声音,这既是民声,又是王意,这才有了后人能读到的一首好诗。

孔子是反对穷兵黩武的,他主张为正义而战,那么一场令大众怨气冲天的征战,显然不符合孔子的主张,这也是他没有删去此诗的原因吧。

如果说《击鼓》还比较委婉地抱怨战争的话,那么《魏风·伐檀》和《硕鼠》对奴隶主的行为简直就是控诉了。如以下诗句:

不稼不穑,胡取禾三百亿兮?
不狩不猎,胡瞻尔庭有县特兮?
彼君子兮,不素食兮!

《伐檀》

这是直接的质问和控诉:你这所谓的君子,不稼不穑,不狩不猎,为什么白白拿我三百亿谷粟啊?为什么我们辛辛苦苦打来的猎物挂满你家的院墙啊?你们这些君子,不能当白吃饱啊!(这里的"特",是一种三四岁的动物,应是皮毛最佳时期。)

硕鼠硕鼠,无食我黍!
三岁贯女,莫我肯顾。

《硕鼠》

把奴隶主比喻成大田鼠这本身就说明了问题。我曾经怀疑孔子的思想有相互矛盾的地方,因为孔子是等级制度的维护

者,他对这种以下犯上的声音怎么会没有个说法呢?而且他还说:"诗三百,一言以蔽之,思无邪。"这样的比喻和怒骂,还是"思无邪"吗?

再细读该诗,我找到了孔子之所以同情这些"劳力者"的原因,那就是这些君子们太过分了,他们对奴隶劳动果实的攫取太多了。该诗用了"三百廛""三百亿"和"三百囷","廛"是古代一户平民所居住的面积单位,"亿"是相当大的数量单位,"囷"是古代的粮仓,如此重的税赋与孔子一贯主张的节用标准相差悬殊,老百姓怎么承受得了?所以出现了奴隶们要"逝将去女"的呼喊。儒家一贯提倡十抽一的税赋,这些"君子"的敛财方式和孔子的"财聚则人散,财散则人聚"的思想显然是矛盾的,孔子在这里把同情给了悲惨的奴隶们。

《秦风·黄鸟》对殉葬制进行了无情的揭露。秦穆公死后,以一百七十七人活活殉葬,《黄鸟》就是以此为内容悲号苍天:

彼苍者天,歼我良人,如可赎兮,人百其身。

对于君王来说,他们认为殉葬理所应当,他们永远不会想到殉葬者的感受,"临其穴,惴惴其栗"——这是一种什么感觉啊!孔子对这种活人殉葬恶习深恶痛绝,他平生最厉害的诅咒就是针对以人殉葬。他说:"始作俑者,其无后也。"连用偶人殉葬孔子都诅咒他断子绝孙,更何况用活人殉葬。他在鲁国摄相职时,对丧葬的要求是"为四寸之棺,五寸之椁,因丘陵为坟,不封不树",就是说孔子主张人葬后不要占耕地,葬于山地,也不要留坟头,不要植树纪念。孔子的主张其实就是为了节用,并不是他怎么唯物。《黄鸟》所歌之事批判的矛头是针对君王的,统治者竟然能欣然纳之而又不兴师问罪,这是周文化心态的博大和兼容,是德政的表现,孔子之所以喜欢周代文化,或许就有此原因。

除了反映战争和社会腐朽黑暗的内容外,国风还反映了古代人民的劳动生活、美好的爱情和妇女的不幸命运。其中尤以歌颂爱情的篇章令人称道。如《王风·采葛》:

彼采葛兮,一日不见,如三月兮!
彼采葛兮,一日不见,如三秋兮!
彼采葛兮,一日不见,如三年兮!

诗中的"彼采葛兮",就是那个采葛的好姑娘的意思,这是一个砍柴的小伙子对自己心仪的姑娘所唱出的心声。这样的诗篇竟能通过主张"男女行别于途"的孔子的审阅大关,进入诗三百的行列,要么是诗中真情感动了老夫子,要么是孔子并不反对在劳动中建立的爱情,这其中有个"度"的问题,这个度要合乎礼。因为小伙子只是表达出一种真情的感受,并无野合私奔之举,这是孔子认为其符合"思无邪"标准的原因。由此,我们对儒家的爱情观应该有一个公正的评价,不能简单地认定儒家轻视妇女。在被称为经的《诗三百》中,这样的篇目不算少,为妇女鸣不平,鞭挞负心男子的《卫风·氓》就是一个很好的例子。

> 氓之蚩蚩,抱布贸丝。
> 匪来贸丝,来即我谋。

这个看上去老实巴交的男人很有一套,他名义上是来卖布,实际上是另有图谋,来打我的主意(这是用一个妇女第一人称写的诗)。当这个男人死磨烂缠终于将女人娶到家后,他的态度很快由热变冷,应了那句始乱终弃的老话。可以看看这一段:

> 三岁为妇,靡室劳矣。
> 夙兴夜寐,靡有期矣。
> 言既遂矣,至于暴矣。
> 兄弟不知,至其笑矣。
> 静言思之,躬自悼矣。

这一段写出了这个不幸的女人的辛酸,翻译成白话是这样的:做你的妻子这么多年,整天忙碌没有清闲;常年早起又晚睡,天天劳作干不完。你已遂心又如愿,对我横挑鼻子竖挑眼;家人兄弟不知情,冷嘲热讽没有完;独自思前又想后,伤心流泪我辛酸。

不知孔老夫子读罢此诗的感想如何,对于以阴阳之道喻夫妻之道的孔子,此时肯定会大骂这个"抱布贸丝"的家伙是个小人。你既然在定亲时"尔卜尔巫,体无咎言"——又占卜又问卦,都没有什么问题,而且又信誓旦旦要与尔偕老,为什么不守诺言,竟狠心负情负义呢?

令人欣慰的是,这个女子并不是任人宰割的羔羊,她看透了这个负情郎的本质,在痛苦中觉醒了。诗中写道:

信誓旦旦,不思其反。
反是不思,亦已焉哉!

就是说我牢记了我们的海誓山盟,没想到你却变了心;既然你不念旧情违背誓言,我就和你到此为止,一刀两断!

《国风》令人喜爱之处就在这里,它不受政治上的制约和礼教上的束缚,客观地反映了真实的社会现实,让人从中体会其滋味,然后各取所需,这是多么好的文学观!

文采尚简约

诗是凝练的,这句话最好、最早的证据就是《诗经》。读《诗经》的确能给人一种读经的感觉,因为它的高度凝练给人以无穷的想象和回味。古代没有现在这样的纸和笔,大量的文字需要用刀刻在竹简上,这就要求在记录文字时不能拖沓冗长,不能像现在的公文,动辄洋洋万言,废话像失控的自来水的龙头一样,不计成本地流个没完。

《诗经》的简约程度完全可以称为经典,该多用文字的时候,

毫不吝啬；不该用的时候，又惜墨如金。我们不妨以《唐风·葛生》来举例说明。

> 葛生蒙楚，蔹蔓于野，予美亡此。谁与？独处！
> 葛生蒙棘，蔹蔓于域，予美亡此。谁与？独息！
> 角枕粲兮，锦衾烂兮，予美亡此。谁与？独旦！
> 夏之日，冬之夜。百岁之后，归于其居！
> 冬之夜，夏之日。百岁之后，归于其室！

这是一首悼亡诗，妻子哀悼自己早亡的丈夫，痛苦悱恻，同时又感叹自己独守空房，凄凉悲苦的境遇，读来令人感动。其比兴的写法也收效甚好，渲染了一种葛蔓缠绵、茔冢荒芜的氛围。葛生蒙楚，蔹蔓于野。葛是葛蔓，楚是"荆"的别名，是一种丛生落叶灌木；蔹即白蔹，是一种类似野葡萄状的草本植物。

这两句诗的意思是：葛蔓丛生，已经爬满了荆棵；白蔹遍地，长满了荒野。这种荒凉的心境用景物表现出来，带有很浓厚的感染力。

紧接着，本诗的诗眼出现了：予美亡此。美，不是美人，而是指好丈夫。翻译过来就是，我的好人啊，就这样走了。

"谁与？独处！"多么简洁的文字，又表达了多么深厚的夫妻情意。谁能与我陪伴呢？我独自一人顽强地活下去。

诗中，女子三次呼喊"谁与？"，并不是渴望新的爱情，而是对亡夫的一种往日眷恋。这如同失去了伴侣的孤雁在湖畔凄惨的悲鸣一样，声声叫人揪心。

第二段的景物发生了一些变化,像电影中的慢镜头一样,由远拉近。葛生蒙棘,蔹蔓于域。葛蔓丛生遮住了荆棘,白蔹的枝蔓爬满了坟地。前段是"于野",这里是"于域",一字之别,远近不同,文字简约到如此经济的地步,又能收到诸多文字才能表达出来的意境,可见《诗经》的魅力。接下来的三句是:我的好人就这样走了,谁能与我相伴呢?我只能独自一人长长的叹息。

　　第三段的景物由近拉到了眼前,几乎是脸可贴,手可摸了。但其语言仍然简洁。"角枕"和"锦衾"都是夫妻床帏之物,女子睹物思人,更添一份凄楚。角枕粲兮,是说当时两人共枕的角枕还是那么好看;锦衾烂兮,是说两人同眠过的锦被依然色彩鲜艳。可是,物是人非,爱人早逝,此情此景让人倍加伤感,所以,女子发出了内心的呼喊:我的好人就这么走了,谁能与我同伴呢?我只有一个人独自到天明!

　　后面的两段文字就更加简洁,它是用反复加深的写法来表示女子对亡夫的深情。夏之日,应是一年中白天最长的;冬之夜,是一年里夜晚最长的,人们长说,欢娱嫌夜短,愁苦恨日长,女子一个人生活的艰辛和独守空房的寂寞与苦闷可想而知。但作者在这里并没有更多的笔墨,只是用了一个夏之日和冬之夜,两个漫长的时间概念,把生活对女子的煎熬活脱脱表现出来了。

　　接着,就是两句令人落泪的誓言:百岁之后,归于其居!这里的居和下面的室,都是指丈夫的坟墓。女子是说:等我熬到百年之后,我就到你的坟墓里与你为伴。这里女子用了一个

"归"字,可谓用得极妙。在古代,归不仅有归宿、回归之意,还有女子出嫁之说,所以这里的归字,表达了女子一种至死不渝的爱情观。

从全诗来看,三种常见的植物——葛、棘和蔹,两个日常用品——角枕、锦衾,还有两个时间概念——夏日、冬夜,就这么简单的几个物象,竟变化出音乐一般动人心坎的诗章,这不能不令人叫绝。因此,精通古文的孔子喜爱《诗经》也是情理之中的事了。

再看一首《召南·何彼秾矣》:

> 何彼秾矣,唐棣之华?
> 曷不肃雍?王姬之车。
> 何彼秾矣,华如桃李?
> 平王之孙,齐侯之子。
> 其钓维何?维丝伊缗。
> 齐侯之子,平王之孙。

这首诗非常简短,是写贵族女子出嫁时的盛况。贵族女子出嫁其豪华场面可想而知,但该诗没有泛泛地去描述,只是抓住了最关键的东西——婚车去写,捕捉十分到位。

诗的大意是:那车幔多么的艳丽啊,难道不像盛开的唐棣之花?怎能不大气雍容?这是王姬出嫁的婚车。那车幔多么的艳丽啊,难道不像怒放的桃李之花?平王的孙女要把齐侯的儿子嫁。钓鱼该用什么线?用丝做的钓线最好用,齐侯的公子,当然要娶平王的孙女。

从这首诗中,我们可以发现简约文采的魅力,那就是勾画一点,留出空间,其艺术的效果往往比大篇幅的描述要好。婚礼的场面让人眼花缭乱,怎么去写才能传神?把笔墨泼在婚车上不失是个好办法。新郎、新娘所乘的婚车是婚礼招摇过市最大的亮点,古代如此,今人亦如此,再清贫的人家,婚礼时也要想办法弄辆婚车来装点一下门面。这源自中国的传统文化,因为车是官之仪,那么以官本位为观念的国人有这样的习俗也在情理之中了。

诗中最后一章写了钓线的道理则更是言简意赅。我们常说的"金龟婿"你用麻绳钓得来吗?有了金刚钻,才能揽到瓷器活,这是门当户对思想的最早根据。平王的孙女、齐侯的公子,可谓丝线钓金鱼,是十分般配的结合。这里,作者没有讲其他道理,只是用了在当时渔猎生活中十分平常的一个细节,就道出了一个千年不变的大道理,堪称绝唱。

教化谈笑中

孔子喜爱《诗》还有一个重要原因就是《诗》的教化作用。在当时,没有新闻媒体,也没有面向大众的专门的学校,那么如何来对百姓进行教化?孔子认为诗是一种比较好的形式。

《诗》在当时是用来传唱的,不论你是否识字,都可以口耳相传,因此,它是当时最普及的艺术形式。百姓在传唱中得到启发,受到教育,这是孔子注意到的一个问题。如果引导得好,那么《诗》就可以上通民情,下达官意,起到维护国家统治的效果。

《诗》的教化是潜移默化的,尤其对女性的警示教育是通过具体的事例来说明道理,进而引起人们的思想共鸣。比如《卫风·氓》中弃妇对世人劝说,对于未嫁的女人来说可谓滴滴血泪。

  于嗟女兮,无与士耽。
  士之耽兮,犹可说也;
  女之耽兮,不可说也。

耽,是沉溺的意思;说,通"脱",是开脱、解脱之意。译成白话就是:姑娘啊姑娘,不要和男子沉湎于情爱之中(意在不要被男人的虚情假意所迷惑),男子迷恋女子,说解脱就可以解脱;而女子一旦爱上了男子,是不可以解脱的啊。

这样的劝世警言今天仍然有积极意义,因为恋爱中的女子智商是最低的,往往容易被理想化的未来所迷惑,就像生活在幻想里一样,因此所作出的判断便带有过分的主观色彩。而男子相对来说见异思迁的可能性要大许多,这是因为对于一个男子来说,还有比爱情更重要的事情需要他去做。在某一个时段,他可以把爱情视为生命,但要他一生都做到这一点,就是一个不现实的要求了。《氓》中的女子就是吃了这个大亏,当时氓来追求她时,殷勤有加,一副老实忠厚的憨态,两人相恋时也是"载笑载言",可是一旦娶回了家,就来了脾气,又是横眉又是竖眼,把老婆当奴隶一样使用。

我曾经思考过这样一个问题,现代汉语中的"流氓"一词是不是与这个始乱终弃的卖布的小伙子有关,因为"氓",本身没有贬义,就是民之演化,最多也就是外地迁入之民。但自从《氓》诗流传,这个词便不再光彩,总有些坏小子的意思,这也是历代民众对这个不幸弃妇同情,对氓的背信弃义行径反感所致。

孔子说,《诗》"可以群",这里的群,就是说《诗》具有对人们的凝聚、教化、团结之作用。人们在传唱当中受到诗的感染,进而使心灵得到净化,德行得到修正,从而团结向上,这就是诗"可以群"的功能。比如《大雅·文王》一诗,就是通过对周文王受命于天,礼贤下士,施行德政的业绩的颂扬,来弘扬圣主德政之道,明商亡之鉴,振奋国民之精神。

《诗》的教化还体现在其讽刺作用上,通过对违背道德和人伦之行经的讽刺,使人们辩明善美和丑恶。如《邶风·新台》就是讽刺卫宣公强娶儿媳的丑行。我们不妨欣赏一下这首短诗。

> 新台有泚,河水弥弥。
> 燕婉之求,籧篨不鲜。
> 新台有洒,河水浼浼。
> 燕婉之求,籧篨不殄。
> 鱼网之设,鸿则离之。
> 燕婉之求,得此戚施。

诗中的泚,是清亮鲜明的样子。弥弥,是水满荡漾之貌。洒,是高峻。浼浼,是水满而平。燕婉,是文雅和顺之意。籧篨是身体有残疾,这种残疾很麻烦,是类似鸡胸突出的疾病,不能附身。戚施更惨不忍睹,就是罗锅、驼背。把这首诗翻译成白话,大概是这样:

新台壮丽安乐窝,河水滔滔波连波。
白马王子我所求,谁知娶我是罗锅。
新台楼高好气魄,河水缓缓好辽阔。
白马王子我所求,谁知娶我是罗锅。
张开大网想捕鱼,鸿雁高飞免遭祸,
白马王子我所求,谁知娶我是罗锅。

诗中鸡胸驼背之人就是卫宣公,女子所求的白马王子乃是卫宣公的儿子,女子的满腔热情被一个又丑又残疾的老头子糟蹋了,这种不顾人伦强娶儿媳的丑行当然为人们所不齿,此诗于民间传唱,等于向人们提供了一个反面教材做镜子,对照之中,丑行自然遏止。

诗的教化作用主要是通过诗在民间的传唱并由此形成强大的社会舆论来实现的,这很类似现在的新闻媒体,一件事情,一旦在媒体上形成了主导性的倾向,想改变它的形象是很难的。诗中所唱的一些事情其创作者的爱憎比较明显,在社会上的引导作用也就比较大。百姓在传唱中既宣泄了内心的情感,又受到了一种正义和道德的教育,从而使诗的功能变得不仅仅是娱乐了。

诗路不可绝

在思考《诗经》现象对今天的启示时，我的大脑里总在旋转这样一个概念——诗路。

在两千多年前的春季，通往京都的条条古道上，活跃着采诗官（或称行人）和一些民间老人，他们"振木铎循于路以采诗"，然后将从民间采集来的诗层层上传，汇总到太师那里，由太师"比其音律，以闻于天子"。这是现在大多数专家比较认可的《诗》的来由。当然，这部分主要是指《国风》部分，至于《雅》和《颂》两部分则多由专业人士所作。这就使人看到了一条从民间到宫廷的诗路，而且这条诗路十分畅达，无风险可虞。天子通过这条诗路，不仅了解到各地的风土人情，而且了解了各国的政治舆情，为更好地治理天下掌握了不可或缺的第一手素材。

诗路即言路，可通不可塞，通则活，塞则死。周王朝的统治者深谙此中道理，保持了号称八百年的长治久安，为人类留下了宝贵的文化遗产。我们今天读《诗》，至少有如下几点经验值得借鉴。

一是在政治上辟一条民间舆情上传通道，保持最高层与最下层的信息畅通。

民间信息是原汁远味的社会舆情，最能反映百姓心声，最高层掌握了这些信息，有助于作出正确的决策，从而赢得民心。

国风何年再流行

我们现在也有比较系统的信息上传和反馈渠道,但都是官方主渠道所为,没有民间的色彩。即或有的素材来自民间,在经过了层层管理人员的加工之后,问题的角度、程度和影响范围都大打折扣,报上去也难以引起最高层的注意。如我们前文所引的《黄鸟》一诗,如果这首诗需要秦国的当政者的审查后再上报周王室,那么这首《黄鸟》早就被删掉了。

在这个问题上,古今道理没有什么差异,不论官吏的素质怎样,如果没有体制上的渠道,问题就得不到根本解决。因为即使有觉悟高的官员,他也宁可自己把问题消化解决,而不希望惊动上级。因此,建立一条民间的信息反馈渠道显得十分重要,它可以是政治的,也可以是文学的,也可以是其他艺术形式的,总之,这个渠道必须是特快直达,不受干扰。

当前,社会生活中的许多问题都在潜伏着、积压着,这种看上去的貌似平静并不是就真的平安无事,通过合情、合法的途径对这些问题进行疏导、减压,是防止问题爆发的主要手段。不管你官方听不听,百姓间的顺口溜、黄段子都在流行,有的借助网络越传越广。

那么这些民间口头文学都是无聊之作吗?恐怕不能一概而论,有些段子的确揭示了生活中反常的现象,如果这些反常的现象得到了解决,这些所谓的顺口溜还有流行的土壤了吗?民间的东西不能都用空穴来风来一言以辟之,至少它反映了一种来自民间的情绪。作家贾平凹在所著的《废都》中引用了许多民间顺口溜,这些顺口溜在《废都》出版前很早就已经在国内流传,贾平凹正是敏锐地看到了顺口溜背后的东西,才让这

275

些本来不能登大雅之堂的俗言俚语走进了他的小说。

在自媒体时代的今天,没有什么事关民众的事情可以隐瞒,隐瞒所导致的只能是更大的误解和更深的隔阂。孔子时代的"民可使由之,不可使知之"的情况到今天已经发生了根本性的扭转,我们的思想必须跟紧时代的步伐。2003年全国性的"非典"疫情在信息反馈上的失误就是一个沉痛的教训,这样的低级错误不应该在已经建立快速反应机制的国度里重现。

上与下本来就是相互依存、对立统一的,如果其根本目标一致,就没有调和不了的矛盾,这是辟诗路、开言路的重要前提。尤其对于我们执政的共产党来说,除了广大人民群众的利益,我们这个党再没有其他利益,这就更应该以史为鉴,让诗路畅通,让国风劲吹,从而上下合力,共建"大同"社会。

二是在生活上提倡简约,弘扬勤俭节约的传统美德。

简约是《诗》的标志,这种标志给我们的启示不仅仅在文学上。文学即人学,文学的灵魂必然是人的精神内核。我们今天较之过去是富裕了一些,物质生活变得丰富了,但这并不能使我们有理由丢弃简约。《诗》中有一首名曰《宾之初筵》的反对奢华的作品,非常值得一读。该诗以对比的手法揭露了统治者的荒淫生活,全诗描写了一副酒宴上的闹剧。宴席伊始,宾主谦让有礼,大家正襟危坐,一个个人模狗样;酒至半酣,笙鼓舞乐开始登场,在歌舞当中气氛变得活跃起来;酒到高潮,众人开始手舞足蹈,威仪尽失;后来都不能自持,开始胡言乱语,打翻杯盏,撒疯乱舞,衣冠不整,立足不稳。在此,不妨摘录一段：

  宾既醉止，载号载呶。
  乱我笾豆，屡舞僛僛。
  是曰既醉，不知其邮。
  侧弁之俄，屡舞傞傞。
  既醉而出，并守其福。
  醉而不出，是谓伐德。
  饮酒孔嘉，唯其令仪。

这段诗译成白话是这样的：

  宾客已经醉醺醺，号叫喧闹乱纷纷。
  打翻杯盘与碗盏，撒疯狂舞胡乱奔。
  还说这是喝酒醉，不知过失头发昏。
  头上歪戴鹿皮冠，醉舞盘旋脚不稳。
  自觉喝醉走出门，宾主两安好福分。
  酒已喝醉不离走，做事缺德失人心。
  开筵饮酒本好事，要有美仪方舒心。

  《宾之初筵》所描绘的情景，虽然过去了两千多年，但今天读来仿佛就在眼前，因为现实生活中这样的情景太多了。现实生活中穷奢极欲、慷国家之慨的事例可以说是举不胜举，为了一个意义不大的所谓仪式，动用上千的学生停课练习歌舞；为了一个无关紧要的所谓会议,花重金租用豪华宾馆消费;为了一个小小的纪念活动,花大价钱搞摊派行追星之事,凡此等等,已经到了失控的程度。古代天子的歌舞规模才不过六十四人,我们今天很多乡镇一级的头头儿都恐怕不会满足于这样的场面。南方某省的一个县委书记,为了显示威严和气派,竟能堂而皇之地搞起了阅兵式。这些问题的出现,除了规定上的不完善之外,关键还是简约之风不存。

孔子认为,治国之策,在于节用、用人,这是说一个是抓好财政问题,一个是抓好干部问题,抓住了这两件事情,就抓住了治国的方法。而抓财政,最重要的就是要节俭,节俭不仅持家,节俭更是持国,浪费资财的举动被人称为败家子就是这个道理。今天读《诗》,从宏观上能有这样的觉悟也不失是一种收获。

那么对于文学的语言而言,《诗》所给我们的启示也是一种简练之美。我们今天的文字书写、印刷太方便了,不像古人那样需要用刀刻在竹简上,所以就把浪费文字不当成一回事,文学作品也好,公文文书也好,动辄洋洋万言,这实在是一种极大的浪费。当年吕不韦命人编写《吕氏春秋》时,为了保证质量,"布咸阳门市,悬千金其上,延诸侯游士宾客有能增损一字者,予千金"。就是说把写成的《吕氏春秋》刊布在咸阳的城门,上面悬挂着一千金的赏金,遍请诸侯各国的游士宾客,如果有能对《吕氏春秋》增删一字者,重赏千金,足见古人对文章精益求精的精神。如果我们能有半点《诗》之简约精神,有丝毫吕氏著文之风,那么我们的社会就能减少许多文字垃圾,就会

国风何年再流行

节约许多人力纸张。

三是在文学上引导诗歌"三贴近",让诗歌焕发出更为旺盛的生命力。

诗的生命在于受众,离开了读者,诗路就会越走越窄。翻开国内有限的几本诗刊杂志,我们会发现,诗已经成为极小部分所谓诗人掌上的玩物,其情感之怪异、意象之朦胧、语言之晦涩已经令人不忍卒读了。别说是一般的读者,就是大学中文系的学生对此也似懂非懂,这样的诗风如何能流传?

唐代诗人白居易每成一诗,必先读给老妪听,老妪不知所云的,大诗人就进行修改,直至老妪能懂为止。白居易的做法是取悦老妪吗?显然不是,白居易是懂得这样一个道理:诗之精要不在故作高深,而在自然质朴,正所谓大圭不琢,大羹不调。

大众的接受是一首诗流传的前提,这在《诗经》里已经得到证实。"关关雎鸠,在河之洲,窈窕淑女,君子好逑",这样通俗易懂的诗章谁又敢鄙视呢?而我们现在一些诗人,唯恐别人说自己不深刻、水平低,竞相以反常扭曲的语言来糟蹋诗歌,结果使这一本来在民间极富生命力的艺术形式逐渐被大众所冷落。可悲的是许多诗作者并没有意识到这一点,甚至产生了一种逆反心理,声称你不懂将来有人会读懂,说自己的诗是写给未来人读的,这种自欺欺人的心理真让人忍俊不禁。

从《诗》的艺术成就看,不仅是诗歌,包括一切文学样式,都不该把读者当阿斗,都应该尊重和善待读者,这是一种文学的精神,有了这种精神,文学才能深深地融入大众,才能在肥沃的土壤上茁壮生长、开花结果。而要做到尊重和善待读者,就必须想读者之所想,歌读者之所歌,就是要贴近实际、贴近生活、贴近群众,就是要少一些矫情,多一份真诚,以"文以载道"的精神来端正文学的态度,不要陷入"痞子文学""身体文学"的泥淖。

不要给神仙戴错了帽子

中国是个善于造神的国度,古往今来塑造了无数的神,几乎各行各业都有自己的神,连妓女都搬出来个管仲做自己的神来加以供奉,何况其他行当了。有些人对传统文化不作考究,把这林林总总的各路神仙都一股脑儿地归到了儒家的门下,认为是儒家文化造就了这个鬼影幢幢的世界。

其实,对儒家文化稍有研究的人都会知道,孔子对鬼神从来是不感兴趣的。他认为"为政在人",而不是在神,他主张"敬鬼神而远之",他从不随便谈论鬼神,正如墨子所说的那样:"儒以天为不明,以鬼为不神"(《墨子·公孟》),可见,孔子是一个现实主义者。孔子虽然也在困难的时候感慨天命的无奈,在到处遭受冷遇的时候,他说:"不怨天,不尤人,下学而上达,知我者其天乎!"这是因为,受历史的局限,孔子还不能成为一个无神论者,他对天、对自然还有一种敬畏,如《乡党》篇说他"迅雷风烈必变"。他在遭遇误解的时候也会指天发誓,在事业遭受挫折的时候也会悲叹天意的不公,但那仅仅是一种情绪的抒发，并不是真的就消极认命。有的人不分青红皂白，给各路神仙都戴上了一顶儒家的博士帽，好像这些神仙都是孔夫子的杰作，进而认为儒家思想无非是封建迷信的东西，这实在是天大的误会，是对历史的无知。

众神的出现

为了还儒家一个清白，我们不妨解析一下在民间影响较大的一些神仙。

一、"三清"

"三清"是道家尊奉的至上神，即玉清元始天尊、上清灵宝天尊、太清太上老君。很多道家的殿堂里都有"三清殿"，所供奉的就是这三个神仙世界里的最高天神。

"三清"的产生其实是道家对佛教的一种比照。东汉佛教东渐以后，佛教在中国呈现出快速的蔓延势头，因为佛教所供奉的三世佛比较具体，比玄之又玄、虚无缥缈的道家思想更容易让人接受，这样，就从道家的神坛下吸引走了大批信徒。道家感到不塑造自己的偶像已经不足以抵御佛教的冲击了，因为他们的教主老子毕竟有太多的尘世背景，与高高在上的佛不够匹配，因而急需根据佛教的三世佛来比附出自己的"三清"神。"三清"的应运而生，其始作俑者，是南朝著名的道士陶弘景。

陶弘景（452 或 456—536），南朝齐梁间道士，道教思想家、医学家。字通明。南京人。出身士族，平生好学。十岁时读《神仙传》即有养生之志。南朝宋末曾为诸王侍读，入齐任左

卫殿中将军。二十九岁时师事孙游岳,遍历名山,寻访仙药。三十三岁时他第一次游历茅山,就对这人间仙境生出无限眷恋。齐武帝永明十年上表辞官,归隐茅山。梁武帝萧衍非常敬重陶弘景,常去山中咨询朝廷大事,因而陶弘景有"山中宰相"之称。陶弘景是上清经道派主要代表,茅山宗的创立者。其思想源于老庄,并杂有儒家观念,主张佛道儒三教合流。他佛道双修,在茅山道观中设佛道二堂,隔日朝礼。正是他,构建了最早也最系统的神仙谱系《真灵位业图》,在道家的殿堂里树起了"三清"的尊像。

"三清"的出现使道家有了系统的崇拜体系,但它一直没有对儒家的思想构成什么浸润,儒家的精神世界始终保持着济世爱民的现实性,因此,"三清"的帽子应该是地地道道的道士帽。

二、"四御"

在道家的神谱中,仅次于"三清"的是"四御"。所谓"四御",即主宰天地万物的四位天帝,分别是玉皇大帝、中天紫薇北极大帝、勾陈上宫天皇大帝和后土皇地祉。

"四御"中名气最大的当数玉皇大帝。玉皇大帝又称玄穹高上玉皇大帝,全称是昊天金阙无上至尊自然妙有弥罗至真玉皇大帝。玉皇大帝虽然是道家的神仙,但很多人认为他是道家套用儒家昊天上帝而来,这是道家神仙中唯一可以和儒家有联系的一个。但儒家的昊天上帝只是一个象征,而道家的玉皇则和人间的皇帝一样有权有势。他不仅权力无边,主宰万物,而且有了丙午年正月初九午时的生日。道家的信徒们为了让人信服,杜撰出了一个叫光严妙乐的国度,这个国度一个叫净德的国王的王后,在梦中接受了太上道君的赠子,生下了一个聪明善良的孩子,这个孩子继位后,经过亿劫的修炼,成为玉皇大帝。对佛教有研究的人一看便知,这个故事与佛教的故事如出一辙,"光严妙乐"和"净德"的名字简直就是佛教名字的翻版。这个故事出自《神异典》,距今的时间也就是七八百年,和儒家没有什么必然的关系。

玉皇大帝之后是万星之宗主——中天紫薇北极大帝,他是协助玉皇执掌日月星辰、天时地利的一位大帝。

勾陈上宫天皇大帝是协助玉皇执掌天地人三才并主持人间战争的神,他远没有玉皇和北极大帝那么有知名度,许多人对他很陌生,不知他原来还主管人间征伐。

后土皇地祗是四御中的女神,她执掌阴阳,负责生育万物。后土皇地祗的塑造是道家思想的一个闪光点,试想,如果四御都是男辈,四御殿岂不成了光棍殿?有了后土皇地祗,这四御多少也增添了些色彩。

三、黄帝

黄帝是古代传说中中原各部落的共同祖先,姬姓,号轩辕氏、有熊氏。司马迁在《史记·五帝本纪》中对他做了记载,说他一生下来就很有灵性,出生不久就会说话,幼年聪明机敏,长大诚实勤奋,成年后见闻广博,对事物有独到的见解。黄帝修行德业,训练军队,征服炎帝,平叛蚩尤,种植五谷,驯化野兽,推算历法,讲解生死,终于开创了一个万民景仰的时代。

对于这样一个传说中的部落首领,道家显然不会放过为我

不要给神仙戴错了帽子

所用的机会,于是,在道家的经典中,黄帝成了令人羡慕的得道成仙者。说黄帝在崆峒山两次拜见神仙广成子,广成子带搭不理地对他进行了一番关于养生方面的教导,使本来励精图治的黄帝翻然悔悟,从此不理国政,整天专心静养,神神道道。一次,黄帝大白天做梦,魂游华胥国,在华胥国,他得到了"至道不可言传,治国必须无为"的启发,从此更加不理朝政。黄帝的"无为而治"收到了天下大治的效果,黄帝于是和帝后从首山采铜,在荆山铸鼎,鼎成之后,天上的龙下来,把黄帝及其七十多个妃嫔大臣都接到天上过神仙日子去了。

关于黄帝的一些事情,司马迁的记载较为可信,说黄帝是少典部族的子孙,姓公孙名轩辕。在那个时代,神农氏的后代已经衰败,无力统驭诸侯,诸侯相互征战,残害百姓。轩辕就习兵练武,征讨那些作乱的诸侯,经过多年的征讨,他战胜炎帝,杀死蚩尤,取代神农氏,建立了有秩序的政权。黄帝有二十五个儿子,娶西陵国的女儿嫘母为正妃,生了青阳和昌意两个儿子。黄帝死后埋葬在桥山,他的孙子高阳即帝位,这就是颛顼帝。应该说司马迁的记载相对于道家的杜撰更为可信,这是因为,司马迁在写这一篇本纪时,做了大量的调查研究,他向西到了黄帝去过的崆峒,往北路过涿鹿,往东到过大海,往南渡过长江、淮水,基本上是按照传说中黄帝的足迹进行踏访,而且又综合了各家的记叙,这样的记载反映了当时社会传说的主流,正如司马迁所说:"表见皆不虚。"那么道家在黄帝身上增添了那么多神仙的羽翼,无非是想借黄帝的影响来强化其仙坛的神圣罢了。

道家的杜撰影响很大,汉代曾经流行以黄老之学治国的思想,甚至在董仲舒的建议得到汉武帝的采纳之后,黄老之学依然颇为盛行,其中,黄帝的影响力不可低估。

四、彭祖

传说中的彭祖姓钱名铿,是颛顼帝的儿子,擅长养生之术,据说魏晋时期还有人见过这个老寿星。

彭祖的发达有两大原因,一是养生术;二是房中术。长寿,是每个人都渴望的事情,在这种旺盛的心理需求之下,长寿的彭祖自然就成了崇拜的楷模。彭祖生性孤傲,不为凡尘所扰,整日游弋于名山大川,以灵芝为食,以山泉为饮,百病不侵,长生不死,这样的人生让渴望长寿的人看到了希望的曙光,彭祖身上因此就多了些美丽的色彩。

房中术说是养生,其实是倡导一种有节制的行乐。房中术的要法是"多御少女",说"天地得交换之道,故无终意之限","人能则之,得不死之道"。把这种思想贯彻到房中,就是讲究吐纳,和女子交媾"莫数泻精"。且不说彭祖之说有没有科学根据,单就是这种"多御少女"的命题就已令代代男人追求不已。试想,一方面能与众多的美女寻欢作乐,另一方面还能延年益寿,这样的美差可谓打着灯笼都无处寻找,多亏彭祖给指出了这么一条幸福的人生之路,要不,会有多少人失去寻欢作乐的理论根据。可惜的是彭祖的房中术养生没有成功的经验可鉴,倒是有不少纵欲早亡的例子可查。

其实,活了上千岁的彭祖并不如人们想象中那么快乐,他的孤独和苦恼是常人无法体验的。传说,有一位叫采女的美丽

不要给神仙戴错了帽子

女子(据说她是周穆王派来刺探养生秘诀的间谍)来拜访彭祖,向彭祖请教养生之法。一向冷漠的彭祖在这位美丽的女子面前如同遇到了知音一样大吐苦水,说自己已经死去了四十九个老婆和五十四个儿子,经历了太多的沧海桑田,人虽然活着,但心已经如同死了一样。可见,活上个七八百岁也未必就是好事,神仙也有神仙的苦恼。

在儒家看来,彭祖的有些观点虽然是有益的,但并不会因此而神化彭祖。孔子在《论语》中曾经提到过彭祖,那就是:"子曰:述而不作,信而好古,窃比于我老彭。"这句话颇有争议,有的专家说这里的老彭是指老子和彭祖两人,有的说是指彭祖一人,还有的说这个老彭是和孔子关系相当密切的一个友人等等。我们姑且认为孔子这里指的是彭祖,因为在孔子之前的典籍中,彭姓的名人毕竟只有彭祖。

如果真的孔子此处是指彭祖,就凭"述而不作,信而好古"就说彭祖是儒家崇拜的神仙则根据不足。"述而不作"的意思是阐述而不创作;"信而好古"的意思是以相信的态度喜爱古代文化,这显然是一个方法的问题,而并不是对老彭下的结论。

现在有些人以这八个字为根据,得出孔子对彭祖如何如何顶礼膜拜,进而演绎出彭祖是儒、道两家共同尊奉的神仙的结论不免有些臆测的成分,无非是想借孔子的身价来抬高彭祖。

五、庄子

庄子是先秦道家学说的一个代表人物,他能成为神仙是唐朝李姓皇帝的杰作。唐朝皇帝姓李,老子也姓李,唐朝的皇帝自然不会错过与这位仙人攀亲认祖的机会,于是,老子受到了特殊的尊重。老子和庄子有些割不断的联系,老子受宠,庄子也会借光,就这样,在天宝元年,皇帝诏封庄子为南华真人,《庄子》也就改名为《南华真经》,和《道德经》一起成为生徒的必读书目。

庄子是一个很有文采的学者,他家境贫苦,和孔子一样也"多能鄙事",曾以编织草鞋为生。他的著作想象丰富,为人无拘无束,怪异而不合俗群。他对生死有着与众不同的理解,以至于夫人死后,他竟敲着盆子唱歌。这使人想到孔子那个不成器的朋友原壤,原壤的母亲死了,孔子去帮他料理丧事,可是却看到原壤站在母亲的棺材上唱起歌来。孔子对原壤的批判是有史可查的,那么儒家的传人们虽然赞赏庄子的文采,但对他不合礼法的举止肯定是不赞同的,更不会去神化他。

关于庄子还有个不得不说的问题,那就是道家所造的神仙,大都受他思想的影响,他在《逍遥游》中对神人作了很具体的描述,说他们"肌肤若冰雪,绰约若处子,不食五谷,吸风饮露,乘云气,御飞龙,而游乎四海之外"。正是他的这一想象超群的描述,为后代道家弟子的造神运动提供了一个形象模型。至于庄周化蝶的故事更是家喻户晓,可以说,道家在塑造庄子的形象上是最为成功的。

六、刘安

很多人都知道这样一个成语:"一人得道,鸡犬升天。"这里所说的一人得道,就是指太极真人——刘安。

刘安是汉高祖刘邦的孙子,袭父淮南厉王被封为淮南王。在历史上刘安颇有名气,他是著名的思想家和文学家,和古代

的孟尝君一样,他也以养士著称,据说,他门下的各类名士贤人达几千人,最为著名的就是被称为"八公"的苏飞、李尚、左吴、田由、雷被、毛被、武被和晋昌。这八个贤人是名著《淮南子》的主要作者,在道家的世界里他们都成了神通广大的神仙。

按照道家的说法,刘安因被恶人诬告谋反,遭遇皇上的责难,眼看杀头之祸就要来临,八公劝他赶快"服下神丹,远走高飞"。刘安此时真有点逼上梁山的意思,无奈之下,他带领"八公"登山烧香磕头,藏财宝,吞灵丹,扶摇直上,成了天上的神仙。刘安遗留在山上盛灵丹的药鼎,被鸡犬舔食,这些鸡犬也随之升天,成了天上的畜生。他们升天的那座山,就有了"八公山"的威名。

其实,刘安谋反一事并非虚构,据史料记载,刘安的父亲刘长一直对母亲遭受不公正的对待而自杀一事耿耿于怀。文帝继位后,刘长越发权势膨胀,他亲自用铁椎杀死当年不为其母求情的辟阳侯,为母亲报了仇。回到封国后,他骄横肆志,不依朝廷法令行事,出入宫中皆令警戒清道,还称自己发布的命令为"制",另搞一套文法,一切模仿天子的声威。刘长的做法引起了丞相、典客、御史大夫、廷尉等大臣的愤怒,他们冒死启奏,要求惩处刘长。文帝念手足之情,贬刘长到蜀地的一个小邮亭去居住。刚烈的刘长无法忍受这种屈辱,路上绝食而死。

有了这么一个前提,刘长的儿子刘安自然对朝廷有一种反叛的诱因。他四处网罗人才,安抚百姓,总想有朝一日,一雪国恨家仇。孝武帝建元二年(前139),刘安入京朝见皇上时,遇到了一个把他引向邪路的人,这个人就是武安侯田蚡。

正是这个人在霸上的一番摇唇鼓舌,坚定了刘安谋反之心。刘安回国后,和他的那些谋士们整天商议谋反之事,但他优柔寡断,当决不决,几次错过时机,最终谋反事发,落了个自刎而死的下场。他的王后、太子以及所有参与谋反之人,皆被满门抄斩。

大逆不道的刘安怎么会有成仙之说呢?这是因为反叛朝廷和体恤百姓是可以同时存在的两回事。刘安对朝廷不满,但对百姓还是颇有爱心的。他在淮南执政期间,口碑不错,用司马迁的话说是:"淮南王安为人好读书鼓琴,不喜弋猎狗马驰骋,亦欲以行阴德拊循百姓,流誉天下。"一个"流誉天下",说明刘安当时在淮南的威望确实非同一般。因此,老百姓不会希望这样一个体恤穷人的国王就那么不明不白地死了,这就为道家信徒杜撰"鸡犬升天"的故事奠定了流传的基础。加之刘安重视人才,喜爱文学,著作流传很广,民间传说颇多,比如说豆腐这种食品就是刘安与八公研究出来的,这些都使道家不得不下功夫来包装刘安进而为我所用。

七、裴航

应该承认道家所造的神仙的确是丰富多彩。在数不清的神仙当中,有一个令人动情的裴航可谓是有血有肉、有情有义,所以人们给他起了个很好听的名字——情仙。

说到裴航,就不能不说到蓝桥驿,这是一个很容易使人联想到美国经典影片《魂断蓝桥》的一个地名,裴航的故事就发生在这里。

裴航是唐朝长庆年间的一个书生,因为科举落第,便寄情

不要给神仙戴错了帽子

山水，到处游历，以排遣落第的苦楚。一次，在去襄汉的船上，他得知同船有一个叫云翘的樊夫人堪称国色天香，美丽绝伦，可惜裴航却与她无缘相见。这时候，文人便想出了个文人的办法，他写了一首小诗，让侍女送给夫人。诗文如下：

　　向为相越犹怀想，
　　况遇天仙隔锦屏；
　　倘若玉京朝会去，
　　愿随鸾鹤入青冥。

　　仔细想一下，裴航这首小诗反映出了他的轻浮，仅仅因为听说夫人美貌，他就产生了愿意到天上相会的想法，并把这一想法很直白地表达了出来，这一做法在今天看来都够前卫的。正应了那句"好女也怕赖汉缠"的古话，没想到云翘夫人还真的被他感动了，不仅感动，而且还约他见了一面，并赠了他这样一首小诗：

　　一次琼浆百感生，
　　玄霜揭尽见云英。
　　蓝桥便是神仙窟，
　　何必崎岖上玉京。

　　云翘夫人的小诗令裴航百感交集，唏嘘不已，这样的天赐良缘让他这个落第书生感激不已。如果说开始他是玩世不恭的话,现在他是真情涌动了。可惜,船到襄汉,夫人与侍女不辞而别,从此杳无音信,害得裴航四处寻访,终无结果。

一天,裴航游历到一个叫蓝桥驿站的时候,因为长途跋涉又饥又渴,便到驿站附近的农家讨水喝,一个纺纱的老妪对屋内说:"云英,拿水来。"裴航猛然想起云翘夫人诗中所说的云英,便趁归还水罐的机会揭起门帘。这一看,他顿时双目一眩,心旌摇动。因为眼前站的是一个美若天仙的少女。裴航预感到自己的桃花运来了,他的四处寻访到头了。于是,他灵机一动,找了个借口在这个农家住了下来,继而得寸进尺,向老夫人求婚。

没想到老夫人竟应允了,但却提出一个条件,那就是老夫人身患怪病,需要一个白玉的杵臼来捣一种药,而且要捣上一百天。如果裴航做到了这一点,她就把云英许配给他。

为了爱情,裴航答应了这个条件,他在百日内,历尽辛苦,费尽钱财,终于得到了白玉杵臼。当他手捧杵臼来到蓝桥驿的时候,他已经一贫如洗,身无分文了。他又用了一百天来捣药,以期早日捣好药治愈老夫人的病。他的虔诚感天动地,以至于夜深之时,连玉兔都来帮他捣药,终于在规定时间里捣好了药,给老夫人服下,治好了老夫人的怪病。

老夫人病好之后,让裴航在这里稍候,她和云英进到山里,不一会,就有豪华的马车来接他,把他接到一个富丽堂皇的宫殿,他和云英在这里举行了婚礼。就在婚礼上,他见到了当时在船上邂逅的樊夫人,原来这云翘夫人等都是仙人。裴航由此在玉峰洞得道成仙。

蓝桥驿,在今陕西蓝田县东南蓝溪,因地处进出长安的主道上,所以很有名气,唐朝白居易等许多大诗人都在此留有诗句。但蓝桥的出名则更多是因为裴航成仙的传说,也正是这一传说,使儒家门下的许多学子对神仙之说想入非非。试想,如果能像裴航那样,抛却读书之苦,去选择一条又能娶美女、又能成仙的道家之路,岂不是天下最美的差事?可惜这样的美差只存在于幻想之中,道家的这场蓝桥戏,是只听不能做的。

八、八仙

在数不清的神仙真人中,民间影响较大、传说不断的神仙还要数八仙。八仙过海的故事几乎是家喻户晓,直至今日,八仙的故事还被广泛地运用到影视作品当中。

所谓八仙的说法也有个演变的过程,最早的八仙是指前文提到的汉代淮南王刘安的八个门客,即著名的"八公",他们是苏非、李尚、左关、田由、雷被、毛被、武被和晋昌。这八个人都神通广大,有的能呼风唤雨,有的能役使鬼神,有的能分形易影,有的轻功绝伦,有的刀枪不入,有的能千变万化,有的延年益寿,有的能煎泥成金。总之这八个人都是神仙之身,正是他们把刘安忽悠到了天上。

到了晋代,又出现了"蜀中八仙"之说,因为"蜀中八仙"把董仲舒也拉了进来,这个八仙没有在民间流传开。明代时,《东游记》问世,八仙就成了现在流传的八仙。他们是:李铁拐、钟离权(汉钟离)、张果老、吕洞宾、何仙姑、蓝采和、韩湘子和曹国舅。

1. 铁拐李

在民间的传说最多,铁拐李相传名叫李凝阳,或名洪水,小字拐儿,自号李孔目。神诞之日为七月初十。有的书中称其姓李,名洪水,隋朝峡人,鲁迅先生的《中国小说史略》则说他姓李,名玄;赵翼的《陔余丛考》中又说他姓刘。有说他是唐玄宗开元、代宗大历之间人,学道于终南山。一次元神出壳,没承想尸体为虎所食,只得投身于一个跛乞丐。《历代神仙通鉴》称,其原本一俊伟丈夫,善道术,会使导出元神法术,修炼于砀山岩穴中。有次应师父老子之约,行"元神出壳"法术,赴千里之外华山。数日后回归,发现其尸体被其徒误焚,突见附近一饿殍,灵机一动说"即此可矣"。即从饿殍脑门而入,神魂归壳后则成一蓬头卷须、黑脸巨眼,并且还跛了一只右脚的丑陋汉子。看来他是一位民间口耳相传、诸事附会而成的道家仙人。

2. 钟离权

八仙中名气仅次于铁拐李的是钟离权。他在八仙中地位较高,元时,全真道奉其为"正阳祖师"。钟离权神诞之日为四月十五。相传诞生时,异光数丈,状若烈火。生下后不哭不食,第七日跃然而起曰:"身游紫府,名书玉京。"及长,为谏议大夫,奉诏北征失利,军士尽散。钟离权独骑奔谷迷道,路遇王玄甫授以长生真诀及金丹火候、青龙剑法等。其原型约出现在五代、宋初之际。《宣和年谱》《夷坚志》《宋史》等书都有他事迹的记载,只是后来讹为汉钟离,才附会为汉代人。

《历代神仙通鉴》《续文献通考》等书称,钟离权,复姓钟离,字寂道,号云房子,又号正阳子。东汉咸阳人,其父钟离章为东汉大将,其兄钟离简为中郎将,后也得道成仙。而唐代确实有位叫钟离权的人,《全唐诗》录有他的三首绝句,并附有小传云:"咸阳人,遇老人授仙诀,又遇华阳真人,上仙王玄甫,传道入崆峒山,自号云房先生,后仙去。"他留世的诗题为《题长安酒肆避三绝句》,其中有"坐卧常携酒一壶,不教双眼识皇都""得道真仙不易逢,几时归去愿相从"等句,还颇有一些"仙味",当是一位好道之人。

3. 张果老

张果老在八仙中年事最高,人们尊称其为"张果老"。他姓张,名果,唐代道士。曾隐于中条山修道。自然称生于尧时,浑忘甲子。相传神诞之日为十一月二十三日。张果老常骑白驴,日行数万里。历史上实有张果其人,新、旧《唐书》有传,武则天时,隐居中条山,时人皆称其有长生不老之术,他年龄有几百岁,武则天曾派使者前去召见,张果老佯死不赴。唐玄宗开元二十一年(733),恒州刺史韦济将其奇闻上奏皇上,玄宗召之,张果又再次装死,气绝很久才苏醒,使者不敢进逼。玄宗闻知,再次派徐峤去邀请。张果只得进京。据说唐玄宗对其传闻有疑,曾叫善算夭寿善恶的邢和璞给张算命。邢却懵然不知张的甲子,又有道师"夜光"善视鬼,玄宗令他看张果,他却问:"张果在哪?"居然对面而看不见。

从史传所记来看,张果不过是一个故弄玄虚的术士,是道教凭借民间传闻,夸大其词,编造出这么一个老而不死之人。《太平广记》还记张果老自称是尧帝时人,唐玄宗向术士叶法善询问张果的来历,叶法善说:"臣不敢说,一说立死。"后言道:"张果是混沌初分时一白蝙蝠精。"言毕跌地而亡,后经玄宗求情,张果才救活他。

4. 吕洞宾

八仙中流传故事最多的当数吕洞宾,因为有那么一句"狗咬吕洞宾,不识好人心"的成语,让吕洞宾几乎家喻户晓。吕洞宾又称"吕祖",是地位显赫的仙人。历来大多数研究者均认为,吕洞宾姓吕名岩,唐末人。《全唐诗》《词综》中都收有他的诗作。宋代罗大经的《鹤林玉露》、洪迈的《夷坚志》及《集仙传》等书对其均有记载。有说他是京兆人(今陕西、西安一带),唐咸通时及第,曾当过两任县令。有说他是九江人,原为唐宗室,姓李,因避武后之祸,易姓为吕。他始名绍光,二十余年科场不第,遂罢举而纵游天下,后被钟离权点化成道。

吕洞宾是八仙中人情味最浓的一个,潇洒、风趣,为民除暴安良,斩妖除怪,还好酒好色,世间流传有《吕洞宾三戏白牡丹》的传说,他的传说既多且杂,但从中也可看出他原是一位慕道的士人,后被人们神化成仙。

5. 何仙姑

是八仙中唯一的女性,有关其身世说法不一。一说她是唐朝人。宋初《太平广记》引《广异记》称有"何二娘"者,是位以织鞋为业的农妇,后因嫌家居太闷,游于罗浮山,在山寺中住下,经常采集山果供众寺僧充斋。一次,远在四百里外的循州山寺僧来罗浮山寺,称某日曾有仙女去彼山采摘杨梅

何 仙 姑

果子,经查实那天正好是二娘采果的日子,再加之大家又不知二娘从何处采来这众多山果,便认为二娘即为循州山寺采果之仙女,从此二娘远近闻名,她也借此不再寄居山寺了。

《续通考》说何仙姑为唐武则天时广东增城县人,出身时头顶出现六道毫光,天生一副"仙科",十三岁时在山中遇一道士,吃了道士一只仙桃,从此不饥不渴,身轻如飞,并可预见人生祸福。后来她应召进京,途中离去。一说她是宋朝人。宋代的一些文人笔记记载她为北宋永州(零陵)人,有称她幼遇异人,得食仙桃成仙。有称她放牧于郊野,遇异人送仙枣,食后而成仙。宋人笔记中还记载了何仙姑一些为人占卜休咎、预测祸福的事迹,士大夫及好奇者纷纷寻她打卦问卜,可见她不过是一位精于占卜的民间女巫。

6. 蓝采和

八仙中有位玩世不恭、似狂非狂的行乞道仙,名叫蓝采和。南唐沈汾《续仙传》、宋初《太平广记》、陆游《南唐书》等书均载有他的事迹。他是唐末至五代时人,其行为怪僻,贪杯喜唱,平时穿一身破蓝衫,一只脚着靴,另一只则赤脚。夏天他穿棉衣,冬天躺卧雪中而全身冒热气(载自《续仙传》)。平时他手持三尺有余的大拍板,一边打着竹板,一边踏歌而行,沿街行乞。他唱的歌很多,大都是触景而生,不仅令世人觉得高深莫测,而且颇具仙意。其一云:"踏歌蓝采和,世界能几何?红颜一春树,流年一掷梭。古人混混去不返,今人纷纷来更多。朝骑鸾凤到碧波,暮见桑田生白波。长景明晖在空际,金银宫阙高嵯峨。"他行为癫狂,有人施钱给他,他大都送给贫苦人,蓝采和居无定处,四海为家。这个仙人的人物原型本是一江湖流浪汉,仅由于他的行为癫狂,又好周济穷人,因此深得人们喜爱而被神化成仙。

7. 韩湘子

韩湘子是唐代著名文学家韩愈的侄子,《唐书·宰相世系表》《酉阳杂俎》《太平广记》《仙传拾遗》等书都有关于他的介绍。一称是韩愈侄孙,历史上韩愈确有一个叫韩湘的侄孙曾官至大理丞。韩愈曾有《左迁至蓝关示侄孙湘》一诗:"一封朝奏九重天,夕贬潮阳路八千。欲为圣朝除弊事,肯将衰朽惜残年!云横秦岭家何在?雪拥蓝关马不前,知汝远来应有意,好收吾骨瘴江边。"

韩湘子成仙的传说,最早见于唐代段成式的《酉阳杂俎》。书中称韩愈有一年少远房子侄,为人轻狂不羁,不喜读书,韩愈曾责怪他,他却能在七日之内使牡丹花按其叔的要求改变颜色,并且每朵上边还有"云横秦岭家何在……"的诗句,韩愈惊奇万分。还有说韩湘子是韩愈外甥,其事迹和《酉阳杂俎》所言大同小异。韩湘子其人物原型为韩愈的族侄,五代时即被仙化。

8. 曹国舅

排名八仙之末的曹国舅,出现的时间最晚,流传的仙话也较少。其身世,说法大同小异,都和宋仁宗的曹皇后有关。《宋史》有传:曹佾,字公伯,曹彬之孙,曹皇后的弟弟。他性情和易,通晓音律,喜爱作诗,封济阳郡王,身历数朝而一帆风顺,年七十二而寿终。《神仙通鉴》云:曹国舅天性纯善,不

喜富贵,却慕恋于仙道,其弟则骄纵不法,恃势妄为,曹国舅对其恶行深以为耻,遂入山修炼,遇钟离权、吕洞宾而收他为徒,很快曹国舅修成仙道。《东游记》中所述曹国舅与上略同。

关于八仙的传说民间还有一些版本,其中"八仙过海,各显神通"故事源自一则悲惨的故事。北宋建隆年间,沙门岛(今庙岛)是朝廷囚禁犯人的地方,从建隆三年(962年)开始,凡军人犯了法,都发配沙门岛。这样年复一年,岛上犯人越来越多。但朝廷每年只拨给全岛三百人的口粮,所以粮食越来越不够吃。后来,沙门岛看守头目李庆便想了个狠毒办法:当犯人超过三百时,便将其中一些捆住手脚,扔进海里淹死,使岛上犯人总是保持在三百人内。如此被杀的,两年内就达七百余人,为了活命,犯人们经常跳海凫水逃命,但绝大部分都被激浪吞没。一次,有五十多名囚犯得到即将被杀的消息,便趁着天晴月朗,避开看守,抱着葫芦、木头跳入海中,往蓬莱山方向游去。

从沙门岛到蓬莱约三十里之遥,途中多数犯人体力不支淹死水中,只剩下八名身怀武功、体格健壮的善游者,借着水流游到了岸边,在蓬莱城北丹崖山下的狮子洞内躲了起来。

第二天,渔民发现了他们,当闻知八人从沙门岛游水越海而来,无不惊奇万分,把他们称作"神人",此事便在民间传开了,并且越传越神,他们被传称为"八仙",演变成今天的"八仙过海"的故事。

神仙的通病

在了解了一些神仙的来龙去脉之后,我们不难发现道家所造的神仙都有如下几个特点:

一、求长生不老

道家谱书中的各路神仙有一个共同的特征,就是都寿命超长甚至长生不老。那么,为什么道家要编造人生可以不死的谎言来作为自己的理论呢?这是因为,道家深谙人最关心的是什么。作为难脱宿命的古人,无论贵贱贫富,都要面对死亡这个自然法则,于是,那些人生有了辉煌成就的人就渴望自己能够免俗,能够不受这一自然法则的约束,这种普遍的追求使道家的长生不老之说应运而生。

客观地说,老子在他的著作中是从哲学的角度来分析事物内在的规律,而并不能把它套用到一个具体的肉体。道家的后人为了吸引信徒,对老子的学说进行了加工。结果,老子本身也成了天上神仙,这大概是老子本人也没有想到的事情。出现这一说法的原因是老子的故事很有些传奇色彩,这个原本在周廷管理档案的守藏史,学识非常渊博,对社会、对人生有着非同寻常的见地。后来,他大概看到周室没落,于是辞官到函谷关外去旅游。因为关外的世界对于善于学习的老子来说太有诱惑力了。老子除了在函谷关应守关人尹喜之请留下《道德经》外,出关后的事情就无人所知了,于是有了多种猜测,有的说他活了一百六十余岁,有的则说他活

不要给神仙戴错了帽子

了二百余岁,他也就由一个哲学家变成了道教的超级神——太上老君。

有了这样一个榜样,后来出现的神仙们就一个比一个长寿了。为了给他们的长寿找到一个根据,这就出现了"炼丹术"和寻找长生不老之药的举动,尽管没有谁看到真正的长生不老之人,但强烈的长生欲望还是令很多人宁可信其有,绝不信其无。雄才大略的秦始皇对此也不能免俗,遍访名山大川,希望能与神仙相遇。

他的这一嗜好被一心想发迹的齐人徐福洞察了个仔细。徐福便投其所好,上书秦始皇说海上有三座神山,即传说中的蓬莱、方丈、瀛洲,上面住着众多的神仙,如果带些童男童女入海,就能求到仙药。秦始皇被徐福说动了,花费了大量资财,用了九年时间,积累了数不清的民怨,结果仙药也没有寻到。徐福最后一次骗说是因为鲨鱼挡了海上之路后,又在秦始皇那里拐了些武士、工匠,随之东去不返。后来人们认为,徐福正是靠着这些人力开辟了东瀛,自己当然就成了现在日本人的老祖宗。

秦始皇被骗,后来的帝王并没有吸取教训,接受了董仲舒"罢黜百家,独尊儒术"建议的汉武帝,到了晚年尤其酷信方士之言。一个叫李少君的方士甚至被汉武帝封为文成将军,因为李少君说自己已经几百岁了,说自己能招鬼神、能会神仙。直到他患病死了,汉武帝还认为他说的话是真的。当然,并不是所有的方士都能像李少君那么幸运,有个叫齐少翁的方士就因骗局被戳穿而遭杀身之祸;还有个叫栾大的虽然连皇帝的女儿长乐公主都骗到了手,终因没有弄来不死之药而被武帝斩首。

帝王们热衷长生不老,对民间的影响就可想而知,正所谓"上有所好,下必甚焉",这种社会风气使道家的造神活动有了社会氛围,加之长生不老这样诱人的目标,更增添了人们对成神成仙的向往和追求,如此一来,神坛上的香火就不能不旺了。

长生是神仙的最大特征,这是很明显的,这一点,我们可以从汉字"仙"的释义中看出端倪:《说文》中对仙的解释是"长生";《释名·释长幼》中说"老而不死曰仙"。可见,道家在塑造神仙之初,就已经这么定位了。

二、多避世远俗

逍遥应该是神仙的又一特征。所谓逍遥,就是避世远俗,就是一种超脱。因此,没有哪一个神仙被世俗所累,他们要不归隐山林,要不置身海岛,给人一种逍遥自在、无拘无束的感觉。

著名的纵横始祖——鬼谷子,是苏秦和张仪的老师,他的名字本身就很有意思。鬼谷,据说是他隐居的山谷名,所以他被称为鬼谷子;还有一种说法,所谓"鬼谷"乃是"归谷"之意,这两种说法都说明了这位培养了苏秦、张仪、孙膑、庞涓等弟子的神秘人物肯定是山中之人。

三国时期的方士费长房不仅避世远俗,而且干脆就有了隐身术。费长房是曹操的手下,据说他能治疗百病、役使鬼神。费长房的功夫得于仙人的指点,这个仙人就是壶公——一个会符咒的仙人。因为费长房的职业是管理自由市场,类似现在的工商干部。一次,他发现有个卖药的老人很奇怪,每到天晚收摊时,老者就跳进摊前的一个壶中,费长房马上就明白这是一个奇人。于是,他就备酒备菜,去和老人套近乎。老人收了礼,第二天,就带着费长房一起跳进壶里。在壶里,费长房看到了一个奇妙无比的世界,原来这个老者是个在天上犯了点错误的神仙,被贬到这里卖药,马上就要回去了。老者在和费长房分手时,教他隐身术,并给了他一张能役使地上鬼神的符。

费长房的故事说明道家遁世远俗的愿望是多么强烈,把美好的洞天福地都设计在了壶里,真所谓"壶里乾坤大"了。可惜的是,费长房并没有成为真正的神仙,他远离了世俗,却落入了恶鬼的包围。由于他自己不小心把那张符给丢了,那些被他鞭笞过的恶鬼就施行报复,费长房就被恶鬼们杀死了。

我们从道家划定的洞天福地中,不难看出道家这种避世的情愫。道家为了让信徒们感受到理想的真实,在名山大川中划定了十大洞天、三十六小洞天和七十二福地。

十大洞天是:第一王屋山洞,号小有清虚天;第二委羽山洞,号大有空明天;第三西城山洞,号太玄物真天;第四西玄山洞,号三玄极真洞天;第五青城山洞,号宝仙九室洞天;第六赤城山洞,号上清玉平洞天;第七罗浮山洞,号朱明辉真洞天;第八句曲山洞,号金坛华阳洞天;第九林屋山洞,号龙神幽虚洞天;第十括苍山洞,号成德阴玄洞天。在这十大洞天中,除了西玄山洞地址不详外(也有在陕西西康之说),其他九大洞天都位置清楚,都是不错的风景区。

至于三十六小洞天、七十二福地就更加具体了,都是些人们向往的好去处。在这样一些风景旖旎的深山幽谷中修身养性,饮山泉之水,食山珍百菌,回归自然,不受世俗污染,对身体肯定是有益无害了。

道家归隐山林,也有了许多发明创造,比如说人人喜爱吃的豆腐,美味可口的黄花菜,还有数不清的山菌草药,这些对人类有益的东西的发现,应该归功于道家信徒们独特的山林情结和对长生不老的孜孜追求。

三、乐在本生

神仙生活之所以有着无穷的诱惑力,除了其逍遥、自由的特征之外,再就是其享乐的特点。人们在现实中的无奈在这个世界里可以得到张扬,在现实中的伤痛在这个世界里可以得到慰藉,在现实中破灭的理想在这里可以得到重塑,最重要的是在现实中享受不到的快乐在这个世界里可以尽情地享受。因此,人们都向往神仙过的生活,把它作为人生的最高理想。

与儒家和佛教不同的是,道家只强调本生本人,这使它具有一种实用的理性。儒家强调修身、齐家、治国、平天下,这样的担子让儒生们苦不堪言,因为这是一个永远没有止境的济世理想,这种理想又往往被残酷的现实所击碎,所以儒生的快乐太少了。连孟子本人所说的人生三乐分析起来,也是一种压力、一种责任。佛教强调的是来世,是轮回,是谁也够不到的极乐世界。为了来世成佛,信徒们必须苦苦地修行,用数不清的清规戒律来约束自己,很显然,这样的教徒是做不到享乐的。而道家就不同了,它的目的就在本世本生,就是想通过得道使自己成仙,进而去享受仙境的种种幸福。最为典型的就是道家的房中术,易被好色之徒所利用。如彭祖认为"(男女交接)法之要,在于多御少女,而莫数泻精,使人轻,百病消除也"。这样的修炼,给好色之徒提供了理论根据,这大概是彭祖没有想到的。

对神仙的崇拜反映了中国人的社会心理需求,这是动荡多变的社会现实使然。既然现实生活中苦难太多,那么人们就会去寻找精神上的乌托邦。因为人总是需要释放自己的压力,贫穷者希望的是改善生存际遇,成功者希望永享美好的富贵,疾病者需要得到不死仙丹,吝啬者需要支配更多的财宝。总之,不同的人在仙境中都能满足自己的愿望,都能乐其所乐。

需要说明的是,神仙很少有佛陀度人的风格,能成仙大都是意外因素所致,像淮南王刘安那样把家人和大臣带到天上去的,再没有别人。很多神仙都身怀绝技,但绝不传人,这反映了道家乐己不乐人的自私心理,与儒和佛比较起来,这一点显得有些小气。

四、神化现实

在道家的神仙谱系里,除了先天真圣比较虚幻之外,后天仙真都是有据可查的现实中人,只不过这些现实中的人被神化了,所以说,道家神仙还有一个特点就是神化现实。

神化现实的好处是能增添可信度,让人与顶礼膜拜的神仙缩短距离。比如说姜太公,本来就是一个辅佐周室的大将,姓吕名尚,因为战功卓著,灭纣有功,所以,民间各种传说很多。把这样一个人物加以神化,即迎合了大众心理,又丰富了神仙谱系,可谓是一举两得。

庄子本来是个儒生,但他继承并发展了老子的思想,就成为先秦道家的代表人物。对这样一个思想家进行神化,人们也容易接受,因为毕竟有一篇《逍遥游》让后人神驰遐想。

魏晋时期的著名文学家,竹林名士嵇康被神化成仙,也能找到一点佐证,因为嵇康本人对神仙十分向往,他的癫狂,他的潇洒,他的醉酒,似乎都带着一点仙气。这个狂放之人,终因桀骜不驯而付出了生命的代价——被晋文帝斩首。道家把这样一个名士神化成仙,给那些怀才不遇、愤世嫉俗的儒生树立了一个得道成仙的楷模,这也说明道家人皆可成仙的一种思想。

道家的这种塑造神仙的模式在民间影响非常之大,许多民间的神灵也是如法炮制的。如钟馗、赵公明、关羽、秦琼等等,都原本是现实中的人,后来被戴上了神仙的帽子。

钟馗,是民间传说中打鬼捉鬼的英雄,他其实并不是人,而是一种棒槌。中国古代举行驱疫逐鬼的仪式时,要挥舞一种棒槌,类似现在的舞蹈道具,这种道具名为"终葵",久而久之,这道具就成为打鬼的象征。唐代,人们谐其音虚构了一个钟馗打鬼的故事,说唐玄宗白日做梦,梦一小鬼偷走了杨贵妃的香袋和玄宗的玉笛。玄宗很是气愤,却又奈何不得,这时,一个头顶破帽,身着蓝袍、系角带、蹬朝靴的巨鬼不费吹灰之力就捉到了小鬼,挖出两眼,折为两段,吞下肚中。玄宗一问,才知此人乃终南山进士钟馗,因参加殿试落第,无颜回乡,撞死于殿前。高祖闻讯,予以厚葬,钟馗为报圣恩,来帮助圣上捉鬼除妖。这个故事使钟馗的名字广泛流传,钟馗的形象也就成了正义的化身。

不要给神仙戴错了帽子

财神赵公明是在众多的竞争对手中脱颖而出的。民间所祭奉的财神数量很多,比较有名的是陶朱公、五显、五通、五圣、五路神、五盗将军、赵公明、利市仙官、比干、关羽,等等。

那么赵公明为什么能在这众神中独占鳌头呢?这还要归功于道家。本来,在隋唐后,赵公明是以瘟神面貌出场的,他满身杀气,周行人间。然而,元明以来的道家把他描绘成一个守护张天师在龙骨山炼丹的神,这样一来,赵公明的正面形象开始形成。据《三教源流搜神大全》中描绘:赵公明,终南山人,头戴铁冠,手执铁鞭,面如黑炭,胡须四张。跨黑虎,授正一玄坛元帅。能驱雷役电,呼风唤雨,除瘟剪疫,袪病禳灾。如遇讼冤伸抑,他能解释公平,买卖求财,宜利和合,无不如意。这时的赵公明已经俨然一个福神、财神了。等到《封神演义》问世,书中姜太公在册封烈英时,把他封为金龙如意正一龙虎玄坛真君,赵公明这个迎祥纳福的神仙就随着《封神演义》的传播而成为民间广为信仰的财神。为了增加可信度,有人又杜撰赵公明是三国时期蜀将赵云的堂弟,还有人说他是西域人等,这都是民间根据不同需要所作的附会,是民间造神活动的一种正常现象。

至于关羽被神化也是情理之中的事情。对这样一个忠义勇武、为国捐躯的名将,不仅道家想着神化之进而为我所用,把他说成是雷首山老龙的化身,就是佛家也想方设法争取他,这是因为争取了关羽,就会吸引一大批信徒,所以佛家把关羽立为护法伽蓝,在很多寺院立起了关羽的塑像。这样,关羽这个原本是儒家忠、信、仁、义楷模的蜀将,竟成了儒、道、佛三教共同祭祀的"超神"。我们看看清光绪年间朝廷对关羽的封号就很说明问题："忠义神武灵佑仁勇威显护国保民精诚绥靖翊赞宣德关圣大帝"，封号达二十六字之多，众神无谁能比。

在民间，每逢过年时大门上所贴的门神更是现实中人，他们是唐初大将秦琼和尉迟敬德。他们之所以能取代更早的神荼、郁垒两尊门神，是源自这样一段故事。据说，唐太宗有一段时期睡不好觉，每次刚刚睡下，门外就有鬼哭的声响，唐太宗没有办法，就与大臣们商讨对策。这时，大将秦琼就自告奋勇说自己愿意戎装和尉迟敬德一道为太宗把门。唐太宗同意了秦琼的建议，是夜，果然平安无事。后来，太宗觉得老是让两员大将为他站岗太辛苦，就命人把他俩的画像画出来，贴在大门上，也非常奏效，鬼怪再也不来捣乱了。由此，民间开始效仿，这两员唐朝的开国大将就成了所谓的门神。

三教的渗透

在中国大众的心目中，圣人、佛、神仙三者间的关系并不是划分得很清，有时候，三者间是相通的。我们在分析了儒、道、佛三者的具体情况后，就会得出这样一个结论：儒与佛之间相互渗透要比都源自华夏本土的儒、道之间相互影响要多，这是否证明了老百姓的那句古话：远道的和尚会念经？或者是证明了科学界早已有之的定论：远交必然胜过近亲？

佛教东渐，把一个与儒学、道教相抗衡的学说体系传到了中国，缺少宗教信仰的国人被这佛国里的大千世界深深地吸引了。自东汉以后的千余年,在敦煌鸣沙山崖壁上,由一代又一代善男信女所凿出的数不清的佛窟就足以令儒者们汗颜,因为被奉为万世师表的孔圣人也没有像佛祖释迦牟尼这样的被虔诚的人们所供养。但是,儒者在研究了佛法的要义之后,他们发现佛祖与孔子似乎在许多观点上是相近的,有的甚至可以互相佐证。这样,许多儒者在敬奉孔孟的同时,又接受了这个来自迦毗罗卫国净饭王的太子。到了唐代,儒、道、释三教交融之后,佛教便有了中国特色,这特色就是儒家思想对佛学的渗透和同化。

在走出佛教演变衍生的宗派迷宫后,我们把目光集中在佛祖释迦牟尼身上。据说,释迦牟尼的诞生,因为天降祥瑞,在当时的中国也引起了反响。

当时的周昭王看到五色祥光入贯太微星,感到十分惊奇,就问百官缘由。

太史公苏由启奏说:"西方有位大圣人出世。"

昭王问:"这位大圣人的威德是怎样的呢?"

苏由说:"这位大圣人他不要想方设法治天下,而天下百姓自然而然地就会跟从和尊重他;他不要开口说话,而天下百姓自然而然就会信仰他;他不要去说法教化,而天下百姓自然而然就会去修道行善。真是巍巍乎,民无能名焉。"

苏由的预言从何而来我们不得而知。当昭王问他,如此伟大的一个圣人,他的教法何时能传来中国呢?

苏由回答道:"却后前千年,声教流传中国。"我们算一下,从周昭王到东汉佛教传入中国,果真就是千年,苏由的预测应验了。

释迦牟尼的威德其本质的内容是什么呢？我们不妨从他的名字来做一下分析。释迦牟尼中的释迦，汉译为能仁。引申开来就是能以仁爱之心来悯念众生，这就是佛教所说的大慈大悲，又叫悲德；牟尼汉译为寂默，是说佛在因地修行的时候，以他心中智慧回光返照，断除烦恼，圆满智慧，这就是佛所具足的智德。

那么儒家所宣扬的圣人又是怎样的呢？我们来看看孔子的说法。孔子在回答鲁哀公的提问"何为圣人"时是这样说的："所谓圣者，德合于天地，变通无方，穷万事之终始，协庶品之自然，敷其大道而遂成情性。明并日月，化行若神。下民不知其德，睹者不知其邻。此谓圣人也。"

将两者做以对比，我们会发现佛与圣人其实很相似，两者都在强调修行，都在强调一种把握自然规律、顺应天地变化的智慧。

佛所谓的"度人"，其实就是一种对人的教育。而儒家所说的圣人就是靠渊博的知识和高尚的品德对人们进行教化。孔子说的"明并日月，化行若神"，是圣人修到的一种境界，这种境界是一种内在的质量，在外表并不超凡，所以有"下民不知其德，睹者不知其邻"的说法。

释迦牟尼为悉达多太子之时，已经文武超群，不仅知晓世上有仙书和梵书九十四种，而且熟知九十二种兵法，可以一箭射穿七个金鼓，这是一种自身能量的积累和储备。

我们知道，被尊为圣人的孔子并不是文弱书生，他不仅身材魁伟，而且射箭技术十分精湛，在鲁国有着很高的知名度，这似乎又与释迦牟尼的善射很巧合。

释迦牟尼经过五年参访,寻师访道,所期望的就是如孔子所说的"穷万事之始终",找到宇宙人生的真理。传说中的悉达多在苦行林中勤修苦练时,"雀巢筑顶,芦茅穿膝",就是说因为他入定思考,一些麻雀在他的头顶做窝,许多芦茅树藤缠绕了他的双腿,这与汉代董仲舒潜心研究春秋"三年不窥园"是何其相似?

道教对儒家的渗透迹象也比较明显,因为自汉以来的历代大儒,其思想中大都浸淫着一些道教的虚玄,我们不妨举一个众所周知的人物来分析一下。

清代乾隆时期的纪昀是《四库全书》的编撰组织者,他是乾隆年间进士,官至礼部尚书。从他的情况来看,他应该是比较典型的儒者,因为清代的科举已经完全按照朱熹的思想来考试,四书五经的注释都是采用朱熹的。可见,纪昀不可能是一个归隐山林想得道成仙的学者。但是,翻开他的《阅微草堂笔记》,我们会看到一个很奇怪的问题,一个孔圣人的弟子,怎么就忘记了夫子不要谈论鬼神的教诲呢?满书都是些诡怪灵异之事,让人怎么理解呢?

比如,在《阅微草堂笔记·卷十一槐西杂志(一)》中,他讲了这样一个故事:有一个农家的妇女和她的小姑都很漂亮,在一个月夜,两人在檐下纳凉,并睡在檐下。突然,一个赤发青面鬼从牛栏后面冒出来,蹦蹦跳跳来到她们面前,像要吃掉她俩一样。这个时候,男人们都去守场院和菜地了,姑嫂两人吓得不敢说话,被鬼一一奸污了。事情完了,鬼正要跳墙而走,突然大叫一声栽倒在地上。姑嫂两人看他半天没有动静,才敢大声喊救命。

邻居听见跑来一看,这倒地的鬼原来是乔装打扮的本乡的一个恶少,已经昏倒,人事不醒了。墙外,一个鬼在那里屹立着,居然是土地庙里的泥塑!大家都说这是神仙显灵,商量天亮后怎么祭祀、答谢神灵。

这时,旁边的一个少年笑了,说这哪里是什么神仙显灵,这是他的恶作剧,他把土地庙里的鬼搬到这里来,是想吓唬五更时出来担粪的某甲,让他出出洋相,谁知这个假鬼以为自己遇到了真鬼,吓倒在地了。一个老人说:"某甲天天担粪,你为什么其他时候不戏弄他而偏偏今夜戏弄他?戏弄他的方式有许多种,你为什么忽然想到去搬个泥塑呢?泥塑什么地方不能放,你为什么偏偏放在这家的墙外?这其中实际是神仙在起作用,你只是不知道而已。"于是,大家凑了些钱来祭祀土地庙。那个恶少被他的父母扛了回去,在床上躺了几天,竟然再也醒不过来了。

从这段故事中我们已经明显感觉到了作者所感兴趣的应该是什么,那个老者的话无疑也就是作者要表达的思想。当然,故事中偶然与必然的关系,儒家也不会回避,但作者这里的思想已经不是规范的孔孟之道了,即或有孔孟思想,也是很基础的"问心无愧"之道德标准。

在这篇笔记的另一节中,他还记了这样一个故事,说交河有一个叫刘君琢的老儒,一日夜深醉酒独自回家,需要过一条河。这时,刚刚下过雨,河水涨满,水势凶险。老儒因酒热,竟

不要给神仙戴错了帽子

有了下水洗浴的念头。这时,一个人走过来,领他到一个有着槽型大盘石的地方洗澡。洗了一会,老儒酒有些醒,不禁感叹说:"这里到我家要绕四五里路吧?"这个人说:"不要紧,我知道一个可以渡河的地方,我领你过去。"然后提着衣服就领这老儒过了河,快到家的时候,那个人却急忙告辞了。

老儒敲门回家,家人很奇怪,说路被河水冲垮了,你是怎么回来的?老儒回忆说大概是一个姓高的,也可能是个姓赵的人帮了自己。他让儿子去致谢,两家都说不是,去寻那盘石亦无踪迹。老儒这才知道自己遇到了鬼。

作者想说明的是:"或君琢一生循谨,有古君子风,醉涉层波,势必危,殆神阴相而遣之欤?"这里,作者虽然是以疑问结尾,但给读者的答案已经是再清楚不过了。可见,道家的影响自宋明以来,已经使儒家的讲坛沾了挥之不散、拭擦不清的仙气。

那么,儒家是否也从道家造神活动中借鉴了一些做法呢?回答当然是肯定的,既然儒、释、道三教交融,相互间有所影响,这是很自然的。比如,在明清时期,在官府中谋职的儒生,都喜欢在密室里供奉一个叫钟三郎的文神。据说,供奉他可以使自己的文书功夫有所长进。奇怪的是,人人敬奉又相互心照不宣,不公开议论此事,这说明,敬奉另类神仙的做法,始终无法登儒家的大雅之堂,否则,大大方方地祭祀也就是了,用不着偷偷摸摸地来做,而且非要选夜深人静之时来做。

应该说明的是,儒家的借鉴完全没有偏离其重视传统、尊敬祖先的根本。因此,儒家的祭祀,主要是祭祖,或是家族的先祖,或是行业的祖师等等,而绝不会做"非其鬼而祭之"的事情。

打假何须烧店

孔家店是名副其实的老字号。

一个存在了两千多年的老字号却在 1919 年的春夏之交被一把火烧了,烧得很惨,余火直至今日未息。纵火烧店的人希望也能像孔孟一样立自家之言取而代之,建个什么胡家店、鲁家店,可惜的是消费者并不买账。结果新店并没有树起来,倒是总有许多买不到东西的人,跑到孔家店的废墟里去找些什么。由此,我们就不得不反思一下,这把大火是不是烧得有些鲁莽、有些不负责任。

千年"老字号"货真价实

既然是老字号,就应该有传世的东西,而且这东西还应该是独家所有。那么孔家店这两千多年都在卖些什么呢?关于这个问题,相信不同的人有不同的看法,因为孔家店两千多年一直是以免费超市的形式存在,每个顾客都可以在这里各取所需,这就很难几句话概括出它的家传秘方的名称。但是翻一翻孔家店的账簿,我们还是不难理出头绪的。

第一等秘方:修身之术

作为儒家的始祖,孔子对修身问题是相当看重的,他认为修身是"齐家、治国、平天下"的前提和基础,要求"君子穷则独善其身,达则兼济天下"。那么,他们所提倡的修身之道具体都有哪些内容呢?

首先是学习。孔子认为学习是人生中不可或缺的内容,君子是靠"学而不厌,诲人不倦"才赢得社会的认可。他对孔鲤的教诲是:"不学诗,无以言","不学礼,无以立"。可见他对儿子的爱是通过督促儿子的学习来体现的。通过学习使弟子们知书达理,立身立言,弘扬优秀的传统文化,成为对社会有用的人,这是孔子办学的宗旨,所以他强调"德之不修,学之不讲,闻义不能徙,不善不能改,是吾忧也"。

其次是弘道。所谓道,是孔子所有学说的高度概括,用现在的语言讲,就是规律性的东西,是真理。孔子说:"志于道,据于德,依于仁,游于艺。"什么意思呢?就是说"君子应该志向在道,根据在德,依靠在仁,游习在礼、乐、射、御、书、数六艺之中"。正因为孔子把道作为第一要义提出来,才有了"朝闻道,夕死可矣"的名言。修身不能不弘道,否则志向就不会高尚,就不能跻身君子的行列。是否真正弘道,这是孔子格外强调的问题,他说"士志于道,而耻恶衣恶食者,未足与议也"。译成现在的文字就是:如果一个读书人有志于追求真理,却以穿得差、吃得差为耻辱,这种人就值不得和他谈论了。

再者是正己。孔孟强调正人先正己,提倡"己所不欲,勿施于人"。季康子问政于孔子,孔子回答说:"政者,正也,子帅以正,孰敢不正?"君子正是通过正己,使自己具备和达到君子应有的品德及修养,从而实现自己的人生价值。《中庸》有这样的一段话,令今人不乏感慨:

> 君子素其位而行,不愿乎其外。素富贵,行乎富贵;素贫贱,行乎贫贱;素夷狄,行乎夷狄;素患难,行乎患难;君子无入而不自得焉。在上位,不陵下,在下位,不援上,正己而不求于人,则无怨,上不怨天,下不尤人。故君子居易以俟命,小人行险以侥幸。

这段话的意思是说:一个有修养的人根据现在所处的境地去做事,不抱不切实际的想法,现在处于什么境地,就按什么身份去做。君子无论到哪里,没有不能够怡然自得的地方,处在上级的地位而不欺凌下级,处在下级的地位而不攀附上级,端正自己而不苛求别人就没有怨恨,上不埋怨天,下不责怪人。所以君子立足于现实而等待机遇,而小人则靠冒险以求侥幸的收获。从这段文字中我们不难读出,在人的发展上,儒家是偏重强调内因的。

此外是慎言。孔子认为,君子要"讷于言而敏于行"。所谓"讷于言"并不是要求一概的少言,而是要"慎言",讷本身是迟钝,是思忖再三才做表达。为什么要"慎言"呢? 主要是因为儒家学说比较注重诚信,反对言过其实,认为"古者言之不出,耻躬之不逮也"。吹牛在古人看来是很丢脸的事,君子要耻其言而过其行。当然,慎言不仅是对自己的要求,还有对对象的审视,在孔子看来,"中人以上,可以语上也;中人以下,不可以语上也"。这就避免了对牛弹琴现象的出现。关于慎言问题,孔子的要求并不是没有边际的,他本人是做到了"四不语""两逊"。四不语即"怪、力、乱、神",也就是孔子从不谈论怪异、暴力、叛乱和鬼神。两逊即"邦无道,危行言孙"和"辞达而已矣",前一句是说国家腐败黑暗时,说话要谦逊,因为能因言致祸;后一句是说言词能够表达意思就可以了,没有必要卖弄辞藻。慎言还有一层意思,就是对言者的态度审慎,即不"以言举人",又不"以人废言"。应该说这种对己对人的态度是科学的,是修身之道融会贯通的结果。

第二等秘方:齐家之本

维系家庭的稳定,促进家族的发达,这是儒家学说的一大特色。那么孔家店里还有一个不能不提及的镇店之宝,那就是至今还被人津津乐道的齐家之本——孝悌。孝悌的观念是人类不分种族共同崇尚的道德观念,不论出于什么理由,不孝不悌总是很难被大多数人所接受,这和孔家店千年如一日的贩卖"孝悌"思想不无关系。孝是儒家学说的重心,百善孝为先,孝是一切做人原则的基础和前提,没有这个基础前提,人格的大厦就会倾斜。

孝悌是齐家之本,是因为孝悌是维系宗法观念的经脉,因为有了孝悌,家长的地位和权威才能有理论的根据,而忤逆则是对孝悌的反叛,是对宗法的蔑视。孝悌是齐家之本,更因为孝悌是由己及彼,进而影响社会的一种道德观念。儒家讲"老吾老以及人之老,幼吾幼以及人之幼",其主观上就是由此及彼,推而广之的。这是一种积极的处世哲学,对培养一个人的家庭观念和社会责任感是有益的。孝悌是齐家之本,还因为孝悌本身没有消极的副作用。儒家的孝悌是在大义之下的孝悌,不是愚孝。大义之下是可以灭亲的,这是国与家的关系所决定的,为了整体的利益,牺牲局部的利益不能也不该受到谴责。

孔家店这一秘方后来被人掺了假,给本来很灵活的东西套上了许多枷锁,使孝悌变得面目可憎,这实在是砸千年老店牌子的蠢事,但孔孟早已作古,传人们又被唬的噤若寒蝉,有谁还会去上法院打这个官司?所以黑锅只能有孔孟两位儒学的开山鼻祖来背。

第三等秘方:治国之策

孔家店能两千多年顾客盈门是一件奇事,而这形形色色的顾客中历代政要占多数这更是一件了不起的事,究其原因,是因为孔家店里有治国之策可以信手拈来。读书人都知道有这样一句话,叫做"半部《论语》治天下",能精通领悟《论语》的要旨,简直就可以做宰相了。

儒家的治国之策主要有这样几个药方:一是仁政。仁政用今天的话说就是以人为本,哀公问政,孔子是这样说的:

> 文武之政,布在方策。其人存,则其政举;其人亡,则其政息。人道敏政,地道敏树。夫政也者,蒲卢也,故为政在人,取人以身,修身以道,修道以仁。仁者,

人也,亲亲为大。义者,宜也,尊贤为大。

孔子这段话的大意是:文王、武王的政令,都记录在书籍上。贤能的人在位,这些政令就能施行;贤能的人不在位,这些政令就会废止。人事中变化快的是政治,地上生长快的是树木。作为政治,就像蒲草一样生长变化很快。所以推行政治就在于当政的人,取用当政的人要靠自身修养,修养自身要靠道德,修养道德要靠仁心。仁,就是注重人,以亲爱亲族最为重要;义,就是适宜,以尊敬贤能最为重要。孔子这段话里有一个很重要的观点,就是注重人和尊重人,以亲爱亲族和尊贤用人为最重要。齐家治国,大同小异,如果能行文武之道,省刑薄赋,举贤任能,爱民如子,国家何愁不治?国君怎能不受爱戴?

二是德政。为政以德和仁政是一副方子里的两种药,是复方。德,是要求统治者要具备品格、智慧、宽容、礼仪和勇敢等方面的素质。以德治国,首先是对君主的要求。孔子认为:"知、仁、勇,三者,天下之达德也。"就是说智慧、仁爱和勇敢是天下通行的德行。儒家之所以非常推崇舜,就是认为舜具备了这种德行。众所周知,舜是以孝著称的,他对于一再谋害自己的父亲和兄长采取了难以想象的宽容和忍让态度,赢得了好的声誉。在他登上帝位之后,仍然以德报怨,善待自己的瞎眼老爹,而没有像汉高祖刘邦那样,衣锦还乡了还不忘去奚落一番曾挖苦过自己的父亲。孔子从来没有认为自己是圣人,但他一直把舜当作是大圣人,从舜所施的德政上,孔子得出了"大德,必得其位,必得其禄,必得其名,必得其寿"的结论。德政的具体方针有"九条",就是孔子所说的"国家九经":修身,尊贤,亲亲,敬大臣,体群臣,子庶民,来百工,柔远人,怀诸侯。这九条方针在治国上是统一的,就在今天看来,这一治国之策也具有积极的意义。

三是节用。节用是儒家的重要治国之策,孔孟都可以称为经济学家。"生财有大道,生之者众,食之者寡,为之者疾,用之者舒,则财恒足矣",这一观点不知影响了多少政治家。对财富,孔子从来都不回避自己的喜爱,他说:

> 富而可求也,虽执鞭之士,吾亦为之。如不可求,从吾所好。

什么意思呢?孔子说,财富如果可以求得,纵使拿着鞭子做车夫,我也去干。如果不可以求得,那么我还是干我喜欢干的。君子爱财,但必须取之有道。孔子正因为能正确看待财富,他才主张对财富不能挥霍,要节用惜财。鲁哀公和有若的一番对话,就体现了儒家节用的思想。哀公问有若:"年成歉收,国家费用不够怎么办?"有若回答道:"何不实行十抽一的税率呢?"哀公说:"十抽二我都不够,怎么能十抽一呢?"有若回答说:"如果百姓费用够,您怎么会不够? 如果百姓费用不够,您又怎么会够?"有若的话无非是希望鲁哀公能够节用。有若是孔子的弟子,比孔子小四十三岁,因长相酷似孔子而一度被同学们捧上孔子的师位。有若的观点很显然就是孔子的思想。亚圣孟子的观点更为直接,他认为那些挥霍民脂民膏的残暴君主是"独夫",人民可以推翻他。孟子主张对人民要省刑薄赋,应该"使民以时",要让民有恒产,藏富于民,不能做与民争利的事情。

四是足兵。一个国家要想不被消灭,不加强武备是不行的。孔子所处的时代是春秋时期,国与国之间征战频繁,而发起战争的理由则五花八门,正所谓春秋无义战。孔子审时度势,提出了"足食,足兵,则民信之矣"的观点。保一方平安,使民安居乐业,这是立国安邦之本,而要做到这一点,加强国防建设是前提,仅仅靠正义是不够的。后来的秦灭六国,并没有什么理由,灭就是为了灭;今天的美伊之战,其理由也不无莫须有之嫌,尽管美国打的旗帜有很多,但迟迟没有查到大规模杀伤性武器,这些旗帜在乌黑的石油的映照下,都成了令人生疑的幌子。

五是用贤。鲁哀公曾经问孔子:怎样做才能使老百姓服从?孔子回答说:"举直错诸枉,则民服;举枉错诸直,则民不服。"意思是说,你提拔正直的人安排在邪恶的人之上,百姓就服从了。若是提拔邪恶的人在正直的人之上,百姓就不会服从。可见,孔子认为治理国家,遵循正确的用人之道至关重要。孔子主张用君子,反对用小人,因为"君子贤其贤而亲其亲,小人乐其乐而利其利"。如果"见贤而不能举,举而不能先"那是对人才的怠慢,也是对国家利益的损失。

第四等秘方:交友之道

儒家学说认为,"天下之达道"有五,即君臣、父子、夫妇、昆弟、朋友。朋友,作为人际关系中不可或缺的一伦,对其加以规范是十分必要的。孔子曾经说过一句令后人莫衷一是的话："君子不重则不威,学则不固,主忠信,无友不如己者,过则勿惮改。"引起歧义的是"无友不如己",很多学者解释为君子不要和不如自己的人交朋友。仅仅从文字上看,这样的解释也说得通,但是,孔子作为一个以仁义敦厚著称的人,恐怕不会这么绝对,他既然能和"幼而不孙弟,长而无述焉,老而不死是为贼"的原壤保持了几十年的交往,他就不是个在交友上只是眼光朝上的人。孔子此话的意思应该是要看到朋友身上的长处,因为每个朋友身上都有值得自己学习的东西。这和孔子所说的"三人行,必有我师焉,择其善而从之,择其不善而改之"是一个道理。

儒家认为交友之道,要义在于诚信。君子每日要三省的一件事就是"与朋友交而不信乎"?今天我们打造诚信社会、诚信政府,其实早在几千年前,儒家已经把这个问题提到不能再高的位置了,可惜我们在烧毁孔家店时一切都付之一炬了,直到今天,信用问题成了困扰每个人、每个单位的顽症,我们才回过头来重找诚信,令人感慨不已。

儒家认为环境对人影响很大,所以交友要有所选择。孟母三迁的故事几乎家喻户晓,而晋人傅玄的"近朱者赤,近墨者黑"的成语也是人人尽知。这都源自孔子的"益者三友,损者三友"之说。孔子认为,有三种朋友是有益的,就是讲直话的朋友;比较宽厚、能原谅人、善解人意的朋友;知识渊博的朋友。还有三种朋友是有害的,就是脾气怪僻、思想偏激的朋友;懦弱不堪、逢迎谄媚的朋友;夸夸其谈,华而不实的朋友。益与损,

不可不慎,所以儒家有择交不败的说法。

孔家店里的货色可谓琳琅满目,林林总总,以上只是大宗的东西,作为秘方简要展示于此,其他不再一一列举。

历代大儒借坛沽酒

既然孔家店名气大,后人借此来兜售一些私货也是不难理解的。然而,能跻身此店来当个店小二的也绝非等闲之辈,翻开史书看看,这些人物都是响当当的大儒。这使人想到了外销出口极好的孔府家酒,本来香醇味正,但喝来喝去却有了变化,喝下去有些上头上脚,究其原因,是有的制酒师傅变了配方,加了香精、防腐剂什么的,使这家酒变了成色。这里,不妨点点几个大儒的名字。

例一:董仲舒好心做了错事

董仲舒(前179—前104),西汉广川(今河北枣强县广川镇)人,以研究春秋公羊学著称,其"三年不窥园"的苦读精神,被后人传为佳话。他是一代儒学大师,号称"群儒之首",留下来的著作有两种:《春秋繁露》八十二篇和《举贤良对策》三篇。他一生最大的作为就是建议汉武帝实行"罢黜百家,表彰六艺"。他在《举贤良对策三》中说:"春秋大一统者,天地之常经,古今之通谊也。今师异道,人异论,百家殊方,指意不同。是以上无以持一统,治制数变,下不知所守。臣愚以为不在六艺之科,孔子之术者,皆绝其道,勿使并进。邪辟之说灭息,然后统纪可一,而法度可明,民知所从矣。"这段话,后来被班固概括为有名的"罢黜百家,独尊儒术"。

应该说董仲舒对儒学的正统地位的确立是有贡献的,但是,他的做法无疑开了文化专制的先河,更何况他对儒家的所谓发展其实就是一种伤筋动骨的"修正"。

首先,"独尊"本身并不利于儒学的发展。任何一种学说、理论,只要让它脱离了学术竞争的环境,它都会失去灵性和活力。董仲舒压抑百家之说,看似给了儒学以空间,其实对儒学本身也是一种压抑。这正如一个长跑冠军,为什么在没有对手竞争的情况下很难打破纪录一样,让儒家学说在社会舞台上独步,这本身也影响了它的发展。

其次,董仲舒本身的思想体系并不是辨证的孔孟之道。董氏的思想中,既有邹鲁文化的传统,也有齐燕方术的色彩,还有三晋文化的影响,他还带有阴阳家、刑名家的痕迹,这些,使他的学说尽管贴着孔府家酒的商标,但配方已经改变了。

再者,董仲舒的理论使君与民变得对立。董氏的大一统思想、天人感应论、君权神授说、三纲五常,等等,在孔孟的经典著作中,找不到什么理论根据,都是他的改造。尤为突出的是他对"天"的解释,具有唯心、神学的性质。在他的世界观中,"天"是超自然、超社会、超诸神的至高无上的上帝,是"百神之大君也","天亦人之曾祖父也"。其中,君主是天在人间的代表,"唯天子受命于天,天下受命于天子"。这种理论与孟子的君民思想是截然不同的,孟子认为民、社稷和君三者相比,君是最后一位,而董氏则不仅颠倒了这个次序,更把君主升高到不食人间烟火的地位,使本来一体的东西变成了对立的两个

方面。

例二:朱程理学精心为儒学安上了框子。

所谓朱程,是指宋代的朱熹和程颢、程颐兄弟。三人都是历史上的大儒,他们在促进儒学中兴的同时,对儒学的伤害也是无法估量的,正是这些所谓大儒,使儒学走上了禁锢和僵化。

朱熹(1130—1200),江西婺源人,南宋时期的理学家和教育家。朱熹自幼热衷道学,与刘子、刘勉子、胡宪等道学家过从甚密,这些人修道却醉心于佛,从而影响朱熹,使之成了一个热衷于道学,喜好于佛禅的所谓大儒。

朱子的著名论断就是"存天理,灭人欲"。他认为在超现实、超社会之上存在一种标准,它是人们一切行为的标准,即"天理"。只有"格物致知",遵循"天理",才能使"人心"符合"道心"。朱子的论断是他吸收了道和佛的思想提出来的,从一种学说本身来说,朱子的观点是有价值的,但是,你朱子可以打道家的旗子,也可以打佛家的旗子,可是他偏偏打了儒家的旗子,而且他又十分偏爱儒家的经典著作,从他的学术立场出发,给这些经典著作进行了无微不至的注释,这使他简直成了再世的孔子。

且不说朱子的"理学"价值如何,单就其"灭人欲"的思想就与孔子的"克己"要求相去甚远,孔子之所以是圣人,就是他不扼杀人之本性,他认为"天命之谓性,率性之谓道,修道之谓教"。是说只要是自然所赋予人的一切都是"性",而循其本性就叫"道",修行明道就是"教",这种说法充分尊重了人性本身,可谓简明扼要。孔子认为人欲乃天性,欲不可纵但也不能灭,因为你灭欲是泯灭人的天性。而朱子恰恰在这个问题上出了问题,把一个经他发酵过的窝头贴上了孔家店的商标,不知噎住了多少人的喉咙。

朱程理学的程是指二程,即宋代的程颢、程颐兄弟。二程是理学的奠基人周敦颐的弟子,也是朱子的师辈。二程对儒学的光大不及门生朱子,但他们对朱子的"理""气"学说的形成产生了极大的影响。程氏还有一大成就是对《易》做了独到的阐述,但其阐述与孔子充满辨证色彩的分析出入较大,读孔子的《易传》,有一种行云流水的感觉,这感觉来自孔子思想体系的完整,而读程颐的《伊川易传》则充满了神秘感。程颐那句臭名昭著的"饿死事极小,失节事极大"的名言,许多人都以为是孔子所说,其实孔子何尝有这种逻辑?孔子所说的"君子固穷",并不是非要以生命为代价,孔子最看重的四件事就是:民、食、丧、祭。这在《论语》中是可以查到的。

朱程理学用他们那一套伦理道德给孔孟之道织就了一张网眼极小的思想之网,这张网套住了所有思想的触觉,使本来很灵性的儒学变得面目可憎。从程颐极力反对王安石变法就可以看出,这个所谓大儒,与提倡"周虽旧邦,其命维新"的孔子,在观念和行动上都是出入很大的,倒是孔老夫子为他们背了不少骂名。

例三:王阳明使儒学更加向隅而立。

王阳明(1472—1528),字伯安,余姚人,二十八岁中进士,官至尚书、两广总督,是个为官为学皆丰收的人。他本名叫王守仁,因为曾在阳明洞讲学,人称阳明先生。当代学者余秋雨

打假何须烧店

先生对这位古代的同乡大加赞赏,这是可以理解的事,毕竟是同乡,有一点惺惺相惜也是情理之中的事。阳明先生的学问自有文章作证,称之为学者、哲学家都是名副其实,其军政才能及政绩亦可圈可点,但是,他通过自己的心得使传统的儒学由外向转入内向则是一件违背孔孟意愿的事。

王阳明十分热衷于陆九渊的"宇宙即吾心,吾心即宇宙"的说法,进而发展成"心即理"的思想。根据这一思想,他主张"致良知"就是向心而致,因为"良知"是与生即来的,需要良知发现。他的这一理论与孟子的"万物皆备于我"的说法大相径庭,孟子的观点是一种积极的征服自然、征服社会的人生观,而阳明先生则是消极的凡事内省的人生观。儒生在明以后有了"两耳不闻窗外事,一心只读圣贤书"的怪事,恐怕与这种思想有关。其实,孔子是反对死读书的,他认为"不愤不启,不悱不发","举一隅",应该"以三隅反",可见孔子的启发式传习绝不是关起门来读书,孔子周游列国十三年,就是在寻求理论和实践的结合,如果如阳明先生理论所说,孔子只需率门生弟子在杏坛坐禅即可,何必遭受陈蔡之难。

王阳明的"向心"之说直接影响了他的执政理念,这一点,他的《谏迎佛疏》可谓端倪毕现。在这篇写给皇帝的上疏中,他写道:"夫佛者,夷狄之圣人;圣人者,中国之佛也。在彼夷狄,则可用佛氏之教以化愚顽;在我中国,自当用圣人之道以参赞化育,犹行陆者必用车马,渡海者必以舟航。今居中国而师佛教,是犹以车马渡海,虽使造父为御,王良为右,非但不能利涉,必且有沈溺之患。"且不论阳明先生将释迦牟尼与尧舜对比有无道理,也不论尧舜与释迦孰短孰长,单就阳明先生这种对待佛教的心态,我们就可以感受到一种封闭性和排他性。按照他的理论,尧舜也不能进入夷狄,圣人也只能是中国的圣人了。

例四:康有为借尸还魂。

康有为(1858—1927),清末资产阶级改良派领袖,是近代大儒。近代史上著名的"公车上书""百日维新"都和他联系在一起。他所著的《新学伪经考》《孔子改制考》影响深远。但是,康有为研究儒学的动机似乎功利性过于明显,他是借孔子之名,行维新之实,也就是为他的改良政治寻找理论后台。有了这样的动机,孔子的观点就很难被康老先生原汁原味地来解读,公元前的孔子具有了近代的思想观念也就不足为奇了。

应该说康氏的变法主张是积极的,然而,康氏的变法被一个老妇人给毁了,那是一个名不正、言不顺的垂帘听政者,依孔子之理论,这种反常的朝廷之事是君子所反对的。康氏变法之功过暂且不论,单就他对孔子言论的解释来说则有太多不妥之处。其实,康老先生不是真的训诂功夫不到,他无非是想给孔子的理论赋予新意,从而用孔子的大旗来凝聚人心,说服大众,堵大臣的言路,撑自己和光绪帝的腰杆。这里不妨举例一二来看看康氏是怎样注释孔子言论的。《论语注》是康氏的名著,其中有一些注释很令人玩味。

如:"子曰:巍巍乎,舜禹有天下而不与焉"(《论语·泰伯篇》)。康氏是这样注释的:"此实为君主立宪之法,虽有天下,实为公天下,固不与。舜恭已垂裳,面南无为;禹劳为公仆,而不敢有君天下之心。此借舜禹以明之,孔子微言也。"

再如:"子曰:不在其位,不谋其政"(《论语·宪问篇》)。康氏是这样注释的:"盖司法者不问行政,行政者不得问司法,任兵农者不谋礼乐,司礼乐者不问钱粮。所以防侵官越职也。"

从以上两例中不难发现,康有为着实是发展了孔孟之道,这种发展也着实为他的君主立宪理论找到了令封建遗老无法辩驳的根据,因为腐儒遗老最怕的就是被戴上反孔的帽子,康有为这一手可谓棋高一着。但是,他这种主观主义色彩极浓的发挥却使儒学的本意发生了扭曲,反对康有为的人便把粪水在泼向这个改良派大儒的同时,也自然就泼向了在泗上沉睡的孔子,恨不得一把火烧了孔林,几只锹掘了孔坟。孔子大概早就预料到了后人的所作所为,因此,他在去世的七天前,对着弟子子路悲歌:"泰山坏乎!梁柱摧乎!哲人萎乎!"知道孔子胸臆的人,孔子的悲歌不仅仅是对自己行将就木的感慨,更主要的是对自己学说如何得以继承的深深忧虑。

始作俑者心态各异

反孔,如果从学术的角度得出的结论,这是学者的自由;如果出自某种政治需要,这反孔就有些令人不齿。五四时期的几个反孔先锋,他们仅仅过去几十年,其著作都有些什么人们已经模糊不清,大概是借了孔夫子的名气,他们还被人偶尔记得起来。值得细想的是,他们中的许多人在进入晚年之后,都对自己当年的意气用事感到后悔,因为在比较了许许多多的社会学说之后,他们发现还是孔子的东西有价值,而当年他们为之狂热的某些学说在实践中被证明的的确确是失败了,连洋人哲学家都高度肯定孔子的儒家学说,自己再妄自菲薄多少有些让人看不起了。更何况日本、韩国的尊孔,并没有阻碍经济的发展和民主的推行,这与他们当年武断地认为孔孟之道是导致封建保守的祸根结果相左,他们不得不进行反思。

首先反思的是所谓新文化运动的鼻祖——胡适。胡适是白话文的倡议者,我们今天能用白话写文章,应该归功于这位大学者。胡适是"打倒孔家店"的发明人,后来他的观点有了转折,他认为:"如果对新文化的接受不是有组织的吸收形式,而是采取突然替换的形式,因此引起旧文化的消亡,这确实是全人类的一个重大损失。因此,真正的问题可以这样说:我们应当怎样才能以最有效的方式吸收现代文化,使它同我们固有的文化相一致的协调和继续发展。这个问题的解决,唯有依靠新中国知识界领导人物的远见和历史连续性的意识,依靠他们的机智和技巧,能够成功的地把现代文化的精华相连接起来。"读了胡适的这段话,有一种始作俑者无奈的感觉,要知如此,何必当初?研究一下胡先生的著作,儒家思想几乎无处不在,而他自诩的所谓新文化,无非是看了几本西方的书,学了几个新鲜词汇,便以此来否定旧的一切,这本身就与"五四"提倡的科学与民主精神不相符。

陈独秀先生是大名鼎鼎的共产党的第一任总书记,他是新文化运动的领袖人物,应该说在传播马克思主义方面他的成绩是奠基性的,但他在接受西方新理念的同时,对传统观念的持续作用估计不足,采取了虚无主义的态度,割断和否定中国文

胡 适

化,将传统的东西一概视作糟粕,这种学术态度影响了一大批青年学生,给传统文化造成了不可弥补的损失。他的这种性格也导致了他在政治上的偏激,所以后来他的失误给共产党造成巨大的损失是不难理解的。他说:"若决计改革,一切都应该采取西洋的法子,不必拿什么国粹、国情的鬼话来捣乱。"这样的话现在听来感到很情绪化和极端化,但这的的确确是五四运动开始时的舆论,在这种舆论之下,谈传统和国粹是守旧的表现,在不少学生和老师中出现了"一边喝奶,一边骂娘"的怪现象。

　　提到反孔,就不能不提到反孔的急先锋——吴虞。吴虞这个名字很多人都感到陌生,令人感慨的是吴虞所反对的孔子依旧家喻户晓,这位反孔的闯将却很快被人淡忘了,如果不是在追究反孔的事情,这里也不会提到他,从这个角度看,吴虞还是个有心机的人。吴虞(1871—1949),字又陵,笔名吴吾,四川成都人,近代思想家,学者。吴虞一生最大的思想成就就是反孔、批判儒学,揭露他认为吃人的"礼教"。他在《家族制度为专制制度之根据论》《儒家主张阶级制度之害》《吃人与礼教》等文章中,细数孔子之害,把中国封建的专制完全归罪于孔孟之道,认为"吃人的是讲礼教的,讲礼教的就是吃人的",好像读书的斯文儒生一个个都成了嗜血成性的魔鬼。吴虞的问题是他把孔家店砸了,却不能建出一个替代它的新店,这不免过于不负责任,靠骂人的语言是建立不了思想体系的,研究历史最科学的方法论就是历史唯物主义,如果只知道砸和烧,把一切传承的纽带都生生割断,我们在精神上岂不都成了孤魂野鬼?

　　吴虞对儒学中的孝道之所以怀有深仇大恨是有原因的,他本来也是喝着儒学的奶汁成长起来的,他跟从吴之英学诗文,跟从经学家廖平习经,受到的都是儒家的影响,可谓是一个不折不扣的儒生。但是,当他与父亲的关系破裂,被父亲逐出家门后,他的思想深处的儒学理念与现实产生了矛盾,如果恪守儒学信条,他就是个不孝的人;如果否定儒学思想,他的行为还有理由可以申辩,在这种矛盾当中,他选择了后者,走向了儒学的反叛,开始猛烈地对准孔孟开轰。胡适称吴虞是"只打孔家店的老英雄",就是欣赏他对孔家店内横扫一切的胆识,可惜的是胡适本人后来也觉察到了这种打砸烧没有什么益处,因为胡适发现,他所崇拜的洋人哲学家们对孔子都赞不绝口,而作为炎黄子孙的我辈却如此妄自菲薄,实在让人瞧不起。

  让孔家店罹难最重的应该是20世纪70年代的"批林批孔"运动了。现在很多人都对把孔夫子和林彪扯到一起来批判感到匪夷所思,本来是风马牛不相及的事,批判林彪为什么要把孔子从孔林里掘出来陪绑?是出于什么样的动机?这个问题有待于史学家们去好好研究一番。"批林批孔"运动对孔子的儒学理论极尽歪曲、丑化之能事,用断章取义、故意曲解和胡乱联系的手段使孔孟之道成了过街老鼠。孔子这个宽厚睿智的老先生成了十恶不赦的坏蛋,倒是乱政者少正卯成了正义的化身,连环画上都是一副大义凛然的样子,而孔子则是口衔毛笔、手持屠刀的刽子手。现在,至少有两代人脑子里对儒学、对孔子的理解还是那个时候留下的烙印,由此看来"批林批孔"的影响是深远的。

打假何须烧店

孔孟之道归去来兮

　　任何一种文化都不是十全十美的，都是有局限的，这是当时的历史条件所致，我们在研究一种文化时，是整体把握、全面分析，还是以偏概、全攻其一点，这是一个世界观的问题。中国作为四大文明古国中唯一一个在文化上始终保持连续传承的古国，儒家的孔孟之道功不可没，这是任何一个懂得中华民族历史的人都应该承认的事实。那么对这样一种对人类发展极其有益的文化思想，我们为什么要抛弃它呢？如果不是出于政治因素，而是从对历史负责的立场出发，我们应该大胆地让儒学思想重新回到我们的生活当中，让孔孟之道重新登上大雅之堂。笔者之所以这样来呼唤孔孟之道，是因为我们在完全背离孔孟之道之后，我们的社会遇到了许许多多的问题，而这些问题的解决又缺乏一种让社会信服的理论根据。如果"五四"运动中那些纵火烧掉孔家店的热血青年还健在的话，他们面对当前现实中出现的令人束手无策的种种社会问题，恐怕也会把药方开到孔家店去。

　　我们重视儒学，但并不是把儒学作为思想的唯一。儒家产生于百家争鸣之中，还应该回到百家争鸣当中去，把一种学说当成科学神话顶礼膜拜，不许其他学说存在的做法绝不是儒家的本意。谁都知道孔子拜访老子的事情，这件事说明儒家的学术思想是开放而不封闭的，孔子在老子的理论中汲取了营养，这在他所作的易传中就有比较明显的体现。唐朝时期，儒、释、道三教交融,结果有了盛唐之世,从历史的经验可以得出这样一个结论:强国富民之治,在于统治者思想的解放。一个强大的朝代,必然是个兼收并蓄的朝代。呼唤孔孟之道回归的理由是多方面的,主要有以下几点:

理由之一:"五四"先驱们所崇尚的西方哲人对孔孟之道仰之弥高。

法国启蒙运动的领袖和导师伏尔泰认为:"中国文人的宗教(儒学)是令人钦佩的,他们没有任何迷信和荒谬的传说,也没有侮辱理性和曲解自然。"伏尔泰认为儒学是最好最适合人类理性的哲学,并以中国为理想国,提倡以中国化为标准,向往中国的理性道德,推崇孔子。儒学对十八世纪欧洲反愚昧的启蒙运动产生了深刻的影响,这是儒学对世界文明发展所做出的贡献。

著名启蒙学者,德国哲学家和数学家莱布尼兹(1646—1716),对儒学孔子思想中的理性救世精神深表景仰,他的学生在大学用德语讲授儒学,被称为"孔子的殉道者"。

著名的百科全书派狄德罗(1713—1784),也对儒学十分崇拜,他认为孔子学说简洁可爱,没有暴力和迷信,强调以道德理性治国平天下,与西方的教会迷信观念完全不同,对人的本性的发掘并引导向善是十分积极的。

法国哲学家霍尔巴哈(1723—1789),从一个独特的视角来观察儒家文化,得出了一个令人信服的结论。他从满族人征服中原后被儒家文化同化一事中,看出了儒学的力量,认为"理性对于君权发生了不可思议的效力,使中国的征服者反而征服了"。不仅是满族人,曾经横扫亚欧大陆的蒙古人在统治中原不到百年的时间里,不也是在文化上被征服了吗?所以,霍尔巴哈主张要以儒家理性道德观念来代替基督教的神性道德观念,强调"欧洲政府非学中国不可"(《社会的体系》)。

法国学者魁奈认为,孔子提倡的"天理"就是自然规律。他说:"中国文化均依据天理天则,天理天则即不外乎自然法。"他的弟子米拉波曾说:"孔子立教的目的,在于恢复人类的天性,不再被愚昧和贪欲所蒙蔽,所以他提倡敬天、畏天,战胜贪欲,勿以情欲支配行为。应以理性为标准,凡是不合乎理性的就勿动勿思勿言。道德信仰优美到了这个地步,真是无以复加了。"他还说:"我们有一件事需要去做,就是把孔子的这种道德教训普行于世界,这就是吾师的事业。"

当代美国历史学家克力尔曾引用英国作家尤斯塔斯巴尔的话:"对于伟大的孔子所搜集、整理和评论过的那些政治原理,怎么予以赞扬也不是过分的。"

当然,除了对儒学的赞美之外,也有一些西方学者对这种"全盘中化"的思潮提出了异议,如孟德斯鸠、黑格尔等人则认为儒学在政治专制方面起到了推波助澜德作用。其实,这些人所抨击的儒学不是真正的孔子之儒,而是前面提到的那些借坛沽酒的所谓"伪儒"。

理由之二:物欲横流的社会需要仁义道德这条纽带来维系和规范。

越来越多的人开始对缺乏道德和诚信的社会感到担忧不安,当假酒、假药、假文凭到处泛滥无法控制的时候,当有毒奶粉、有毒粉丝、有毒火腿堂而皇之地摆上超市的时候,当三角债和拖欠农民工工资所引发的诚信危机令各级官员束手无策的时候,许多人想起了孔子,想起了那被烧毁的孔家店。因为人们发现,仅仅凭法律,道德的大厦建立不起来,在暴利的诱惑下,如果没有道德的制约,人人都有可能铤而走险,马克思的这一预言已经多次不幸被证实。

理由之三:加强未成年人的思想道德建设需要传统的文化来奠基。

任何文化都是有连续性的,思想道德建设作为文化建设的一部分,它需要一种历史的传承,要有根所循,这样,思想道德教育才能被人所信服。我们现在所进行的未成年人思想道德教育,方向是对头的,但遗憾的是至今还没有一套令人满意的教材。现行的教材大都是口号多于说理,随形势变化太快,缺乏稳定性,这就造成了宣讲者照本宣科,听讲者不以为然的尴尬局面。如果我们把儒学进行一番扬弃,选其精华部分编成一套教材,这个问题并不难解决,毕竟儒学是我们自己祖先创造的文化,毕竟这些优秀的文化造就了一个又一个品学和政绩让后人称颂的君子,毕竟我们已经进入到一个思想解放的开明时代。我们在重新翻阅《大学》《中庸》,重新翻阅《三字经》《千字文》的时候,对这些启蒙教材,怎能用封建两个字一带而过?《大学》中得"格物致知",至今被一些大学尊为校训。《三字经》所普及的历史知识和为人之道,哪个国人不能吟上几句?这至少说明教材选编的成功。

理由之四:孔孟之道的回归并不是要罢黜其他的种种学说

打假何须烧店

和理论。

　　孔孟之道的一个显著特征是中庸、中和,它反对任何极端的做法,它从来不提倡在学术上你死我活,不像法家那样杀气腾腾。董仲舒独尊儒术的做法是孔子过世三百多年以后的事情,与孔孟无关。我们现在呼唤孔孟之道,只想把原汁原味的儒学放到一个客观公正的桌面上供大家研究,并不是想取代什么,也不会给其他的思想造成危害,只是精神和思想的大街上又有了一家老字号的超市,至于选择的权力,只能交给顾客。

后　记

滕贞甫

　　做《探古求今说儒学》之时，应在十几年前，我在辽西某市挂职副市长，期间恰遭"非典"肆虐中国大地，身为分管这项工作的政府干部心烦神虑，整天忙于预防、隔离、救治等工作，几个月不能回远在大连的家，夜里闲下来时，为了静心凝神，就搬来儒家典籍来读，常常读至夜半。经典虽好，但对于训诂底子单薄的我来说，是需要一点精神和毅力来啃的，很多时间都花费在了查阅资料上。因为读得辛苦，我就想，何不把阅读的一些感悟和理解记下来，给同样喜欢读书的人一些方便呢？那几年，国学未热，软实力之说刚刚在国内被提及，若能为儒家学说的普及做一些事

后 记

情,也不枉在白狼山下挂职一回。就这样,我开始做读书笔记,一年多的挂职工作结束,十一篇笔记也基本写就,交由东方出版社出版了一本《儒学笔记》。

做儒学笔记,初衷很简单,一是让儒家经典能走进寻常百姓,二是给那些肆意诋毁儒学的人普及一点儒学ABC。关于第一点,我提醒自己:一定要把高深的经典解释得浅显,于清浅极处见深刻,让不是专门做学问的人能读得懂,记得下,免得"终日所思",力求"须臾所学"。为此,我写了一篇短文录于笔记的扉页。短文如下:

> 经典难读,后人对经典的阐释亦难懂,读者常受训诂之累,考证之苦,不能尽领经典之绮美。
>
> 莘莘学子中,咏絮者凤毛麟角,如吾等学疏才浅者不乏其人。故如何煮骨成汤、还酪成奶,以通俗之言诠释玄妙之道,遂成吾愿。
>
> 深入须浅出,否则不能自拔;通俗必意深,反之难得精髓。吾读儒家经典,以先贤为烛,以师长为梯,所述之言,不成定论,皆为一叶之悟,管窥之见,揖求方家指正。

今"专家学者",有化简为繁之本领,非晦涩不足以示高深,非繁芜不足以显博学,此风日渐,弥漫四方,以致洋洋万言不能释一文,遗苦吾等秉烛夜读之人。此非制度之弊,实乃学风漂浮也。

大道必简,大羹不调。学之境界,乃在顿悟之间,若乱云蔽日,虬枝覆地,人焉顿悟?故删繁就简,开门见山,实为浩瀚典籍中耕耘之道。吾循此道,渐行渐远,渐入佳境,与山之仙对弈,与渊之龙周旋,二十四子似曾相识,三坟五典拾遗再现,岂不快哉!

写就这篇仿古短文我不禁失笑,因为这是一篇读起来要砸"专家"饭碗的短文,很是得罪人。但又一想,"专家"也有"专家"的苦衷,没有把简单问题复杂化的本事,如何对得起"专家"的头衔?"专家"们都知道孔子本身就是一本活字典,一部百科全书,别人不懂的他懂,别人不知的他知,什么肃慎族的矢、防风氏的骨,别人一窍不通的事物他张口即来。但孔子有一信条:知就是知,不知就是不知,回答问题也言简意赅,从不云山雾罩忽悠人,而当今有些"专家"则不是这样,总喜欢在玄而又玄中去坐而论道,把读者引进

后　记

找不到出路的迷宫。可以打个比方：美国铁路两条铁轨间距是 4 英尺 8.5 英寸，为什么是这么一个间距？有专家研究的结果是与力学、转弯半径等等有关。可实际上这是古罗马战车轮间距的宽度，而古罗马军队设定这样一个宽度，是基于两匹战马屁股的宽度，与那些深奥的理论无关。

关于第二点，我很有些话要说。我发现，当下很多人对儒学知之甚少却否定儒学，把中国历史和现实中种种问题归罪于儒学。分析这些人的成分，大概有四：一是学术上持不同见解的人，属于学术争鸣的范畴，对此我无话可说；二是崇拜西学、反叛传统的人，这种人的文化观、历史观已经彻底改变，被称为"香蕉人"，属于文化对立派，正是这样一些人，在把握中小学教材编写权后，毫不犹豫地把《悯农》这样的古诗删除出语文课本；三是受"批林批孔"影响，对儒学的误解没有消除的人，这些人不能说有什么政治和文化意图，只是对儒学缺乏了解，被一些断章取义的评论所误导，以为儒学真是"吃人"的学问；四是被人称为"文化汉奸"的人，这些人对中国历史和现实中的一切都一概否定，不论你怎么做、做什么都不对，否定你的历史，否定你的文化，否定整个民族对人类文明的一切贡献。我在宁波曾参加过一个关于慈孝文化的活动,其间,我与一个国内权威学术机构的专家谈《孝经》,这位一身西装、脚蹬旅游鞋的专家很武断地说:《孝经》流毒很大。我百思不得其解,反复读《孝经》,每次都如饮甘泉,不见什么流毒,不知这位仁兄为何有此结论。

我知道,《儒学笔记》不过是一个人读经典时的独语,不奢求听者的共鸣;我明白,我说与不说,"专家"依旧在那里,所以我这种说也就没什么负担了。如果说专家著述旨在为学院派提供教材的话,那么我这番夜话只能为乡贤行事提供一点儒学支持,也算为乡贤文化的复兴尽点绵薄之力。

感谢著名学者钱念孙先生,我知道他的《中国文学史演义》,列入台湾学校教材已经多年,读罢他在《人民日报》《光明日报》上关于传统文化和君子文化的长文,我受益匪浅,有神交已久的感觉;感谢著名画家张义虎先生,这位以钢笔连环画《影响世界的华人——李小龙》入选第十二届全国美展的青年画家,专门为本书创作了历代名儒的肖像;感谢朱寒冬先生、温溪和宋潇婧女士,是他们从海量的出版物中把《儒学笔记》打捞出来,并以《探古求今说儒学》的名字重新修订再版。